企业年度经营计划与
全面预算管理

（第2版）

主编 唐 政

人民邮电出版社

北京

图书在版编目（CIP）数据

企业年度经营计划与全面预算管理 / 唐政主编. --
2版. -- 北京 : 人民邮电出版社，2022.1（2023.12重印）
ISBN 978-7-115-58000-9

Ⅰ. ①企… Ⅱ. ①唐… Ⅲ. ①企业经营管理－计划管
理②企业管理－预算管理 Ⅳ. ①F270②F275

中国版本图书馆CIP数据核字(2021)第241966号

内 容 提 要

经营计划与全面预算管理是企业对各部门的资源进行分配、调节和控制，以便有效地组织和协调日常生产经营活动，最终实现经营目标的过程。

本书从分析企业的发展阶段入手，介绍了年度经营计划与全面预算管理的意义和导入方法。作者按照目标体系建立、年度经营计划制订、全面预算制定、年度经营计划与全面预算落地的顺序，并且结合大量成功案例，深入地讲解了经营计划与全面预算管理的实施步骤、实施方式、使用技巧和注意事项。书中提供了大量实用的表格和管理制度实战范本，可以帮助企业提高战略管理能力和资源使用效率、提升核心竞争力。

本书适合企业各级管理人员和企业咨询师、培训师，以及高校相关专业师生阅读、使用。

◆ 主　编　唐　政

　　责任编辑　程珍珍

　　责任印制　胡　南

◆ 人民邮电出版社出版发行　　北京市丰台区成寿寺路 11 号

　　邮编　100164　电子邮件　315@ptpress.com.cn

　　网址　https://www.ptpress.com.cn

　　北京虎彩文化传播有限公司印刷

◆ 开本：787×1092　1/16

　　印张：21.5　　　　　　　　2022年1月第2版

　　字数：400 千字　　　　　　2023年12月北京第10次印刷

定　价：99.00元

读者服务热线：(010) 81055656　印装质量热线：(010) 81055316
反盗版热线：(010) 81055315
广告经营许可证：京东市监广登字 20170147 号

在经营计划与全面预算管理工作中，您是否遇到过以下问题：

面对变幻莫测的市场环境，在编制经营计划时，总是摆脱不了"拍脑袋"的情况，缺乏系统和科学的方法作为指导；

认为全面预算与实际工作没有什么关系；

认为预算编制越宽松越好，为部门工作留足余地；

……………

尽管很多管理者明白经营计划与全面预算管理对企业经营的重要性，然而他们并没有充分地运用这一工具：有的企业想运用，却不懂得如何运用；有的企业觉得太复杂、太难，不愿意去做；有的企业则因为没有掌握运用步骤和技巧而中途放弃。在多年的管理咨询工作中，我们能够感觉到企业和管理者对了解并掌握经营计划与全面预算管理工作技巧的需求极为迫切，为了帮助更多的企业落实年度经营计划与全面预算管理，使企业目标更清晰、方向更正确，我们对《企业年度经营计划与全面预算管理》一书进行了修订，增加了年度经营计划与全面预算落地的四大总经理会议的召开步骤、方法及大量行之有效的管理工具，提供了一批推广成果——年度经营计划书的范本，供读者参考。

经营计划和全面预算管理是企业利用经营计划与全面预算体系对内部各种财务资源以及非财务资源进行分配、调节和控制，以便有效地组织和协调企业的生产经营活动，最终实现经营目标的过程。

企业进行年度经营计划与全面预算管理具有重要意义。第一，这项工作有助于提升企业的战略管理能力，使战略目标可以通过经营计划与全面预算得到量化；第二，在编制经营计划与全面预算的过程中设定了一些业绩指标，这些指标可以作为业绩考核的重要依据；第三，这项工作有利于提高企业运用资源的效率，避免资源浪费；第四，这项工作有助于企业有效地管理经营风险并节省成本；第五，这项工作可以加强企业各部门之间的沟通，使各部门之间的配合更为密切；第六，如果年度经营计划与全面预算能够真正落地，将会给企业带来实实在在的效益。

　　本书内容凝聚了深圳市思博企业管理咨询有限公司（以下简称"思博公司"）近100位咨询师10年智慧的结晶，思博公司的两位合伙人严敏、张立冬为本书提供了大量的建议和意见。同时，本书获得了深圳市时代华商企业管理咨询有限公司等培训机构、咨询机构及相关工厂的支持与配合。在此，我再一次对大家所付出的努力表示衷心感谢。

　　因水平有限，本书不足之处在所难免，恳请读者提出宝贵意见和建议。

2021 年 12 月

目录

第1章 经营计划与全面预算的导入

经营计划明确了企业的工作方向和工作目标，落实了企业发展战略，也为开展绩效考核工作提供了主要依据。预算用会计语言将经营计划分解，使其明确化、严谨化。只有提高经营计划和预算的工作效率，企业的各项经营活动才能更好地实现战略规划要求，从而提升企业的核心竞争力。

第2章 目标体系建立

要做好年度经营计划与全面预算管理，必须有完善并且一致的目标体系，这样才能加强企业各部门之间的联系，发挥整体力量。因此，企业应将最高管理层制定的企业总目标和各部门主管的部门目标与基层的个人目标，按照企业组织结构的层级串连起来，从而形成完整的目标体系。

第3章　年度经营计划

制订年度经营计划需要企业的中高层人员共同参与，按照自上而下、从外至内的顺序完成。经营计划的主要内容是为达成企业年度目标所需要开展的重点工作。

第4章　全面预算

预算促进了企业计划工作的开展与完善，降低了企业的经营风险与财务风险。企业进行全面预算管理就是以企业战略目标为出发点，以市场需求为导向，建立起涉及企业生产经营各个方面的预算管理体系。全面预算包括经营预算和财务预算，它将企业的经营目标具体化和细分化，对实现经营目标所消耗的资源进行合理的配置，指导企业生产经营活动，是一种集控制、激励、评价等功能为一体的贯彻企业经营战略并对企业进行内部控制的管理机制。

第 5 章　年度经营计划与全面预算的落地

    有效的年度经营计划和全面预算方案能够让企业的资源配置实现帕累托最优，以最小的成本获得最大的效益，但是方案若只停留在文件上，对企业而言是没有任何益处的。让年度经营计划和全面预算方案为企业带来可观收益的关键在于其执行与落地，本章将从实践层面来解决经营计划的落地难题。

第1章

经营计划与全面预算的导入

* * * * *

经营计划明确了企业的工作方向和工作目标，落实了企业发展战略，也为开展绩效考核工作提供了主要依据。预算用会计语言将经营计划分解，使其明确化、严谨化。只有提高经营计划和预算的工作效率，企业的各项经营活动才能更好地实现战略规划要求，从而提升企业的核心竞争力。

1.1　企业分析

1.1.1　企业的发展阶段

一般情况下，企业的发展都会经历以下五个时期：婴儿期、学步期、青春期、盛年期和稳定期。我们可以用业绩指标来区分企业发展的不同阶段。在不同的阶段，企业可能会面临不同的问题，也会有不同的注意事项。

1. 婴儿期

当企业处于婴儿期时，企业经营靠的是管理者的基本素质，即勤奋和坚持。

某机械制造企业有员工约100人，年产值约5 000万元。该企业之所以取得这样的成绩，靠的就是该企业经营者的勤奋与坚持。

原本，该企业经营者在一家同行企业里做装配钳工，后来他自立门户，开始自己生产产品。最初，他一个人在车间装配机器，前半年收入非常少，甚至比在原来企业的收入还低，当时有人劝他放弃，但他坚持了下来。第二年，企业的业绩有了大幅提升，于是他招聘了一些员工，但没几个月，这些员工陆续离开了，最艰难的时候，车间只剩下他一个人在装配机器。他坚持了两年，在第三年时，他终于看到曙光，企业的业绩突破了300万元，这时才开始有人愿意跟着他干了。

2. 学步期

企业处于学步期时靠的是专业能力，要能把产品做到极致。只有把产品做到极致，才能令客户满意，客户满意了，企业才能接到更多的订单。

3. 青春期

企业在这个时期靠的是综合能力，而且前面两个特质必不可少。很多企业在这个时期会出现两种现象：一是企业的执行力不稳定或缺失，二是企业的管理系统、人力资源系统和生产系统不完善。

4. 盛年期

当企业突破了前期发展的障碍，就进入了盛年期。在这个时期，企业可能会面临新的瓶颈。

第一，人力资源的瓶颈。这种瓶颈表现为企业虽然有许多员工，但真正能胜任岗位工作的员工不多，最主要的原因就是缺少激励机制，员工的工作积极性不高。

第二，企业生产系统的瓶颈。中小企业一般会出现这种情况：要么接不到订单，要么生产系统经常出问题。

5. 稳定期

当企业处于稳定期时，企业通常会面临营销和研发两个方面的问题。

1.1.2　企业发展遇阻的原因

企业发展为什么会受阻？我们归纳总结出了以下几种原因：

（1）没有目标，企业和员工都没有目标，员工不知道做什么；

（2）职责不明晰，工作不知道由谁来做；

（3）没有明确的制度与流程，员工不知道怎么做；

（4）没有监管机制，企业不知道员工做得怎么样；

（5）没有激励机制，员工做多做少一个样，做好做坏一个样。

1.2　经营计划与全面预算

1.2.1　什么是经营计划

经营计划是企业为了适应环境的变化，确保经营方针与目标的实现而制订的工作计划。它不是常规性的工作计划，而是一种总体性的规划。

经营计划具有以下特点。

1. 决策性

经营计划是以企业作为相对独立的商品生产者和经营者为前提，根据企业外部和内部情况制订的，直接关系到企业的生存与发展。

2. 外向性

经营计划与社会、市场和用户存在着密切的联系，其基本目标就是帮助企业实现与外部环境的动态平衡，并获得良好的经济效益和社会效益。

3. 综合性

经营计划的基本内容涵盖市场调查、预测、生产、销售等各个环节，也涉及技术、财务和后勤等各个部门，它是指导企业全部生产经营活动的纲领。

4. 激励性

经营计划将国家利益、企业利益和员工个人利益有机地结合起来，形成一股强大的动力，可以激励企业全体员工。

1.2.2　什么是全面预算

全面预算是企业对与其存续相关的投资活动、经营活动和财务活动进行预算并控制的管理行为，是一种全方位、全流程和全员化的整合性管理行为。

全面预算管理是一种集事前、事中和事后监管为一体的管理方法，它不仅是一种管理制度和管理策略，更是一种管理理念。

1.2.3　经营计划与全面预算的关系

1. 两者的区别

经营计划是企业根据战略规划制定的行动方案；预算是将经营语言转化为财务数据，并且对经营活动的结果和影响做出预测。

简单地说，经营计划是数量化和模型化的未来生产经营安排，预算是对数量化的生产经营计划进行货币化。

经营计划比较宏观，预算较为细致。

2. 两者的关系

（1）时间先后关系

例如，企业及各下属单位先根据未来 3~5 年的战略规划编制年度经营计划，然后财务部门根据年度经营计划汇总编制全面预算。

（2）平衡关系

企业通过财务测算预估经营活动的效果和效益，评价经营计划是否满足战略管理目标，资源匹配和投入产出的关系是否平衡。

（3）和谐关系

经营计划明确了企业的年度工作方向和工作目标，是落实发展战略的重要环节，也是考核经营者工作业绩的主要依据。预算用会计语言将经营计划分解，使其明确化和严谨化。两者是统一并存、互不矛盾的。

（4）配合关系

全面预算只有建立在严谨、细致的年度经营计划的基础上才能真正有效。

3.年度经营计划与全面预算的关系

年度经营计划与全面预算的关系如图1-1所示。

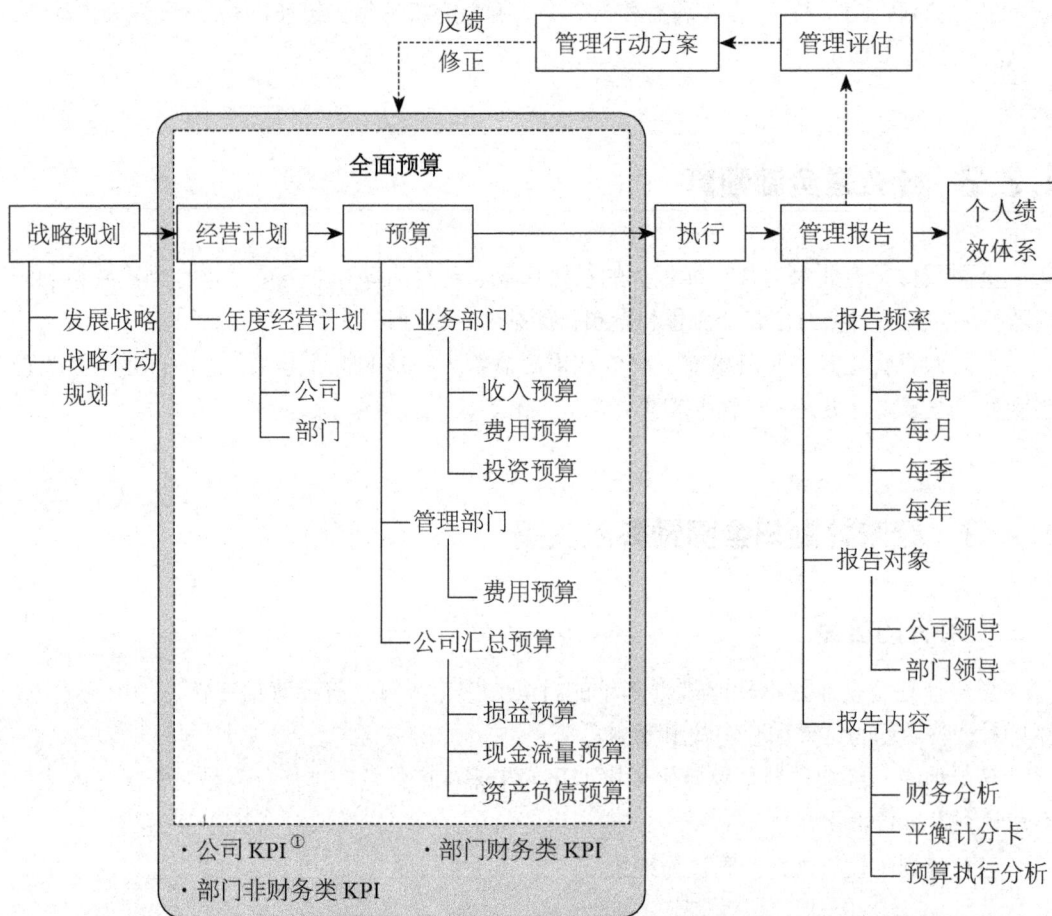

图1-1　年度经营计划与全面预算的关系

（1）企业应具备明确的战略规划，即企业发展战略与年度战略行动规划。

（2）根据战略规划，企业和各部门编制各自的年度经营计划，经营计划应至少涵盖战略要求、资源投入、业务活动安排等多个方面的内容，以促进生成企业的KPI和部门非财务类的KPI。

（3）根据年度经营计划，各业务部门编制收入预算、成本费用预算和投资预算，管理与业务支持部门编制费用预算，同时生成各部门财务类KPI。财务部门在汇总各部门工作计划和预算后，形成企业损益预算、现金流量预算和资产负债预算。

---

① KPI 的英文全称是 Key Performance Indicators，意思为关键绩效指标。

（4）企业各级管理层利用预算执行情况报告定期对预算执行情况进行分析和监控。其中，预算执行情况报告主要包括定期的财务分析和评估结果。

（5）在经营计划执行的过程中，管理者可以借助预算执行情况报告来监控经营进度，并运用管理评估机制采取相应的行动，及时解决出现的问题。若有必要，可以对原有的全面预算体系和 KPI 体系做出必要的调整，使之更好地适应企业的实际经营情况和市场环境的变化，实现企业既定的战略目标。

如图 1-1 所示，企业的年度经营计划、全面预算和绩效三者形成了一个闭环，是一个密不可分的有机整体。只有三者高效互动，企业才有可能实现既定的战略目标。在此过程中，全面预算发挥着承前启后的重要作用。一方面，全面预算是企业战略规划的细化及量化；另一方面，全面预算是制定企业及各部门 KPI 的主要依据，是企业绩效管理的基础和依据。只有提高经营计划与预算的效率，并建立相应的绩效管理制度，企业的各项经营活动才能更好地为实现战略规划要求服务，提升企业的核心竞争力。

1.3　经营计划与全面预算的导入

1.3.1　导入经营计划与全面预算的好处

1. 形成团队共识

导入经营计划与全面预算能够帮助企业形成一致的目标。

2. 为经营工作提供依据

导入经营计划与全面预算为企业指明了经营运作的方向，并且提供了经营运作的依据。工作有所依据时，失误就会减少；失误越少，实现目标的可能性就越高。

3. 为绩效管理提供依据

只有评估是客观合理的，企业才不会有管理上的困扰，这就需要进行绩效考核。绩效考核的依据是 KPI，而年度经营计划和全面预算是 KPI 制定的基础。

4. 落实授权管理

很多管理者不敢授权的原因是担心授权以后会失控，之所以会有这种担心是因为缺少"游戏规则"，而经营计划和全面预算管理就是游戏规则。

1.3.2 企业年度经营计划与全面预算的开展方式

一般而言，企业的年度经营计划与全面预算管理以 U 形循环的方式开展，具体如图 1-2 所示。

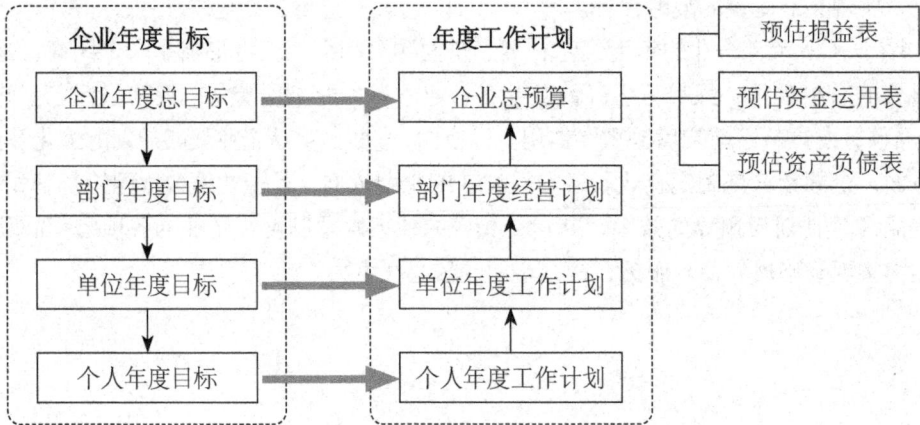

图 1-2 企业年度经营计划与全面预算管理的 U 形循环图

每一个层级都会出现一个 U 形，如图 1-3 所示。由上往下是目标的传达说明，由下往上是计划的提交。如此一来，上下级之间就会达成共识。

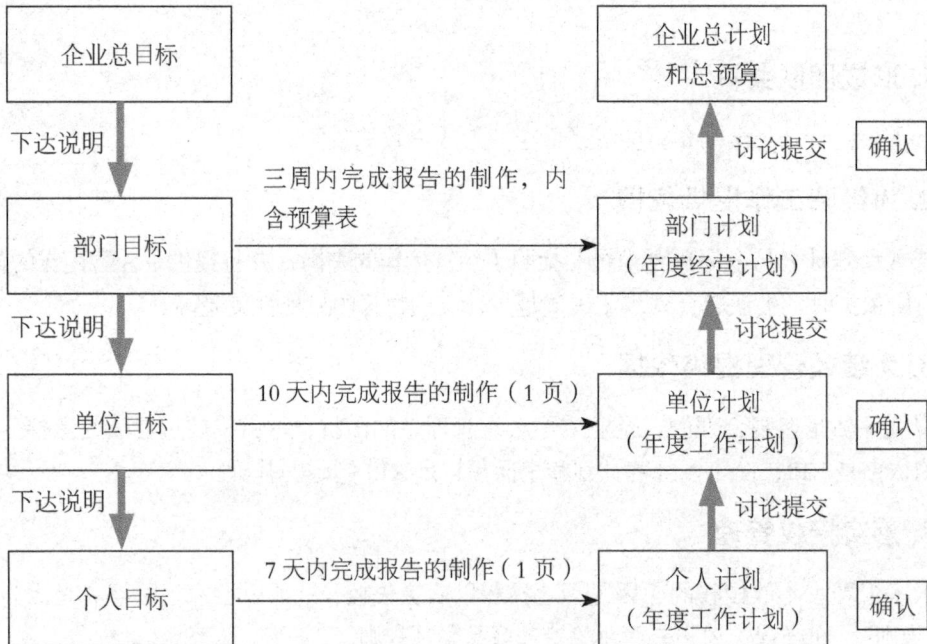

图 1-3 U 形循环的展开图

1. 企业总目标的下达说明与承接

企业的总目标设定好以后，管理者须召集各部门主管，向他们传达具体内容，各部门主管可以提出质询，管理者须做好说明工作。

部门目标确定之后，部门主管有三周的时间去整理部门的年度经营计划书，包括部门预算，如图1-4所示。

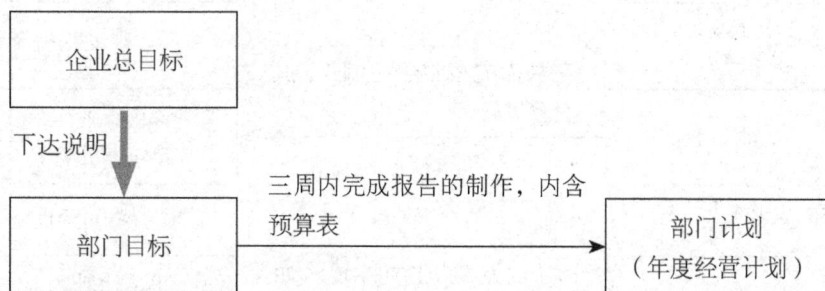

图1-4　企业总目标的下达说明与承接

2. 部门经营计划的讨论与提交

各部门提交各自的年度经营计划书后，企业应组织各部门主管召开会议，每一位部门主管可以用一个小时的时间介绍自己部门的年度计划。每一个部门介绍完成之后，所有的部门都可以提出质询，这样可以使存在的问题在事前得到解决。

汇总经会议审议通过的各部门年度经营计划，形成企业的总计划和总预算，如图1-5所示。

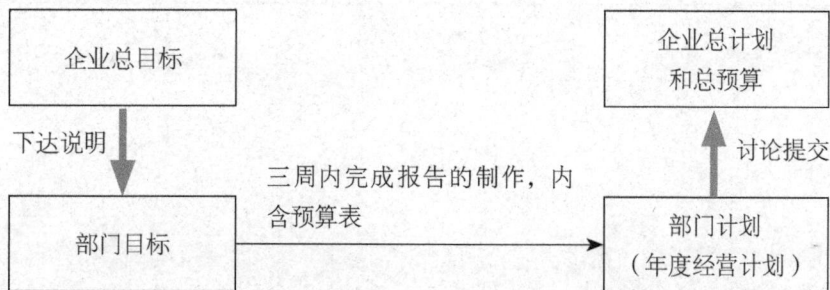

图1-5　部门经营计划的讨论与提交

3. 部门目标的下达说明和单位年度工作计划的制订与提交

部门年度经营计划经审核通过后，各部门主管须向其从属单位主管进行说明。

单位目标明确之后，单位主管有10天的时间整理单位年度工作计划。

部门主管需要编制预算（又称经营计划书）；单位主管不需要编制预算，只需要将相关的工作目标计划写清楚。

单位主管完成工作计划后，部门主管召集所有单位主管开会，请每一位单位主管阐述工作计划，并请所有单位主管共同讨论。这样做的目的是让大家对目标达成共识。讨论通过后，将目标提交上级审核，如图1-6所示。

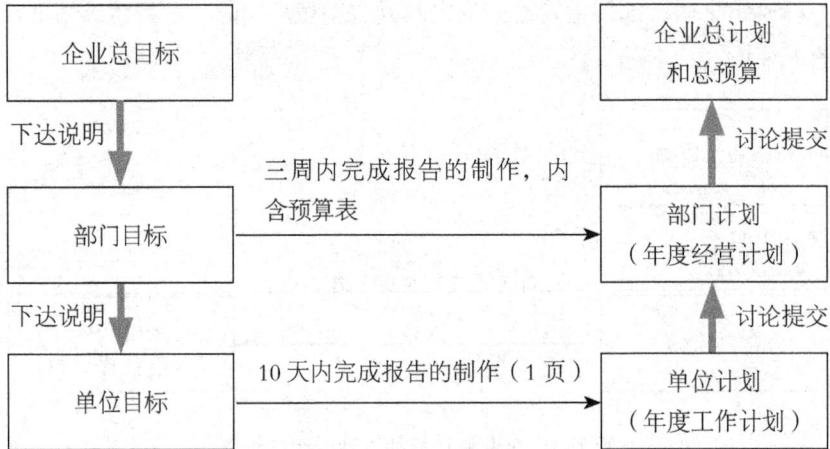

图1-6　部门目标的下达说明和单位年度工作计划的制订与提交

4.单位目标的下达说明和员工个人工作计划的制订与提交

单位目标与计划得到确认后，单位主管须召集员工对目标和计划进行说明。

员工有7天的时间来整理自己的年度工作计划。完成后，单位主管须召集单位内所有人员开会，请每人说明各自的目标和计划，大家共同讨论。讨论通过后，提交上级审核，具体如图1-3所示。

第 2 章

目标体系建立

* * * * *

要做好年度经营计划与全面预算管理，必须有完善并且一致的目标体系，这样才能加强企业各部门之间的联系，发挥整体力量。因此，企业应将最高管理层制定的企业总目标和各部门主管的部门目标与基层的个人目标，按照企业组织结构的层级串连起来，从而形成完整的目标体系。

2.1　目标体系的建立步骤

2.1.1　目标体系的结构

　　管理企业应遵循的一个原则是每项工作都必须为达到总目标服务。在目标管理法中，目标的设定始于企业的高层管理者，他们提出企业的使命和战略目标，然后通过部门层级向下传递，直至所有员工。

1. 目标的层次

　　（1）按照管理层级，目标可以分为以下四个层次，如图 2-1 所示。

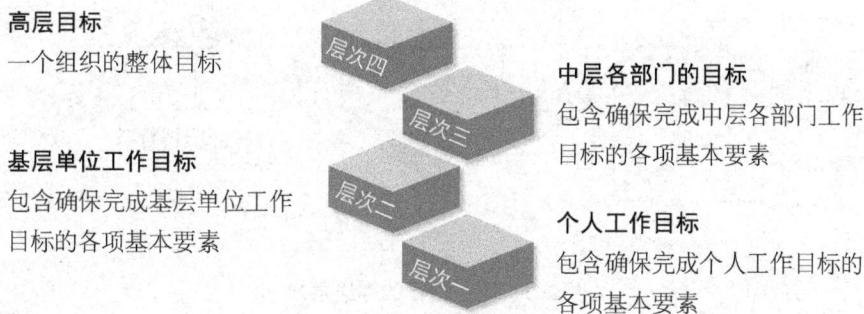

高层目标
一个组织的整体目标

中层各部门的目标
包含确保完成中层各部门工作目标的各项基本要素

基层单位工作目标
包含确保完成基层单位工作目标的各项基本要素

个人工作目标
包含确保完成个人工作目标的各项基本要素

图 2-1　企业目标的层次

企业各管理层在相应目标上的关系如图 2-2 所示。

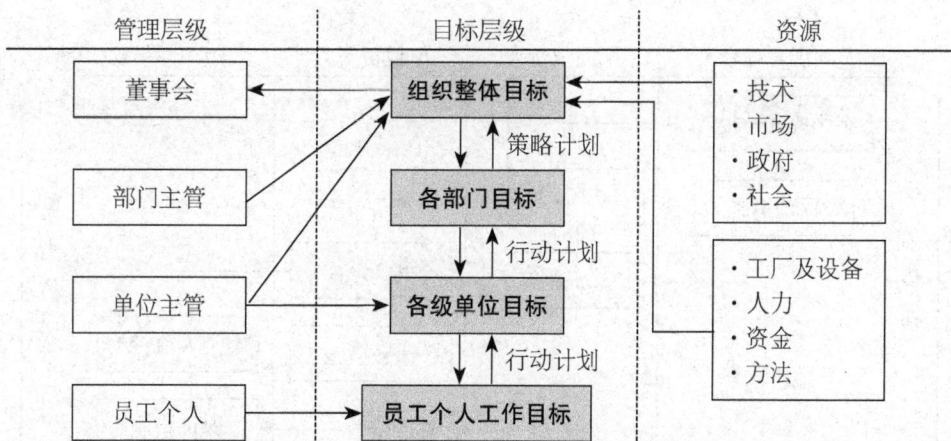

图 2-2　管理层次划分与各级目标的关系

（2）组织目标还可以被简化和概括为以下三个层次。

① 环境层——社会赋予组织的目标，即为社会提供优质的产品和服务，并且创造出尽可能多的价值。

② 组织层——作为一个利益共同体和一个系统的整体目标，如提高经济效益、增强自我改造和发展的能力、改善员工生活、保障员工的劳动安全。

③ 个人层——组织成员的目标，如经济收入、兴趣爱好等。

2. 目标的分类

（1）根据动态因素分类

根据动态因素，企业整体目标可分为长期计划目标、中期计划目标、短期计划目标和执行目标四种。

（2）根据组织目标的等级层次分类

根据组织目标的等级层次，目标可分为以下几类，具体如图2-3所示。

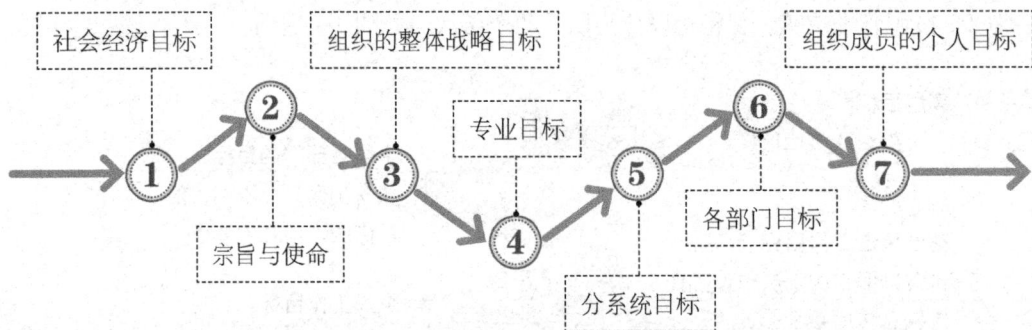

图 2-3　组织目标的等级层次

3. 目标的分解

进行目标管理需要将组织的整体目标层层分解下去，直到基层员工。目标的分解步骤如图2-4所示。

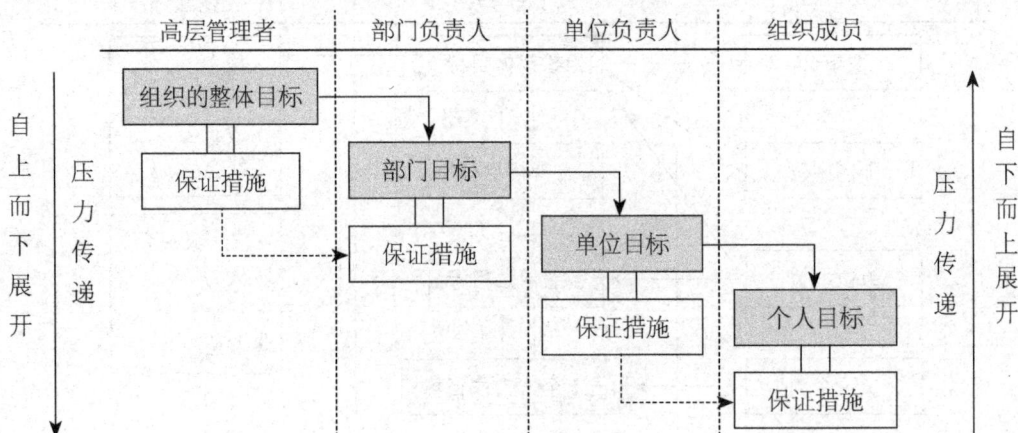

图 2-4　目标的分解步骤

4. 目标的整合

目标整合模型如图 2-5 所示。

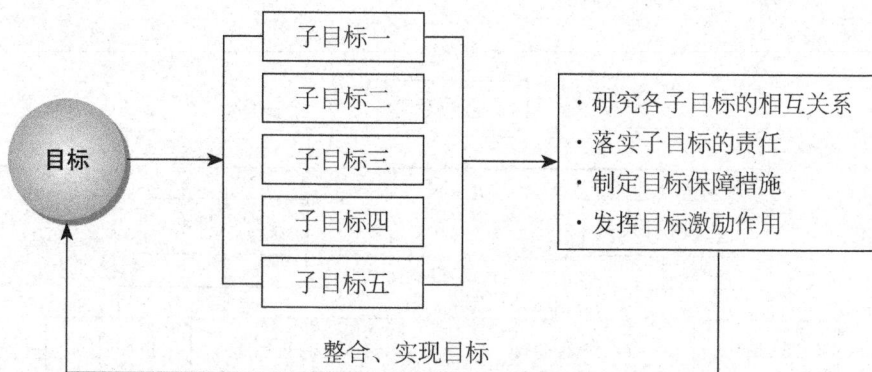

图 2-5 目标整合模型

2.1.2 建立目标体系的基本程序

（1）建立目标体系的基本程序如下：
① 制定企业的总目标；
② 制定直线部门目标；
③ 制定职能部门目标；
④ 制定单位目标；
⑤ 制定个人目标；
⑥ 整合企业的总目标、单位目标和个人目标，形成目标体系。

（2）在整合企业的目标体系时，通常可以从纵向和横向两个方向进行，具体如下。
①"纵向"目标体系的整合。

企业整体的目标体系必须由上而下制定，形成一个"纵向"的目标体系，即按照企业目标→部门目标→单位目标→小组目标→个人目标的顺序来制定。

每个人的目标都是为了完成上级目标，所以这个关系变成"企业组织目标→个人目标""总目标→部分目标""上级目标→下属目标"。

②"横向"目标体系的整合。

要获得"1 + 1 > 2"的效果，就必须将企业全部资源整合成一个整体，部门之间互相支援与配合，并且加强沟通与协调。因此，企业整体目标的实现需要通过"横向"沟通。例如，销售部提出"上半年交货延迟次数不超过 1 次"，要实现这个目标，就应按照"销售部→生产部→技术部"的顺序进行横向沟通。

要实现企业目标体系的有效整合，首先上级与下属要通过纵向沟通确定目标，其次相关部门要进行横向沟通修正目标，最后要形成企业的目标体系。

2.1.3　绘制目标体系图

目标体系建立以后，企业可使用目标体系图来表示目标的层级关系。目标体系图如图2-6所示。

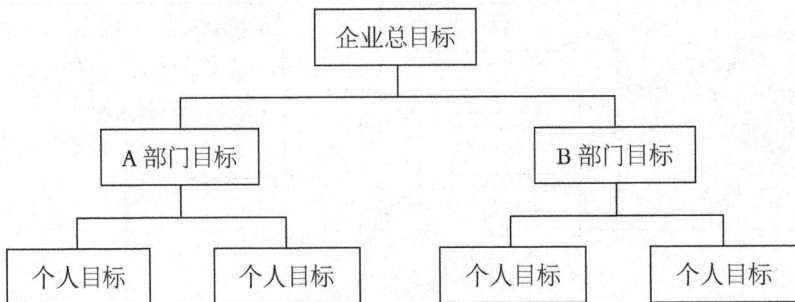

图2-6　目标体系图

实例

某公司为实现降低5%成本的目标建立了如下目标体系图。

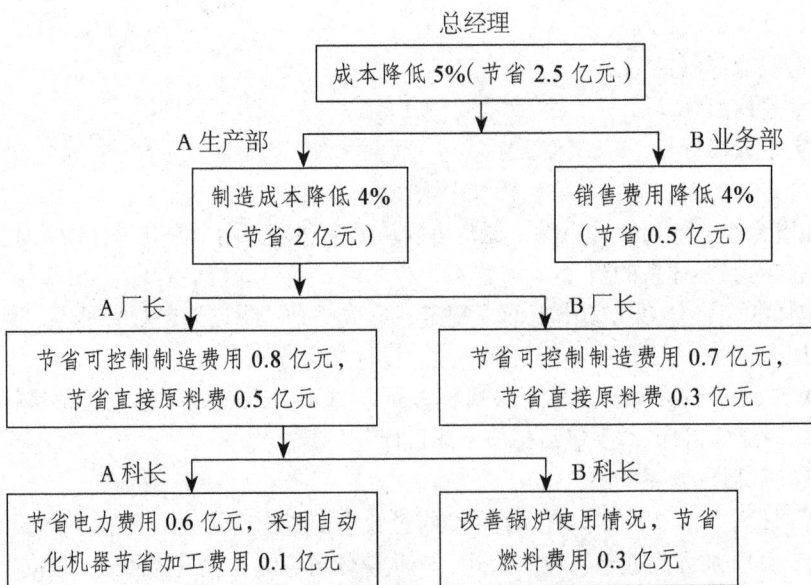

目标体系图

2.2　目标设定的原则

每个人都有过制定目标的经历，但上升到管理层面时，管理者要先了解目标的设定原则。目标的设定应遵守具体化（条列式、表列式）、数据化（数字、金额、百分比）和时程化（时间、天数）等原则。

2.2.1　具体化

具体化就是用具体的语言清楚地说明要达成的行为标准，可以用条列式、表列式的形式来体现。拥有明确的目标几乎是所有成功团队的一致特点。很多团队不成功的重要原因之一就是目标定得模棱两可，或者没有将目标有效地传达给相关成员。

例如，目标——增强客户意识。这种对目标的描述就很不明确。增强客户意识有许多具体做法，如减少客户投诉、提升服务的质量、使用规范礼貌用语、采用规范的服务流程等。

建议将这个目标具体化为：在月底前将前台收银的速度提升至正常标准，这个正常标准可能是两分钟，也可能是一分钟，或分时段来确定标准。

具体化的要求就是目标设置要有项目、衡量标准、达成措施、完成期限和所需资源，能够使考核人清晰地了解被考核人计划要做哪些事情、计划完成到什么程度。

2.2.2　数据化

数据化就是用一些数据，如数字、金额、百分比来描述目标。

例如，为所有的老员工安排进一步的管理培训。"进一步"是一个既不明确也不容易衡量的概念。

建议将这个目标修改为：在某时间完成对所有老员工关于某个主题的培训，并且在这个课程结束后，学员的评分在85分以上。这样的目标是可以衡量的。

数据化的要求如下：

（1）目标的衡量遵循"能量化的量化，不能量化的质化"这一标准，使制定人与考核人有一个统一的、标准的、清晰的、可度量的标尺，杜绝在目标设置中使用形容词或者其他概念模糊、无法衡量的描述；

（2）目标的可衡量性应该从数量、质量、成本、时间、上级或客户的满意度五个方面来规定；

（3）如果目标按上述方法仍不能衡量，可考虑将目标细化，细化成分目标后再从以上五个方面衡量；

（4）如果还不能衡量，可以将完成目标的工作流程化，通过流程化使目标可衡量。

2.2.3 时程化

目标时程化就是用时间来限制目标的完成时间，可以用时间点、天数等加以描述。

例如，我将在2021年10月31日之前完成某事。10月31日就是一个明确的时间限制。没有时间限制的目标没有办法考核，或者会带来考核的不公。

时程化的要求为：有时间限制，并根据工作任务的权重、事情的轻重缓急，拟订完成目标项目的执行计划。

2.3 运用平衡计分卡制定目标

2.3.1 什么是平衡计分卡

平衡计分卡以企业战略为导向，通过财务、客户、内部流程、学习与成长四个方面及其与业绩指标的因果关系，全面管理和评价企业综合业绩，是企业愿景和战略的具体体现。平衡计分卡既是一个绩效评价系统，也是一个有效的战略管理系统，具体如图2-7所示。

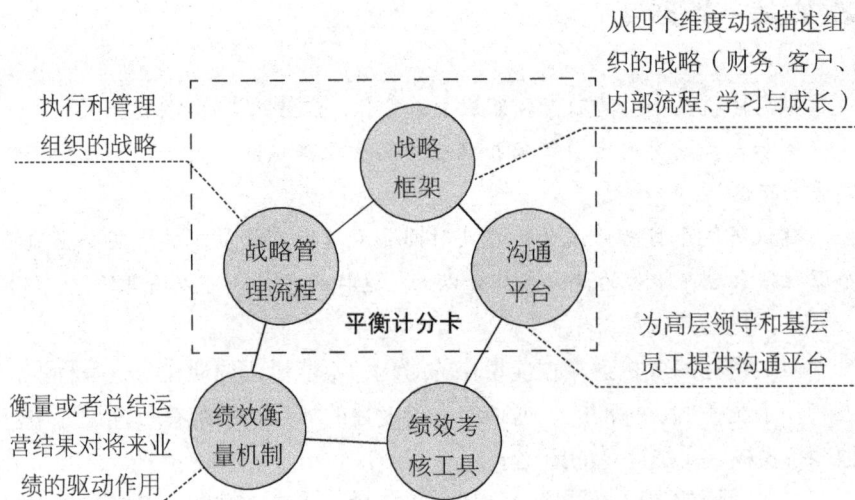

图2-7 平衡计分卡既是绩效评价系统，也是战略管理系统

1. 平衡计分卡的核心思想

平衡计分卡的核心思想是通过财务、客户、内部流程及学习与成长四个方面指标的相互驱动关系，实施绩效考核、绩效改进、战略实施和战略修正，实现企业战略目标。它将绩效考核的地位上升到战略层面，使之成为企业战略的实施工具。

2. 平衡计分卡"平衡什么"

平衡计分卡反映了财务风险衡量方法与非财务风险衡量方法之间的平衡、长期目标与短期目标之间的平衡、外部和内部之间的平衡、结果和过程之间的平衡，以及管理业绩和经营业绩之间的平衡等，具体如图 2-8 所示。

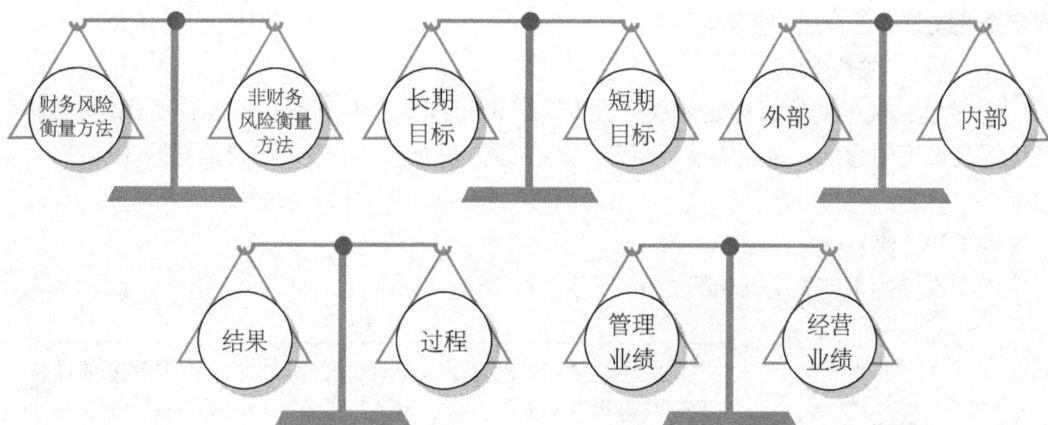

图 2-8　平衡计分卡"平衡什么"

3. 平衡计分卡的维度

平衡计分卡有四个维度，其内容、相互之间的关系及具体指标如下。

（1）四个维度的具体内容

平衡计分卡有财务、客户、内部流程及学习与成长四个维度，四个维度的具体内容如图 2-9 所示。

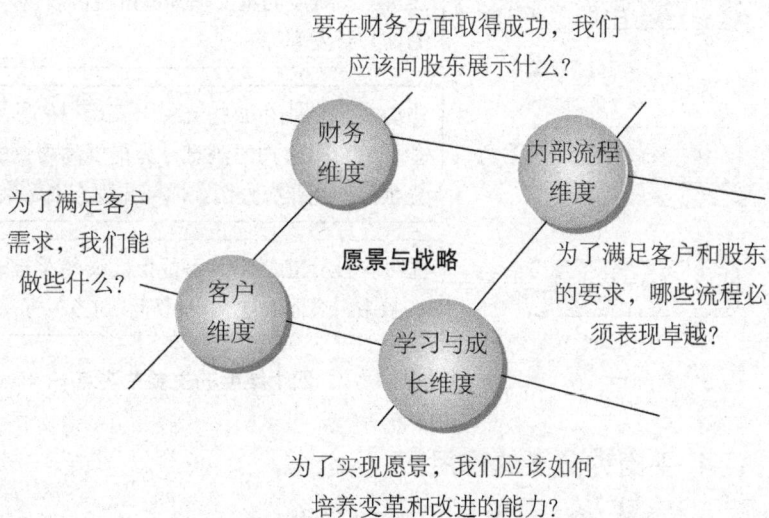

要在财务方面取得成功，我们应该向股东展示什么？

为了满足客户需求，我们能做些什么？

愿景与战略

为了满足客户和股东的要求，哪些流程必须表现卓越？

为了实现愿景，我们应该如何培养变革和改进的能力？

图 2-9　平衡计分卡四个维度的具体内容

① 财务维度

财务维度的目标是解决"股东如何看待我们"这类问题，是解决其他三类问题的出发点和归宿。

② 客户维度

客户维度的目标是解决"客户如何看待我们"这类问题。客户是企业之本，是企业的利润来源，理应成为企业的关注焦点。它是平衡计分卡的平衡点。

③ 内部流程维度

内部流程维度着眼于企业的核心竞争力，解决的是"我们的优势是什么"这类问题。企业应当甄选出那些对客户满意度有较大影响的业务程序（包括影响时间、质量、服务和生产率等各种因素），明确自身的核心竞争能力，并将它们转化成具体的测评指标。内部流程是企业改善经营业绩的重点。

④ 学习与成长维度

学习与成长维度的目标是解决"我们是否能持续提高并创造价值"这类问题。只有持续提高员工的素质，企业才能不断开发新产品，在为客户创造更多价值的同时提高经营效率。

（2）四个维度的关注点

四个维度的主要关注点如图2-10所示。

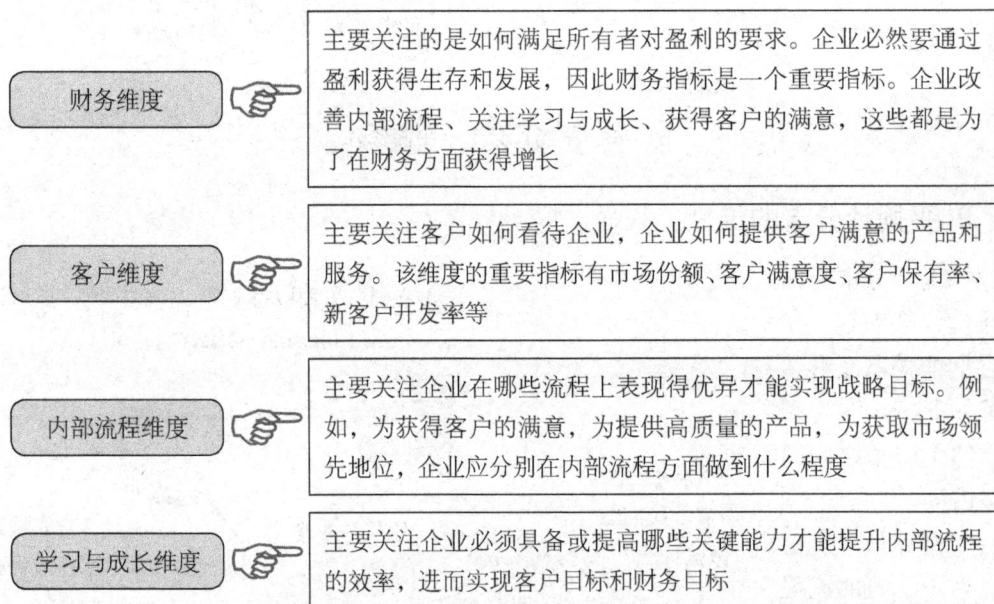

财务维度	主要关注的是如何满足所有者对盈利的要求。企业必然要通过盈利获得生存和发展，因此财务指标是一个重要指标。企业改善内部流程、关注学习与成长、获得客户的满意，这些都是为了在财务方面获得增长
客户维度	主要关注客户如何看待企业，企业如何提供客户满意的产品和服务。该维度的重要指标有市场份额、客户满意度、客户保有率、新客户开发率等
内部流程维度	主要关注企业在哪些流程上表现得优异才能实现战略目标。例如，为获得客户的满意，为提供高质量的产品，为获取市场领先地位，企业应分别在内部流程方面做到什么程度
学习与成长维度	主要关注企业必须具备或提高哪些关键能力才能提升内部流程的效率，进而实现客户目标和财务目标

图2-10　四个维度的主要关注点

4. 平衡计分卡的作用

（1）平衡计分卡是战略管理与执行的工具

平衡计分卡是企业在总体发展战略达成共识的基础上，通过科学的设计，将其在财务、客户、内部流程和学习与成长四个维度的目标、指标以及实施步骤有效地结合在一起的一种战略管理与实施体系。它的主要目的是将企业的战略转化为具体的行动，为企业的战略搭建执行平台，以提升企业的战略执行力。

（2）平衡计分卡是绩效管理的工具

平衡计分卡从四个维度设计适当的目标指标，推动企业战略的有效实施。这些目标指标具有可量化、可测度、可评估的特点，有利于全面、系统地监控企业战略的执行，促进企业战略与远景目标的达成。平衡计分卡四个维度的目标指标如表 2-1 所示。

表 2-1　平衡计分卡四个维度的目标指标

第一层指标	第二层指标	第三层指标
财务指标	盈利	净资产收益率
		总资产报酬率
		资本保值增值率
		销售利润率
		成本费用利润率
	资产营运	总资产周转率
		流动资产周转率
		存货周转率
		应收账款周转率
		不良资产比率
	偿债能力	资产负债率
		流动比率
		速动比率
		现金流动负债比率
	增长能力	销售增长率
		资本积累率
		总资产增长率
		三年利润平均增长率
		三年资本平均增长率
		固定资产更新率
客户指标	成本	客户购买成本
		客户销售成本
		客户安装成本
		客户售后服务成本

（续表）

第一层指标	第二层指标	第三层指标
客户指标	质量	质量控制体系
		废品率
		退货率
	及时性	准时交货率
		产品生产周期
	客户忠诚度	客户回头率
		流失客户人数
		挽留客户成本
	吸引新客户能力	新客户人数
		新客户比率
		吸引客户成本
	市场份额	占销售总额的百分比
		占该类产品的百分比
内部流程指标	创新过程	研发（R&D）占销售总额的比例
		研发投入回报率
		新产品销售收入百分比
		研发设计周期
	运作过程	单位成本水平
		管理组织成本水平
		生产线成本
		客户服务差错率
		业务流程顺畅
	售后服务过程	服务成本/次数
		技术更新成本
		客户投诉响应时间
		订货交货时间
		上门服务速度
学习与成长指标	员工素质	员工的知识结构
		人均脱产培训费用
		人均在岗培训费用

（续表）

第一层指标	第二层指标	第三层指标
学习与成长指标	员工素质	年培训时数
		员工平均年龄
	员工忠诚度	员工流动率
		高级管理、技术人才流失率
	员工生产力	人均产出
		人均专利
		员工对客户的认知度
	员工满意度	员工满意度
		员工获提升比率
		管理者的内部提升比率
	组织结构能力	评价和建立沟通机制费用
		协调各部门行动目标费用
		有效沟通评估
		团队工作有效性评估
		传达信息或接受反馈的平均时间
	信息系统	软硬件系统的投入成本
		拥有个人计算机的员工比例
		软硬件系统更新周期

（3）平衡计分卡是企业各级管理者进行有效沟通的一种重要工具

为了确保战略的顺利执行，企业必须就远景规划与各级组织及其负责人乃至每位员工进行沟通，使企业所有员工都能够理解企业的战略与远景规划，并且及时地给予员工有效的反馈。

5. KPI 与平衡计分卡的区别

KPI 与平衡计分卡的区别如表 2-2 所示。

表 2-2　KPI 与平衡计分卡的区别

比较	KPI	平衡计分卡
不同点	（1）KPI 使用各种方法分析影响绩效的主要因素，各种主要因素之间不存在明显的逻辑关系，它们一起构成了总目标	（1）平衡计分卡将实现总目标的目标指标划分为不同的板块，不同的板块之间有明确的因果支撑关系，形成了一个绩效发展循环

（续表）

比较	KPI	平衡计分卡
不同点	（2）不同价值功能分解出的指标之间并没有逻辑关系	（2）平衡计分卡各个指标之间实际上是一种因果关系，它们相互支持、相互依赖，具有逻辑关系
相同点	二者均是一种整体性的绩效管理系统，它们都从企业战略出发，寻找衡量指标，设定目标，掌控行动	

2.3.2　平衡计分卡的实施要领

1. 制定企业远景目标与发展战略

企业应在符合和保证实现企业使命的条件下，在充分利用各种机会的基础上确定企业与环境的关系，明确企业的经营范围、成长方向和竞争策略，调整经营结构，分配资源，制定适合企业成长与发展的远景目标和发展战略，从而使企业获得竞争优势。企业的发展战略要力求具备适合性、可衡量性、易懂性、激励性和灵活性等特征。

2. 将企业经营战略转化为一系列的衡量指标

在将企业经营战略转化为一系列衡量指标时，要遵循 SMART 原则，即具体的（Specific）、可衡量的（Measurable）、可达到的（Attainable）、相关的（Relevant）和有时限的（Time-based）。

为了使企业战略有效实施，我们可以将组织战略转化为财务、客户、内部流程、学习与成长四个维度的指标。这些指标又可以分为定性指标和定量指标两种。

（1）指标的衡量

①定性指标

对于指标体系中的定性指标，企业应设计调研问卷。为避免由于主观判断引起的失误，我们将定性指标分成七个等级（很好、好、较好、一般、较差、差、很差，分别对应 7～1 分）。由于在赋值判断过程中已包含标准，我们可以直接计算评价值，也就是用加权平均的方法对调查结果进行计算。

②定量指标

对于定量指标的数据，我们可按照指标的释义和企业的具体情况收集，收集过程中需要不同部门配合。由于各项定量指标的内容、量纲各不相同，直接综合在一起十分困难，因此必须将这些指标进行无量纲处理，将定量指标原值转化为评价值。

（2）确定平衡计分卡的评价指标的权重

专家打分是确定权重的一个较为简便和合理的方法。专家的组成结构要合理，既要有企业的中高层管理人员、技术人员，也要有基层的技术和管理人员，还要有企业外的对本企业或本行业熟悉的专家，如行业协会的成员、大学或研究机构的成员。

同时，不同企业的权重选择应根据不同行业、不同企业的特点进行区分。例如，高科技企业技术更新快，因而其学习与成长指标所占的权重就应较高；对大型企业而言，运作流程的顺畅显得很重要，因而该指标在企业中所占权重也应相对较高；对银行等金融企业而言，财务指标事关重大，该类指标在企业中的权重自然也应较高。指标的权重确定后，应将其填制在"平衡计分卡各类指标的权重表"（见表 2-3）中。

表 2-3 平衡计分卡各类指标的权重表

指标构成	第一层指标权重（%）	第二层指标具体内容	第二层指标权重（%）

实例

下表为美国 PIONEER 石油公司年度奖励制度中平衡计分卡各类指标的权重。

平衡计分卡各类指标的权重表

指标构成	第一层指标权重（%）	第二层指标具体内容	第二层指标权重（%）
财务	60	利润与竞争者比较	18
		投资者报酬率与竞争者比较	18
		成本降低与计划比较	18
		新市场销售成长	3
		现有市场销售成长	3
客户	10	市场占有率	2.5
		顾客满意度调查	2.5
		经销商满意度调查	2.5
		经销商利润	2.5
内部流程	10	社区 / 环保指数	10
学习与成长	20	员工工作环境与满意度调查	10
		员工策略性技能水准	7
		策略性数据供应情况	3
总计	100%	—	100%

3. 将战略目标与企业、部门、个人的短期目标挂钩

为了有效避免企业战略目标、部门计划目标和个人绩效考核目标出现纵向矛盾，以及各部门计划出现横向不和谐，企业应对战略目标进行分解。战略目标分解可以按图 2-11 所示的流程实施。

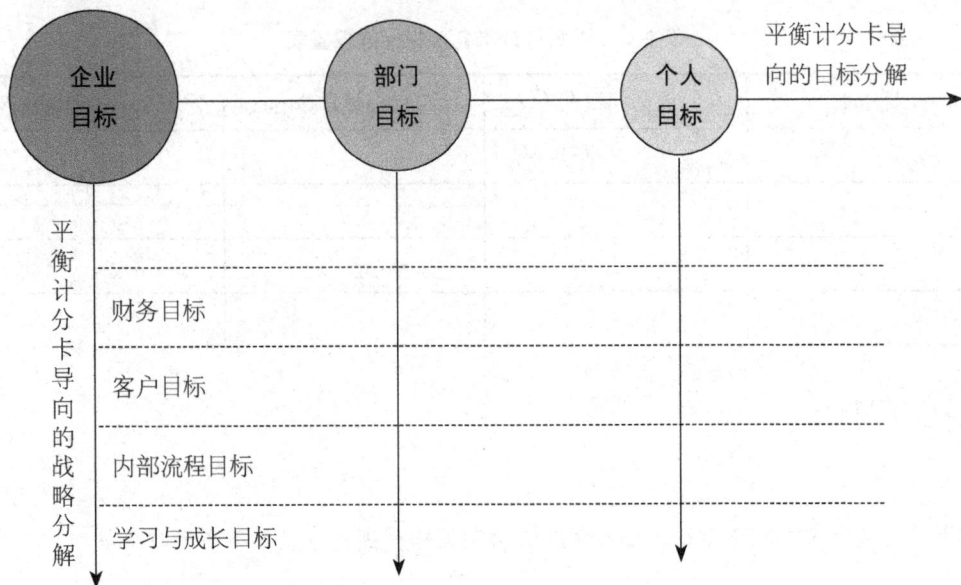

图 2-11　战略目标与企业、部门和个人目标挂钩

在实际操作过程中，企业应注意以下几点内容。

（1）管理者和员工必须一起制定目标。相关数据显示，这种目标制定过程能使员工的工作绩效提高 10% ~ 25%。这是因为这一过程帮助员工将精力集中在重要工作上，并促使员工对自己的工作负责。

（2）目标应该是长期和短期并存的，且是可量化和可测量的。在制定目标时还必须明确实现目标的步骤。

（3）预期的结果必须在员工的控制之中。

（4）目标必须在每一个层次上都保持一致。

（5）管理者和员工必须留出特定的时间对目标进行回顾和评估。

4. 记录绩效考核内容，作为绩效考核的依据

确定了指标和目标后，企业要将员工绩效考核的内容以书面形式记录下来，作为绩效考核的依据。

5. 建立并健全考核体系，根据平衡计分卡的完成情况进行奖惩

建立并健全考核体系，将员工的奖金、晋升、教育培训等与其所完成平衡计分卡的情况直接挂钩，形成有效的管理回路。

（1）在薪酬结构方面，应建立绩效考核和年终奖金制度，对平衡计分卡完成情况好的员工进行奖励，对完成不佳的员工进行惩罚。

（2）在教育培训方面，为优秀员工提供深造和培训的机会。

（3）在晋升方面，建立优胜劣汰、能上能下的机制，实行能者上、庸者让、平者下的制度。

2.3.3 建立部门/组别平衡计分卡的过程

1. 确定企业的愿景、使命、信念和策略方向

部门/组别平衡计分卡应该与企业的愿景、使命、信念和策略方向保持一致。因此，管理者在制定部门/组别平衡计分卡时，要先确定企业的愿景、使命、信念和策略方向。

2. 了解企业平衡计分卡的各项指标

具体内容略。

3. 制定部门/组别的年度目标

制定部门/组别的年度目标应从财务、客户、内部流程和学习与成长四个维度出发，同时应该与企业的目标保持一致，而且必须：

（1）说明可以使部门/组别取得理想业绩的具体工作；

（2）以具体而非抽象的措辞来界定；

（3）采用具有积极含义的动词（如"改善"等）来描述行动；

（4）与这些目标的管理人员的职责范围有关；

（5）数量有限（5～7项）。

4. 制定部门/组别的主要目标指标

主要目标指标应精简、全面、可度量。制定主要目标指标时，必须确保它们与企业的愿景、使命、策略方向以及企业的年度经营目标直接挂钩。

表2-4列举了平衡计分卡每个维度的主要目标指标，供读者参考。

表 2-4 平衡计分卡四个维度的主要目标指标

财务维度	客户维度
（1）总资产	（1）客户数目
（2）总资产/员工数目	（2）市场占有率
（3）收入/总资产	（3）年度营业额/客户数目
（4）来自新产品或业务的收入	（4）流失的客户
（5）收入/员工数目	（5）投放于维护客户关系的平均时间
（6）盈利/总资产	（6）客户数目/员工数目

（续表）

财务维度	客户维度
（7）来自新产品或业务的盈利	（7）完成的合约／现有的合约
（8）盈利／员工数目	（8）客户满意度指数
（9）市值	（9）客户忠诚度指数
（10）资产净值回报率	（10）成本／客户数目
（11）增值／员工数目	（11）拜访客户的次数
（12）总资产回报率	（12）投诉／赞赏次数
（13）使用资本回报率	（13）市场推广开支
（14）利润率	（14）品牌形象指数
（15）盈利贡献／收入或盈利贡献率	（15）与客户保持联系的平均时间
（16）盈利贡献／员工数目	（16）客户平均营业额
（17）现金流量	（17）客户到访的次数
（18）股东股本／总资产或偿付能力	（18）从接触客户至交易的平均时间
（19）投资回报率	（19）服务开支／客户数目
（20）营运成本减幅	（20）取得的新客户数目
（21）营业额增长	（21）每名客户的平均消费

内部流程维度	学习与成长维度
（1）行政开支／总收入	（1）研究开发开支／总开支
（2）处理付款所需的时间	（2）信息科技开发开支／信息科技开支
（3）准时付运	（3）研究开发时数
（4）从设计到生产出成品所需的平均时间	（4）研究开发资源／总资源
（5）产品开发所需的时间	（5）培训投资／营业额
（6）收到订单至付运所需的时间	（6）研究方面的投资
（7）供货商供货所需的时间	（7）新产品支持及培训方面的投资
（8）生产所需的时间	（8）开拓新市场方面的投资
（9）决策所需的平均时间	（9）与客户直接沟通次数／年
（10）存货周转量	（10）有待批核的专利权
（11）生产力增幅	（11）公司专利权已持的平均年限
（12）信息科技能力／员工数目	（12）改善建议／员工数目
（13）信息科技物品存量的变化	（13）技能发展方面的开支／员工数目
（14）信息科技开支／行政开支	（14）员工满意度指数
（15）生产时排放至环境的废气／废物量	（15）市场推广开支／客户数目
（16）使用产品造成的环境影响次数	（16）员工意见（授权指数）
（17）行政失误的费用／管理收入	（17）××岁以下的员工百分比
（18）无误存档的合约数目	（18）与产品无关的开支／客户数目
（19）行政开支／员工数目	（19）新产品（存在少于××年）占公司所有货种的比例
（20）周期时间减幅	（20）现有技能水平与所需技能水平相比
（21）投标成效	

5. 制定每一项主要目标指标的量化基准目标

制定有效的量化基准目标需要注意以下几点内容。

（1）必须为选用的每一项主要目标指标制定量化基准目标。

（2）量化基准目标应该是实际的、可以达到的。

（3）量化基准目标应该有可以接受的幅度。若业绩在幅度以外，就应采取矫正行动。

（4）应该与管理者一起制定量化基准目标，这样有助于量化基准目标在部门／组别内获得认可。

量化基准目标制定完成后，可连同主要目标指标一起填入"目标管理表"，具体如表 2-5 所示。

表 2-5　目标管理表

维度	部门／组别目标	主要目标指标	量化基准目标	行动计划
财务				
客户				
内部流程				
学习与成长				

6. 明确每一项主要目标指标的内容

确定了主要目标指标之后，企业需要明确每一项指标的具体内容，让员工能够完全明白它们的含义。这是一个极为重要的环节，旨在避免员工在应用这些指标时出现混淆。表 2-6 以营运收入总额等几个主要目标指标为例，说明了部分主要目标指标的内容。

表 2-6　主要目标指标的内容

主要目标指标	定义
营运收入总额	（1）全年累计收入总额差距（包括来自内部的收入） （2）预测：全年累计收入总额差距 收入差距 = 全年累计实际收入总额 − 全年累计预算收入总额 收入差距率 = （全年累计实际收入总额 − 全年累计预算收入总额）÷ 全年累计预算收入总额 ×100%
客户满意度 / 保留率	（1）整体满意度（过去三个月的平均分数） （2）本月的保留率 本月的保留率 = 来自原有客户的新外间项目（生意价值）÷ 本月的新外间项目（生意总值） 注：原有客户是指在过去 12 个月曾使用部门（组别）服务三次或以上的客户，每次的服务价值最少为 5 000 元
员工满意度 / 保留率	（1）领导素质指数（本月平均分数） （2）本月每 10 名员工的员工培训时数 （3）每 10 名员工全年累计参与员工康乐会活动的次数 （4）机构 / 部门 / 组别活动（本月出席率） （5）本月员工流动率
创意	（1）本月应用研究开发分数 （2）每 10 名员工递交的创新科技基金建议书数目（不包括秘书和文书职级员工，每次递交建议书时均会计算季度平均分数，这个分数会使用至下一次递交建议书为止） （3）应用研究开发委员会支持的新服务项目在本月的估计收入总额占比 = 全年累计新服务项目收入 ÷ 全年累计预算收入总额 ×100% （4）工作改善小组分数（技术员及以下职级员工） 工作改善小组分数 = 已递交项目的总分 ÷ 部门（组别）在三个月内须递交的项目数量 （5）质量改善小组分数（高级技术员及以上职级员工） 质量改善小组分数 = 部门（组别）在不同阶段递交的所有质量改善小组项目的季度平均分数

7. 找出所需数据

在确定了主要目标指标并明确了它们的内容后，就要找出所需数据。如果目前没有找到，就要拟订一个具有合理时间表的行动计划，说明什么时候能够获得数据，为了获得数据将会采取什么行动，以及由谁来负责。

寻找数据的行动计划如表 2-7 所示。

表 2-7 寻找数据的行动计划

主要目标指标	数据情况	行动的内容	负责员工	何时完成

8. 主要目标指标的量化评定

确定了量化基准目标之后，应对主要目标指标进行量化。量化目标可以用优、良、常、可、平、劣来评定，具体如表 2-8 所示。

表 2-8 主要目标指标的量化评定

加权因素	主要目标指标	量化目标					
		优	良	常	可	平	劣

9. 评估企业现状，改善不足

为财务、客户、技术、质量、内部流程、供应商以及员工等主要目标指标确立量化目标之后，管理者就可以评估企业现行的措施是否有助于达成这些具有愿景的目标，或者企业是否需要新的措施，如全面质量管理、质量圈活动和业务流程重整等。

2.4 年度总目标的制定流程

企业制定年度总目标是为了编制明年的经营计划，并使所有部门和员工清楚地了解企业在下一年度以及未来年度的发展方向与目标。企业年度总目标的制定流程如下。

2.4.1 评估企业的内部资源

知己知彼，百战不殆。评估企业的内部资源就是知己。

企业的内部资源包括人力资源、物力资源、财力资源和数据资源等。

1. 人力资源

评估人力资源情况就是评估人力资源的质和量是否满足企业的需求。所谓"质"就是资质、能力，所谓"量"就是编制数。

只有对人力资源进行合理、有效的评估，企业才能找到解决问题的对策：

第一，是不是要加强培训；

第二，是不是应该进行招聘；

第三，当量不够的时候，确定什么时候补充人员。

在评估人力资源情况时，企业可以使用表 2-9 至表 2-18 所示的表格。

表 2-9　员工年龄情况表

年龄层次	25 岁及以下	26~30 岁	31~35 岁	36~40 岁	41~45 岁	46~50 岁	50~55 岁	56 岁以上	合计
人数									
占总人数的百分比									

表 2-10　员工学历情况表

学历层次	高中及以下	中专	大专	本科	研究生	合计
人数						
占总人数的百分比						

表 2-11　员工职位分类情况表

职位族/类	人数	占总人数的百分比
高层领导者		
总裁办工作人员		
财务部工作人员		
人力资源部工作人员		
行政管理部工作人员		
设备工程部工作人员		
生产部工作人员		

（续表）

职位族／类	人数	占总人数的百分比
物控部工作人员		
质量部工作人员		
研发中心工作人员		
营销中心工作人员		
采购供应部工作人员		
尚在实习期，未确定职位的		

表 2-12 专业技术人员情况统计表

专业资格名称	人数

表 2-13 离职人员信息汇总表

姓名	年龄	原部门／岗位	最高学历	所学专业	职称	薪资标准	离职时间及原因

因_____解除劳动合同的（ ）人。　　因_____解除劳动合同的（ ）人。

表 2-14 长期用工使用情况统计表

用工部门	用工数量	长期用工数	主要用工岗位

表2-15　人员流入流出情况统计表

情况	研究生	本科生	专科生	中专生	其他人员	合计
流入						
流出						
增减数						

表2-16　销售额与人员数量对照表

时间	××年	××年	××年	××年	××年	××年
销售额（万元）						
员工人数						
当年需增加人数						
当年员工流动人数						
当年需引进人数						

表2-17　人力资源分析表（质量）

岗位名称	任职者	任职者职位	匹配性分析												匹配率（100%）	处置办法
			学历评价（10%）			经验评价（20%）			技能评价（30%）			态度评价（10%）			业绩评价(30%)			
			任职要求	实际	配比	任职要求	实际	配比	任职要求	实际	配比	任职要求	实际	配比	绩效平均分	业绩得分		□培育 □淘汰 □留任 □晋升

1. 学历评价说明：大专 =1 分，中专 =0.8 分，高中 =0.6 分，初中及以下 =0.4 分，本科 =1.2 分，硕士 =1.5 分，博士 =2.0 分，该项得分 = 实际学历得分 ÷ 岗位要求学历得分 ×10%。

2. 经验评价说明：经验是指员工原简历中从事该岗位到目前为止的工作年限，经验得分 = 实际岗位年限 ÷ 岗位要求年限 ×20%。

3. 技能评价说明：技能得分 = 员工具有技能项数 ÷ 岗位任职要求项数 ×30%。

4. 态度评价说明：由部门负责对其进行主观评价。

5. 业绩评价说明：业绩评分 = 全年绩效平均得分 ÷98×30%，未参与人员按照 98 分计算。

6. 结果说明：匹配率 90% 的可以考虑晋升；75% ～ 89% 的留任；60% ～ 74% 的培育；59% 以下的淘汰。

表 2-18　人力资源分析表（数量）

月份	1	2	3	4	5	6	…	12	年度平均
编制数量									
平均在职人数（月初与月末平均值）									
入职人数									
入职率									
离职人数									
离职率									
平均工龄（月）									
1. 分析及结论：									
2. 改进办法：									

2. 物力资源

物力资源包括两个部分。

第一部分是企业的产品或商品。如果是制造业，就是产品；如果是买卖业、流通业、服务业则是商品。

产品经过包装、有了附加价值之后就变成商品，真正有价值的是商品，不是产品。

第二部分是企业的设备。对制造业企业来说，生产设备越先进，竞争优势就越明显。

3. 财力资源

财力资源主要是企业的经营损益和企业的资金。资金情况会影响企业在下一阶段的经营规划。

4. 数据资源

表 2-19 至表 2-26 是某企业各个部门的数据分析，供读者参考。

表 2-19　财务部的数据分析

序号	项目	频率	责任岗位	形成表单
1	费用报销	每周	部门负责人	费用报销单
2	收款/付款	每月	部门负责人	往来报表
3	生产成本	每月	部门负责人	计划跟实际成本差异表
4	固定资产折旧	每月	部门负责人	固定资产折旧表

表 2-20　生产部的数据分析

序号	项目	频率	责任岗位	形成表单
1	异常工时统计	每天	组长／主管	异常工时统计表
2	发料及时率	每天	物料员／组长／主管	发料表
3	定量达成率	每天	组长／主管	个人作业统计表
4	设备保养统计	每月	组长／主管	设备保养记录表
5	安全设备统计	每周	组长／主管	消防设施点检表
6	挑选物料工时统计	每周	组长／主管	挑选工时统计表
7	出勤工时统计	每天	生产文员	工时汇总统计表
8	生产数据统计	每天	组长／主管	生产日报表
9	个人生产数据统计	每天	操作人员	3E 考核卡
10	制损率数据统计	每天	全检人员	全检日报表
11	周工作计划与总结	每周	管理人员	周工作计划与总结

表 2-21　品质部的数据分析

序号	项目	频率	责任岗位	形成表单
1	品质异常工时占比	每天	品质主管	生产异常工时统计表
2	检验计划达成率（进料）汇总	每天	来料质量控制人员	进料检验报告表
3	检验计划达成率（进料）汇总	每天	品质副主管	进料检验日报表
4	检验计划达成率（成品）汇总	每天	质量保证人员	最终检验报告表
5	检验计划达成率（成品）汇总	每天	品质副主管	最终检验日报表
6	首件检验	每天	制程控制人员	首件检验记录表
7	制程检验	每天	制程控制人员	制程巡检记录表
8	品质异常纠正预防措施	每月	品质主管	品质异常汇兑表
9	品质周会	每周二	品质主管	会议记录
10	品质月会	每月	品质主管	会议记录
11	部门周会	每月	品质主管	会议记录表
12	检验规范修订	适时	品质主管	检验规范
13	供应商品质辅导	每天	品质主管	供应商品质评鉴记录表

表 2-22 行政部的数据分析

序号	项目	频率	责任岗位	形成表单
1	人事日报	每天	人事助理	人事日报表
2	考勤统计	每天	人事助理 / 前台	考勤统计表
3	工伤统计	每周	人事助理	工伤统计表
4	员工周工作计划与总结	每周	部门全体人员	员工周工作计划与总结报告
5	招聘达成率分析	每月	人事助理	招聘分析表
6	员工离职率分析	每月	人事助理	员工离职分析表
7	员工花名册分析	每天	人事助理	员工登记表
8	行政、后勤、人事费用统计	每周	行政专员 / 人事助理	行政、后勤、人事费用统计表
9	员工满意度调查	每月	行政专员	员工满意度分析报告
10	网上办理保险	每月	人事助理	员工保险统计表
11	考勤统计	每天 / 每月	人事助理 / 前台文员	考勤统计表
12	员工工资分析	每月	人事助理	员工工资表
13	宿舍水电表统计分析	每月	行政专员 / 前台文员	宿舍水电表统计分析表
14	就餐统计	每月	行政专员	就餐统计表
15	员工住宿分析	每月	行政专员	员工住宿表
16	培训统计	每月	人事助理	培训统计表
17	采购订单分析	每月	行政专员	采购分析报表

表 2-23 采购部的数据分析

序号	项目	频率	责任岗位	形成表单
1	采购订单跟催统计	每天	采购跟单	采购订单跟踪表
2	进料合格率	每天	质量控制	进料品质日报表
3	进料合格率汇总	每天	采购跟单	进料品质汇总表
4	每日到货情况	每天	采购跟单	每日到货统计表
5	采购合同	每天多次	采购跟单	采购合同、进货订单
6	供应商送货	每天多次	仓管员	送货单
7	每月退货统计	每月多次	采购跟单	月退货汇总表
8	来料异常情况统计	每月多次	采购跟单	月进料异常情况登记表
9	物料请购	每天多次	物料控制	物料申购单
10	进货对账	每月多次	采购跟单	对账单

序号	项目	频率	责任岗位	形成表单
11	申请付款	每月多次	采购跟单	付款申请单
12	付款通知	每月多次	出纳	付款水单
13	来料情况	每月多次	质量控制	来料检验报告
14	与供应商确定材料认证	每年多次	采购跟单	材料规格说明书
15	供应商来料情况分析	每月	采购经理	进料分析报告
16	季度工作总结分析	每季度	采购经理	季度工作总结
17	新供应商开发	每天	采购开发	意向供应商信息登记

表 2-24　生产计划与物料控制部的数据分析

序号	项目	频率	责任岗位	形成表单
1	生产计划达成率	每日	生产计划员	生产计划达成率表
2	订单达成率	每日	生产计划员	订单达成率统计表
3	生产效率	每日	生产计划员	生产效率统计表
4	订单下达准确率	每日	生产计划员	订单下达准确率表
5	物料追踪	每日	物料控制员	物料准交表
6	物料需求计划	每日	物料控制员	物料需求计划表
7	物料抽查	每周	物料控制员	物料抽查表
8	物料需求准交率	每日	物料控制员	准交率统计表
9	每日欠料明细	每日	物料控制员	每日欠料统计表
10	毛料追踪	每日	仓管员	毛料追踪表
11	毛料领用	每日	仓管员	毛料领用表
12	拆分追踪	每日	仓管员	拆分追踪表

表 2-25　工程部的数据分析

序号	项目	频率	责任岗位	形成表单
1	新产品测试	每次	技术员／工艺整合工程师	新产品测试报告
2	新产品试产报告	完成导入为止	技术员／工艺整合工程师	试产报告
3	标准操作程序，岗位作业指导书，制程控制计划，更改通知书等工程技术文件编写	每周	工艺整合工程师	工程文件收发记录表

（续表）

序号	项目	频率	责任岗位	形成表单
4	重大质量问题分析与解决	每次	工艺整合工程师	异常处理改善报告
5	设备的周、月、季度保养	每周、每月、每季度	技术员 / 结构工程师	设备周 / 月 / 季保养记录表
6	教育培训	每月	工程部经理	教育培训记录表
7	每天工作总结	每天	全员	日总结记录表
8	周工作计划与总结	每周	工程部经理	周工作计划与总结

表 2-26 销售部的数据分析

序号	项目	频率	责任岗位	形成表单
1	新增刀模型号	每周	工程部	刀模型号每周更新表
2	产品规格书	不定时	销售部	产品规格书
3	上月销售业绩	每月	财务部	上月销售业绩
4	每月运费结算	每月	销售部	每月运费结算
5	计划培训	每月 n 次	销售部	培训签到表
6	周 / 月工作计划与总结	每周 / 每月	所有人员	周 / 月工作计划与总结

2.4.2 评估企业的外部情况

评估企业的外部情况就是"知彼"。

1. 产业的发展趋势

（1）从国家政策和战略发展角度分析行业前景

分析一个行业首先要看国家政策的大方向及这个行业所处的大环境，具体做法是多关注国家发展和改革委员会官网、产业政策网站和各大门户网站发布的相关信息，多了解国家的产业政策。

（2）观察并了解行业规模

判断一个行业的规模可以看这个行业所服务的用户群，是大众用户群还是某一类特殊用户群；也可以看这个行业是否有地域限制；还可以看这个行业的产值规模，产值规模数据一般由相关机构公布。

（3）行业的发展阶段

大部分行业都会经历起步、成长、繁荣、稳定和衰落等几个发展阶段，很少有行业能够长久不衰。成长期和繁荣期是一个行业的黄金时期。

（4）观察行业中的上市公司的股票走势和一些相关经济指标

股价是行业景气度的先行指标。上市公司的股价走势在一定程度上反映了这个行业未来的景气度。这些相关的数据可通过炒股交易软件和国家统计局官网等获取。

另外，可通过一些经济指标来判断某些行业的景气度。例如，发电量的变化在一定程度上反映了制造业的景气度；房屋销售情况数据可以反映与之相关的家居装饰、建材等行业的情况。

（5）行业龙头公司及行业顶尖人物的言论

了解一个行业就要了解这个行业中的龙头公司有哪些，有哪些关键人物。要多关注这些人物的演讲、微博、微信等，因为他们在这个行业中具有一定的话语权，他们的一些看法往往代表了这个行业的发展方向。

2. 市场结构的变化

市场结构分为两部分：一部分是市场通路结构，另一部分是市场定位结构。

市场通路结构就是市场从上游到下游会经过什么样的变化，竞争者有多少。市场定位结构就是企业对市场的认知位于高、中、低哪一个层级。

3. 政治经济形势

政治经济形势的变化会影响企业的经营情况。

4. 竞争情况

企业要对竞争对手的产品研发能力、团队、资金实力、硬件设施等进行分析，并重点关注品质、价格、交期和服务四个维度。

相关链接

竞争对手分析工具

竞争对手分析工具（Competitor Analysis）是一个系统性地对竞争对手进行分析的工具。分析竞争对手的主要目的在于估计竞争对手对企业的竞争性行动的反应及可能采取的战略，从而有效地确定自己的战略方向，制定战略措施。

企业需要对那些现在或将来对企业战略可能产生重大影响的主要竞争对手进行认真分析。这里的竞争对手通常意味着一个比现有直接竞争对手更广的群体。

一、竞争对手

1. 现有直接竞争对手

企业应该密切关注现有直接竞争对手，尤其是那些与自己同速增长或比自己增长快的竞争对手，分析其竞争优势的来源。一些竞争对手可能不是在每个细分市场都出现，而是出现在某个特定的市场中。因此，对不同竞争对手要进行不同程度的分析，对那些已经或有能力对企业核心业务产生重要影响的竞争对手要密切关注。

2. 新的和潜在的竞争对手

现有直接竞争对手可能会因打破现有市场结构而损失惨重，因此主要的竞争威胁不一定来自它们，而可能来自于新的和潜在的竞争对手。新的和潜在的竞争对手有以下几种。

（1）进入壁垒低的企业。

（2）前向一体化或后向一体化企业。

（3）具有潜在技术竞争优势的企业。

二、情报来源

对竞争对手的信息进行例行的、细致的、公开的收集是非常重要的基础工作。信息的主要来源如下。

（1）竞争对手的年度报告。

（2）竞争产品的资料。

（3）竞争对手的内部报纸和杂志。它们通常记录了很多详细信息，如新产品、新服务及重大战略行动等。

（4）竞争对手的历史。这对了解竞争对手的企业文化、现有战略和内部政策是很有用的。

（5）广告。通过广告可以了解竞争对手的新产品主题、媒体策略和特定战略的时间安排。

（6）行业出版物。这对了解竞争对手的财务状况、产品数据等信息是很有用的。

（7）竞争对手管理者的论文和演讲。这对了解竞争对手的内部程序、管理理念和战略意图是很有用的。

（8）销售人员的报告。虽然这些报告经常带有偏见，但也提供了有关竞争对手的消费者、价格、产品、服务、质量、配送等的第一手资料。

（9）顾客。

（10）供应商。供应商的报告对于评价竞争对手的投资计划、行动计划和效率等是非常有用的。

（11）专家和顾问的意见。许多公司通过外部咨询来评价和改变它们的战略。对这些专家和顾问进行了解是很有用的，因为他们在解决问题时通常采用一种特定的模式。

三、建立数据库

收集竞争对手的资料之后应建立完善的数据库，以便充分、及时地使用这些资料。应当收集的资料如下。

（1）竞争对手或潜在竞争对手的名称。

（2）作业场所的数量和位置。

（3）人员数量和特征。

（4）竞争对手的组织和业务单位结构的详细情况。

（5）产品和服务范围情况，包括相对质量和价格。

（6）按顾客和地区细分的市场详情。

（7）沟通策略、开支水平、时间安排、媒体选择、促销活动和广告支持等。

（8）销售和服务组织的详情，包括数量、组织、责任、重要客户需求的特殊程序、小组销售能力和销售人员划分方法。

（9）市场（包括重要客户需求的确认与服务）详情。

（10）顾客忠诚度和市场形象。

（11）研发费用、设备、开发主题、特殊技能、特征和地理覆盖区域。

（12）作业系统设备的详情，包括能力、规模、范围、新旧程度、利用情况、产出效率评价、资本密集度和重置政策。

（13）重要顾客和供应商的详情。

（14）员工数量、生产力、工资水平和奖惩政策。

（15）内部关键人员的资料。

（16）控制、信息和计划系统的详情。

企业可以利用这个数据库分析和评价竞争对手未来的战略行动，并提出保持竞争优势的建议。

四、分析竞争对手的战略

要评价竞争对手的相对优势和劣势，就必须对它们的战略进行分析和评价。企业需要在多个层次上对竞争对手的战略进行分析。

1. 职能战略分析

企业必须对竞争对手的每一项业务的主要职能战略进行认真分析。职能战略分析的内容如下表所示。

职能战略分析的内容

序号	职能战略	分析内容
1	营销战略	（1）在产品／服务策略方面，竞争对手采用了什么样的策略 （2）自己的产品／服务的细分市场的规模有多大？在每个细分市场上，竞争对手的市场份额有多高 （3）每种产品／服务的细分市场的增长如何？细分市场上的竞争对手的增长是怎样的？市场细分的集中程度和趋势是怎样的 （4）竞争对手的产品／服务战略是什么？是全线战略还是独辟蹊径 （5）竞争对手对新型服务采取什么态度 （6）竞争对手的相对服务质量是怎样的 （7）竞争对手在产品／服务线上或顾客细分市场上的定价策略是什么 （8）竞争对手的广告促销战略是什么 （9）竞争对手是如何服务于每个产品细分市场的 （10）竞争对手的营销目标是什么 （11）竞争对手对市场变化的反应速度如何 （12）竞争对手的营销策略是如何适应其企业文化的

（续表）

序号	职能战略	分析内容
2	生产作业战略	（1）竞争对手的生产/作业单位的数量、规模和位置是怎样的 （2）竞争对手每个单位生产的产品范围是怎样的？它们的预计生产能力是多少？生产能力利用率如何 （3）竞争对手债务人、债权人和股市上的营运资本各有多少 （4）竞争对手每个单位有多少人？工资水平如何？相对生产力是怎样的 （5）竞争对手与其他业务单位的供求关系 （6）竞争对手采用了什么样的激励制度/报酬制度 （7）竞争对手将什么样的服务外包？外包的业务在增加还是在减少 （8）竞争对手的生产是怎样适应其组织的？生产/作业单位是否是关键管理人员的来源 （9）竞争对手应对市场变化的灵活性如何？竞争对手对市场变化做出反应的速度有多快
3	研究和开发战略	（1）竞争对手新的服务在何处开发 （2）竞争对手预计的研发经费有多少 （3）竞争对手研究部门有多少人，开发部门有多少人 （4）竞争对手近期新产品引进和专利情况如何 （5）竞争对手对革新做出反应的速度如何？一般有哪些反应 （6）与行业平均水平相比，竞争对手的增长率如何 （7）竞争对手是否有足够的现金可用于维持业务的发展和扩张 （8）竞争对手的现金和营运资本的管理情况如何

2. 业务单位战略分析

企业要分析和评价竞争对手的业务单位，以便清楚地了解每个业务单位在竞争整体战略中的重要程度。必须分析业务单位的作用、目标、组织结构、控制和激励系统、战略地位、环境限制和机遇、管理者的地位，以及业务单位的业绩表现等。

影响业务单位地位的因素如下。

（1）业务单位的财务目标、增长能力、股东期望增长率、关键优势和劣势、变革的能力和总体的投资特点。

（2）战略关键决策者尤其是管理者的价值观和期望。

（3）对竞争性行为的反应，以及对竞争对手的信心和期望。

2.4.3 制定策略

策略是企业应对市场变化的对策。

制订年度经营计划务必策略先行，因为每个策略都有可能影响计划的执行。

与年度经营目标相关的策略如表 2-27 所示。

表 2-27　与年度经营目标相关的策略

序号	策略	内容
1	产品策略	（1）新产品是否上市 （2）新产品上市时间 （3）上市区域 （4）预计销售数量 （5）旧产品是否下线 （6）旧产品下线时间 （7）对销售额造成的影响
2	渠道策略	（1）拓展计划 （2）拓展新店铺或新渠道的目标 （3）是否有关店计划 （4）是否会影响销售 （5）渠道商重组计划 （6）对销售额造成的影响
3	价格策略	（1）价格调整计划 （2）对销售额造成的影响
4	促销策略	（1）下年度促销策略与本年度的区别 （2）促销力度变化 （3）特殊促销计划 （4）对销售额造成的影响
5	人员策略	（1）组织结构调整计划 （2）一线销售力量的调整计划 （3）量化策略对销售额的影响
6	推广策略	（1）市场推广策略 （2）推广力度变化情况 （3）市场费用占比变化 （4）对销售额造成的影响
7	生产计划	（1）目前的生产计划对销售进度的影响 （2）生产计划的内容 （3）生产计划的影响
8	财务策略	（1）财务政策的内容 （2）对销售计划的影响

成熟的策略是完成目标的说明书。

2.4.4　设置目标

设置目标时应树立三种观念，具体如图 2-12 所示。

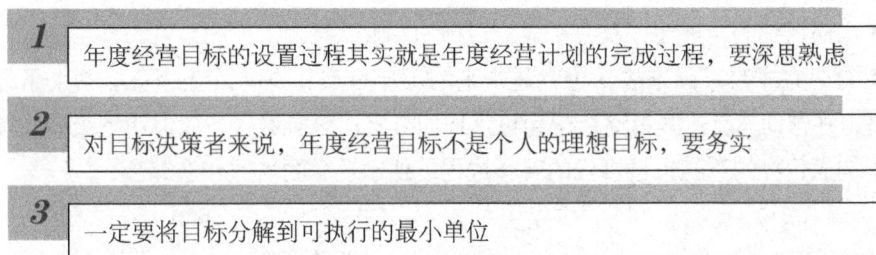

1　年度经营目标的设置过程其实就是年度经营计划的完成过程，要深思熟虑

2　对目标决策者来说，年度经营目标不是个人的理想目标，要务实

3　一定要将目标分解到可执行的最小单位

图 2-12　设置目标时应树立的三种观念

2.4.5　验证目标

目标验证这个步骤必不可少。设置目标基本上是由上而下进行的，验证目标建议由下而上进行。

图 2-13 以某企业对销售目标的验证过程为例来说明目标验证的流程。

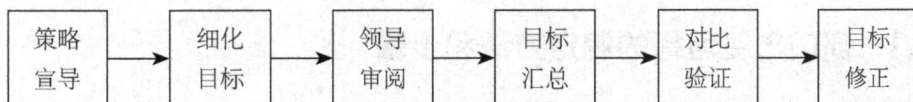

策略宣导 → 细化目标 → 领导审阅 → 目标汇总 → 对比验证 → 目标修正

图 2-13　某企业的目标验证流程

首先，总部花一天的时间向各部门宣导第二年的策略。其次，销售人员根据自己区域的销售数据、自己对策略的理解和自己区域第二年的部署为每个店铺分别制定目标。这个目标应被分解到 12 个月，不能只是一个年度目标，并且严格按照基本目标和策略目标的结构制定。最后，将所有门店目标汇总形成自己区域的目标。接下来，销售人员需要将此目标提交自己的直线上司审核（一般是大区经理），并向他们说明目标的合理性，如果双方无法达成一致意见，则需要继续细化目标。这个过程一般会花 2 ~ 3 天的时间。

另外，目标设计团队要汇总全国各大区目标，然后与总部目标进行对比分析，找到差异最大的区域，并与其负责人面对面沟通，了解他们制定目标的思路、有无遗漏、有无错误数据等。设计团队根据面谈的结果决定是修改全国目标还是要求区域继续完善自己的目标，当然双方也可以保留意见。这个过程需要花 1 ~ 2 天的时间。

完成前面几个步骤后，目标设计团队基本上就掌握了销售一线的具体情况，该团队可以根据这些情况适当地修订全国的大目标。如果设计目标和汇总目标差距比较大的话，还需要目标设计团队和管理层进行专项讨论，以确定第二年目标。

2.4.6 沟通目标

经过修正的目标会被层层下发到目标执行者手中。下发目标时，上级必须面对面地与下级进行目标沟通。面对面沟通的意义主要有以下三个。

（1）沟通目标的合理性，双方达成对目标的一致认可。

（2）沟通完成的目标方法，也就是未来的工作重点和方向。上级务必帮助下级理解这些策略，并帮助其将这些策略转化为可落地的方案，只有这样才能促使下级完成其目标。

（3）沟通目标的过程也是责任的转移过程，便于日后的考核和追踪。

2.5 部门年度目标的制定

企业的年度总目标确定后，最高管理层应先向各部门管理者公布，使他们对总目标有充分的认识。然后，各部门管理者根据总目标制定出合理、有效的部门目标，以确保总目标的顺利达成。

2.5.1 部门年度目标的制定方法和步骤

1. 部门目标讨论会议

制定部门目标时，部门必须召开工作会议，由全员参与讨论，只有这样才能促进部门所有成员达成共识。

首先由部门经理（主管）向下属下达部门目标，并说明对本部门现状的分析结果，具体包括现在的目标达成情况及展望、未能达成的原因分析、存在的问题、待解决的问题或课题等。然后，再对下属说明企业的目标和方针。在了解目标之后，下属可提出目标草案，并与部门经理（主管）讨论。

在讨论的过程中，部门经理（主管）应发挥其领导力，接受下属反驳和意见的同时要激发下属的思考力、主动性和积极性。

2. 目标的制定和实现过程

实现目标的过程即由现在到将来、由小目标到大目标逐步实现的过程；但是目标制定的过程却与实现目标的过程相反，即由将来到现在、由大目标到小目标层层分解。目标的制定和实现过程如图 2-14 所示。

设定目标

大目标 ⇄ 小目标 → 更小目标 ⇄ 即时目标

实现目标 ←

即时目标
更小目标
小目标
大目标

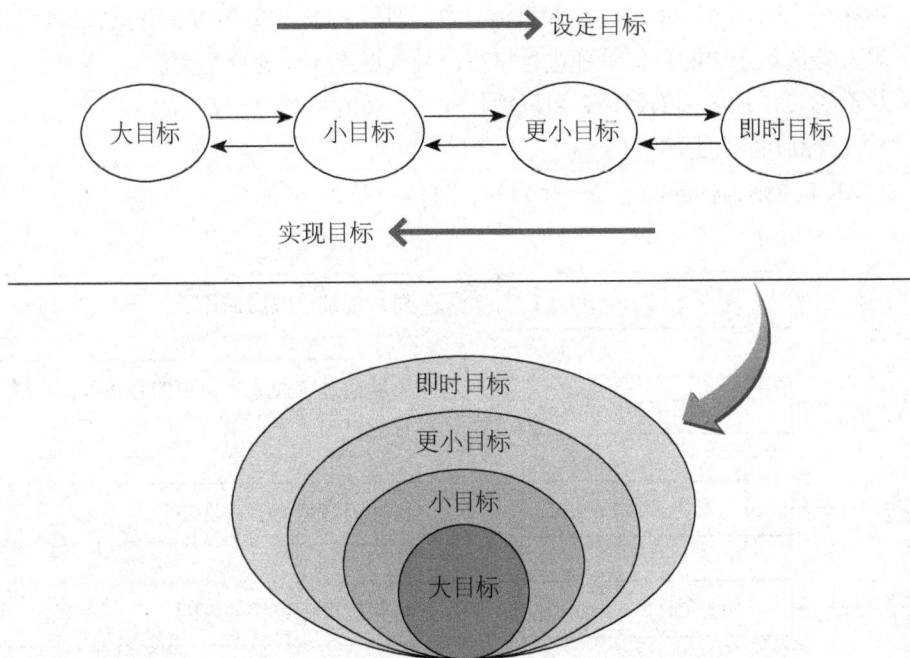

图 2-14 目标的制定和实现过程

3. 目标的制定步骤

目标的制定要遵循图 2-15 所示的步骤。

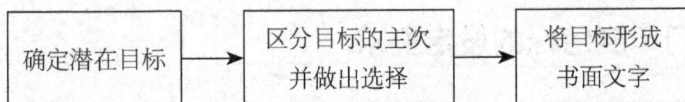

确定潜在目标 → 区分目标的主次并做出选择 → 将目标形成书面文字

图 2-15 目标的制定步骤

（1）确定潜在目标

① 了解企业的战略目标和经营目标。

② 每年都要对企业方方面面的工作进行 1 ~ 2 次检查，寻找可能具有更高价值的目标。

③ 要让相关的客户、部门成员和管理者共同参与目标的制定过程。

④ 不要为各种限制因素或者执行方面的问题担忧。把这个过程当成员工为制定目标献计献策的过程。

（2）区分目标的主次并做出选择

① 明确以什么标准来确定目标的主次。例如，哪些目标最利于增加收入。

② 对目标清单进行审核，并依据标准将目标划分为 A、B、C 三个等级。

·A 级：这些目标具有很高价值和关键意义。

·B 级：这些目标具有中等价值和次要意义。

·C 级：这些目标具有较小价值，并且没有什么重要意义。

③ 将 B 级目标分解到 A 级或 C 级目标当中。列入 A 级清单当中的目标就是最终目标。

④ 对 A 级清单当中的目标单独进行审查，并依据重要性划分主次。

⑤ 对于列入 C 级清单的目标，可以授权他人、暂时搁置或放弃。

（3）将目标形成书面文字

以 SMART 原则为标准描述每一个目标，具体如图 2-16 所示。

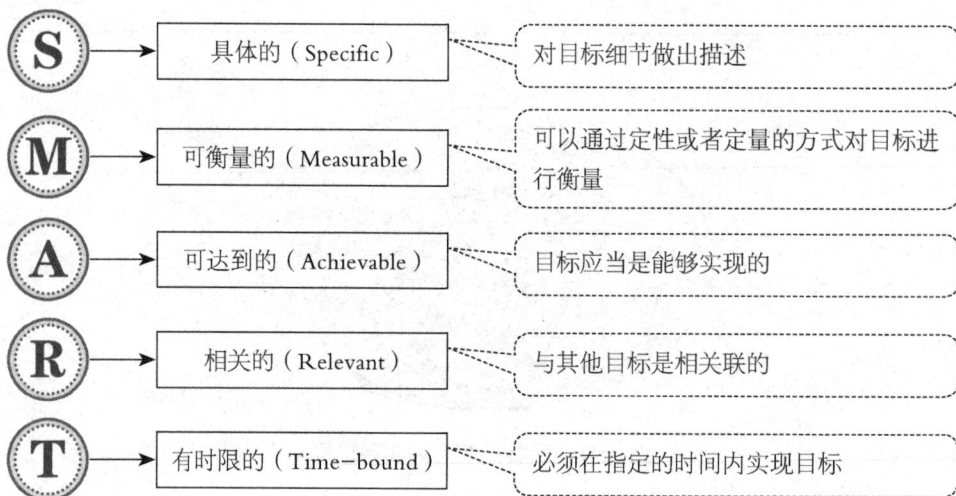

图 2-16　以 SMART 原则为标准描述目标

2.5.2　部门年度目标的设定要求

1. 目标应与执行人员密切相关

目标的设定最好以个人为基础，再以总目标上下贯通。因为如果仅以组织为设定目标的对象，个人的成果和责任反而模糊不清，个人的责任感和工作动力也会比较弱。

以工作能力提升为目标时，如果不以个人为对象来设定目标，就会失去激励的作用，且与目标管理的主旨相脱节。以业务绩效的提高为目标时，部门主管应尽量征求下属意见来设定目标，这样可收到团体合作的功效。总之，设定目标时，无论是以部门还是以个人为对象，一定要与执行人员相关，并与组织的总目标上下贯通、互相结合。

2. 目标种类宜在五项之内

如果所设定的年度目标过多，力量势必会分散，所以将目标数量减少到五项之内比较合适。

例如，某公司营销主管设定的年度目标为滞销库存品减少 20%，A 商品销售量增加15%，应收账款周转次数增为 3，交货迟延次数降为每月 2 次以下。

对此，我们可对该目标依照重要程度排列，明确重点并赋予其较高权重。

如表 2-28 所示,在五个重要目标当中,应特别重视"A 商品销售量的增加"这一目标,所以应给予其 40% 的权重,其他目标依序排列。

表 2-28 各目标的权重分配

编号	重要权数	目标项目	达成基准
1	40%	A 商品销售量的增加	增加 15%
2	30%	应收账款周转次数提高	增为 3
3	20%	滞销库存品减少	减少 20%
4	10%	交货迟延次数降低	每月 2 次以下

3. 所定目标要与上级目标有关

制定部门目标必须遵循上级已定的目标和方针。如果制定的目标与上级目标不一致,不管目标多么完善,也可能会对整体目标和成果产生反作用。

例如,销售主管的主要目标为"增加 10% 的销售量",则其所属分区销售员的主要目标就应该是达到自己所需增加的百分比。

4. 与其他部门的目标相互配合

各部门的目标虽然都按照总目标分别设定,但这些同级目标如果不做横向的联系与配合,则仍无法圆满达成总目标。

如果本身所定的目标牵涉其他部门,应请上级协调,由相关部门协助完成。

例如,正常而言,将客户退货率降低到 5%,这一目标已超过品质管制的范围,应该视为生产经理的分内之事,因而须责成生产经理达成此目标,并由相关部门的品质管制经理予以协助。

5. 部门之间的目标要彼此平衡

各部门的目标并非各自为政地自行设定,而是互相关联的。横向互相协助可以弥补对方的不足,使目标的达成更容易、成效更高。

例如,减少交货的延误次数不仅是营销部门的目标,也要由设计部门、采购部门、生产部门共同协作来完成。

6. 目标要具体化、数量化

(1)用具体化、数量化的语言来表述目标

目标内容应对目标成果进行具体叙述。例如,如果目标是"尽量冲刺业绩",这样表述显然较模糊,应改为"A 产品在乙地区本月要实现铺货"。将目标具体化之后,还要设法将目标"数量化"。例如,"多卖一些吧"显得消极、没有魄力,应改为"A 产品本月应卖出1 000 台"或"A 产品在乙地区本月铺货率达到 70%"。

因此,理想的目标内容应对目标成果进行具体叙述,并将应在规定期限内完成的目标以具体方式、具体数字表述，如"销售增长率达到 20%""B 产品销售额达到 300 万元""产品铺货的经销商数目 200 家"等。

（2）使目标具体化、数量化的工作步骤

使目标具体化、数量化的工作步骤如图 2-17 所示。

整理工作项目	例如，采购部主管的主要工作是在适当的时间、以适当的价格、为需要物料的部门采购品质合宜的物料
确定重点目标项目	从各岗位的职务说明书所记述的职位分类或职责中找出重点目标项目，再区分它们的重要程度。假设项目总和为 100%，第一项目标可能是 50%，即最重要的项目；第二项目标可能是 15%，依次类推
将重点目标具体化	利用进度表、日程表将重点目标项目具体化
将重点目标数量化	选定重点目标项目后，以数值作为目标达成度的基准衡量单位，如"5%""100 万元业绩""回收率 80%"
明确各时间段的达成状况	有了具体化、数量化的目标之一，仍要明确在"什么时限内"应达成"什么成果"，以利于追踪与考核。例如，目标是"一季度开发 15 家经销商"，而它的达成时间表可能是"至 1 月底开发第 5 家、至 2 月底开发第 10 家、至 3 月底开发第 15 家"

图 2-17　使目标具体化、数量化的工作步骤

（3）难以具体化、数量化的目标

有些目标要做到数量化、具体化会有困难。例如，行政部门的目标难以具体化、数量化，因为解决对策有时是以定性化或以程序化的方式来表示的。

有关"销售手续的改善"，其工作目标如下。

●现况调查（1~2月），目标如下：

·1月与管理人员面谈以获得资料；

·2月销售业务流程调查（图表化）。

●改善提案（3~4月），目标如下：

·3月改善架构的制定和调整；

·4月提案报告书的编制。

●准备实施（6月），目标如下：

·向上级说明；

·向关系人员发送简报；

·准备账册及各种规定。

行政部门的目标设定较为困难。比较好的方法是"程序化 + 评估标准"。例如，财务部门的目标可用"每月决算缩短三天"或"发票处理的错误率减少 15%"等来说明；业务部门的目标可用"日常消耗品、修缮等减少 10%"或"处理事务的时数减少 8%"来说明。

2.6　个人目标的制定

部门主管应积极宣导本部门的工作方针，并协助下属拟出符合企业策略和本部门实际的个人目标。

2.6.1　准备工作

1. 部门主管传达企业总目标与部门分目标

部门主管应及时将企业总目标和部门目标传达给下属，而传达时最好采用对话方式，这样可以充分征求下属的意见，使下属有更多的参与感，从而获得更好的效果。

2. 部门主管协助下属设定目标

下属在设定目标时，部门主管必须慎重、妥善地与其沟通讨论，不可强制命令，要让下属了解目标的重要性，让下属明白目标是要自愿、自动、自发去实现的。

部门主管可以与下属就有关目标展开讨论，以共同制定目标。

在和下属展开讨论会时，部门主管应注意以下问题。

（1）部门主管对上一期部门的目标达成情况、未达成目标的原因、以后可能遇到的问题等进行说明，并传达上级指示的方针与目标。

（2）了解下属的目标达成情况、未达成目标的原因，以及下一期的目标。

（3）讨论部门存在的问题。

（4）分析部门当前的任务或责任。

（5）讨论下一期的重点目标。

（6）确定达成基准。

（7）进一步确定达成目标的措施、方法、程序（即实施计划）以及下属应分担的工作。

3. 部门主管合理调整工作分配

部门主管应检查下属的工作分配情况，必要时对分配情况进行调整，并尽可能做到分配合理化和简单化。在工作分配方面，工作方式一经简化，应研究分配是否合理，以提高下属的工作满足感。

例如，对于原来由三个人做的工作，考虑是否能改由两人来承担，以使每个人或每个单位都能承担最大限度的工作量；对于原来由 A 担任的工作，考虑是否可改由 B 执行，以使人尽其才。激发下属的积极性有利于工作效率的提升。

2.6.2　提出目标草案

下属如何提出自己的目标草案呢？具体方法如下。

1. 整理自己职责内的所有工作内容

这项整理工作有助于明确自己的工作内容。

2. 描绘理想的工作方法

（1）明确任务，以便考虑最理想的达成目标的方法（即理想方案）。

（2）考虑此方案实施的可能性。

3. 慎重考虑两个问题

这两个问题为：我的理想状态是什么？我应该完成哪些任务？这两个问题明确后，就要改进工作中存在的问题。执行这一步骤时，一定要考虑以下事项。

（1）部门的目标和计划。

（2）前期的问题。

（3）可能发生的变化。

（4）相关部门的希望与意见。

4. 确定问题的核心，将之列为"目标项目"

通过以上步骤，中心问题便逐渐显现。接下来，要进一步把这些中心问题以"重点目标项目"的形式写出来，并注意以下两点。

（1）必须将问题按重要程度排列

重要程度的顺序是重大、紧急、扩大可能性、实施可能性。

（2）标出目标项目的重要程度

例如，全部目标为 100%，其中，重要目标用较高百分比表示，如 40%。其余以此类推。

5. 决定目标的达成基准

要确定目标的达成基准，首先要回答如下两个问题。

（1）究竟期望得到什么样的成果。

（2）在期限之内，什么样的结果出现才算是完成了目标。

目标状态的决策方式将会改变工作方法。为了达成目标，要时时考虑决策方式对目标的达成发挥多大的作用。

6. 达成目标的方法

（1）决定

哪些方法可以达成目标？由谁担任？施行顺序？

（2）评价

评价这些方法的有效程度具体包括以下几个方面。

① 这个方法对成果的贡献大不大？

② 这个方法是否容易实施？

③ 以我的能力，这个方法能施行吗？

7. 整理出达成目标的必要条件

达成目标的必要条件如图 2-18 所示。

权限	协调部门	希望上司了解的事项
为达成目标希望上级赋予自己一定的权限	希望从上司和相关部门得到的帮助，如"这项预算希望获得通过""这项工作希望获得 ×× 部门的协助"等	例如，"万一发生 ×× 情况，我将 ×× 处理""当条件不足的时候，数量上看起来已达成的目标也应该算是未达成"

图 2-18　达成目标的必要条件

8. 把目标以外的例行管理项目整理出来

目标以外的例行管理项目就是与重点目标相对的、重点目标以外的正常业务，包括日常工作和改善工作。前者只要依照日常的管理指标进行即可，后者则要先确定改善的指标。

9. 将前述工作加以总结

上述工作完成之后可将其逐项填写在目标卡上，然后再问自己以下几个问题。

（1）这些目标是否符合组织、上级的方针？

（2）所期待的成果是否已经明确地表达出来？

（3）对目标实现过程将遇到的障碍，是否有疏通、协调的准备？

（4）对于这些目标，能采取具体的行动吗？

（5）是否过于在乎数字表达的精确性，而曲解了原有的目标？

（6）用来了解目标进行情况的指标是否简洁明确？

（7）是否与相关部门为实现共同目标而努力？

（8）这些目标是否考虑了长期性与根本性问题，是否只顾眼前的利益？

（9）这些目标是否与其他部门有冲突或矛盾之处？

2.6.3　将目标草案提交至部门主管审核

部门主管要审核下属提交的目标草案是否妥当。如果不妥当，就需要和下属共同分析并进行调整与修正。审核下属目标草案的重点内容如图 2-19 所示。

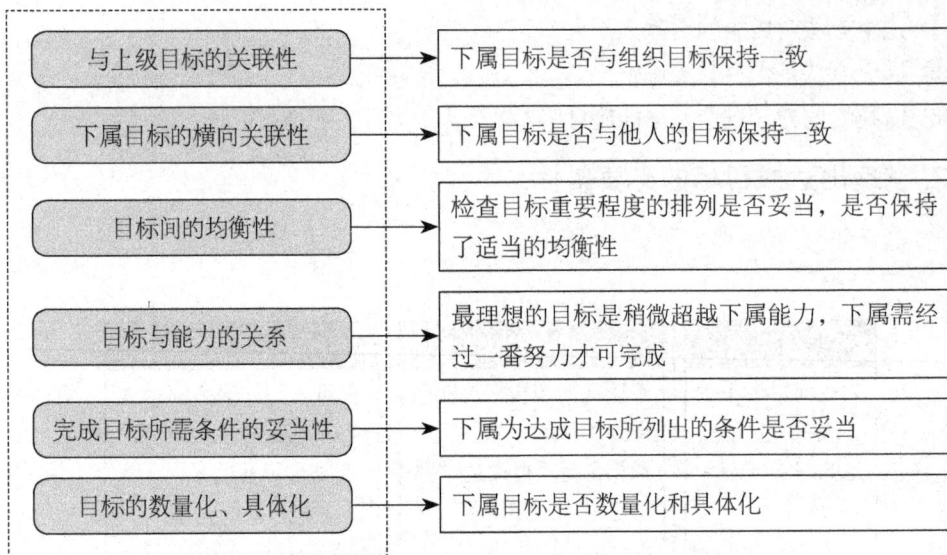

图 2-19　审核下属目标草案的重点内容

2.6.4　目标草案的修正

下属提交目标草案后，部门主管若发现其目标不妥当就必须加以修正。在修正过程中，千万不可滥用权威，任意指派，须注意以下事项。

1. 听取下属的意见

仅根据目标卡上的记载无法了解下属列出目标的原因及排列重要程度顺序的根据，因此部门主管应认真听取下属的意见，了解下属的期望。

2. 讨论的气氛与态度

要求下属修正目标时，为了激发下属的工作积极性，应注意沟通的态度。

3. 讨论后的修正

下属介绍目标草案时，部门主管若有疑问或不明白处应立刻提出。虽然决定权仍为部门主管所有，但目标是由下属达成的，所以部门主管一定要尊重下属的意愿。修正后的目标经双方确认无误后，可将其记录在目标卡中。

2.6.5 填制目标卡

目标卡又称目标管理卡，是目标的书面化、表格化形式。将个人目标填写在卡片上并签字保存，既形成了契约，又是目标实施和检查的凭证，还方便汇总保管。因为目标卡是证据文件，所以必须严格按要求填写。

1. 目标卡的栏目设计

目标卡样例如表 2-29 所示。

表 2-29　目标卡样例

执行人：＿＿＿＿＿＿＿＿＿　　　　　　　　　　　　　　　　＿＿＿年＿＿月＿＿日

目标	完成标准	日程进度						考核
		1 月	2 月	3 月	4 月	5 月	6 月	
减少打字错误	一分钟能打 60 个字，且确保无错字							
继续学习打字	一年内参加两次各等级的培训							

这张目标卡是打字员的工作目标卡，卡片各栏目的设计说明如下。

（1）"目标"栏：目标有两项，第一项是"减少打字错误"；第二项是"继续学习打字"。

（2）"完成标准"栏：说明目标值、目标展望等具体内容。例如，减少打字错误的完成标准是"一分钟能打 60 个字，且确保无错字"；学习打字的完成标准是"一年内参加两次各等级的培训"。

（3）"日程进度"栏：目标一般按半年执行。

（4）"考核"栏：可以按照 1 ~ 60 分的标准进行考核。

一般情况下，目标卡由以下八项内容构成，各项内容的设计说明如下。

（1）目标项目：按照重要程度填写。

（2）目标完成标准：根据制定的标准对目标进行评比。

（3）完成进度：填写此期间的进度情况。

（4）完成目标的措施：达成目标需要采取的各种措施。

（5）完成目标所需的条件：达成目标所需要的人力、物力资源。

（6）实际完成结果：填写实际成果，以便日后检查。

（7）自我检查：便于后期进行检讨。

（8）领导考核：对员工的成果进行评估，为制定下期目标提供参考。

2. 目标卡的填写

（1）填写要求

① 用条例方式叙述。

② 要具体化和数量化。

③ 简明扼要，少用形容词。

（2）填写实例说明

某企业目标卡样例如表2-30所示。

表2-30 某企业目标卡样例

目标	修正意见
[例1]房屋零修、急修及时 [例2]节省费用	目标文字应简明扼要，并有具体数据、时间或绩效，且能明确表示目标的含义。左列目标可修正如下： [例1]房屋零修、急修及时率达到98%以上 [例2]控制维修费用，全年不超过8万元
[例3]监督绿化工作 [例4]促使供电正常	例[3]是工作项目，不宜列为目标 例[4]是工作目的，不宜列为目标
[例5]按各单位的实际需要开展各项在职培训，提高员工素质	文字太长，可修正为：全年度开展员工在职培训10次
[例6]清洁员目标：每日清洁楼道两次	质量要求须在工作计划中列明，可修正为：每日清洁两次以上且确保过道无灰尘、无水迹
[例7]拟订员工训练执行计划，以及工读、实习生名额分配与工作安排	每个项目应为独立事件，不可包含两件性质不同的工作，应删除相对不重要的一项工作或者分别列为两个目标

相关链接

目标卡的管理

目标卡一般需要印制三份。

（1）员工本人保存一份，以便再记录。

（2）主管保存一份，以便了解员工的目标、目标的执行进度及其他需要掌握的内容。

（3）目标管理的推行单位即目标管理的检查部门保存一份。

目标卡填制完毕，管理者应将目标卡收集起来，以便以后查找，同时为明年的目标制定工作提供依据。

【范本 01】▶▶▶ --

某企业年度目标体系

1. 公司总目标

关键绩效领域	年度目标项目	目标值	单位
财务方面	销售业绩		万元
	售价比		%
客户方面	客户综合满意度		分
	订单达成率		%
	成品合格率		%
内部流程	ISO[①]持续改进与审核		次
	PDM[②]系统成功上线		日期
	ERP[③]系统二次成功上线		日期
学习与成长	培训计划达成率		%

2. 市场方面

关键绩效领域	年度目标项目	目标值	单位
财务方面	营销费用控制		万元
	全年营销所带来的业绩		万元
客户方面	市场分析与调研		次
	产品发布会		次
内部流程	CIS[④]导入		日期
学习与成长	培训计划达成率		%

3. 销售方面

关键绩效领域	年度目标项目	目标值	单位
财务方面	销售业绩		万元
	逾期账款比率		%
	售价比		%
客户方面	增加成交新客户数量		家
	续购率（全年按家数统计）		%
内部流程	建立并健全销售体系		—
学习与成长	培训计划达成率		%

---

① ISO 的英文全称是 International Organization for Standardization，意思为国际标准化组织。
② PDM 的英文全称是 Product Data Management，意思为产品数据管理。
③ ERP 的英文全称是 Enterprise Resource Planning，意思为企业资源规则。
④ CIS 的英文全称是 Corporate Identity System，意思为企业形象识别系统。

4. 研发方面

关键绩效领域	年度目标项目	目标值	单位
财务方面	新产品设计完成数		项
	客户专案设计项目数		项
	旧产品改良率		%
客户方面	BOM[①]准确率		%
	订单改制准交率		%
内部流程	PDM 成功使用		日期
	申请专利（全年）		项
学习与成长	培训计划达成率		%

5. 工程方面

关键绩效领域	年度目标项目	目标值	单位
内部流程	定型机型标准工艺与工时编制检讨完成率		%
	研发机型标准工艺与工时编制完成率		%
	设备点检与保养达成率		%
	现场 IE 改善次数		次
学习与成长	部门培训计划达成率		%

6. 资材方面

关键绩效领域	年度目标项目	目标值	单位
财务方面	材料成本下降率		%
	财务抽盘库存准确率		%
	库存周转天数		天
客户方面	订单达成率		%
	生产计划达成率		%
	物料准交率		%
	外购件品质合格率		%
	外协件品质合格率		%
内部流程	仓库 7S		%
	健全资材内部管理体系		—
学习与成长	培训计划达成率		%

---

① BOM 的英文全称是 Bill of Material，意思为物料清单。

7. 生产方面

关键绩效领域	年度目标项目	目标值	单位
财务方面	设备利用率		%
	生产效率		%
	制损率		%
客户方面	生产计划达成率		%
	成品合格率		%
内部流程	现场 7S		分
	安全事故发生次数		次
学习与成长	培训计划达成率		%

8. 品保方面

关键绩效领域	年度目标项目	目标值	单位
财务方面	质量事故发生次数		次
客户方面	检验计划达成率		%
	检验周期缩短到 1 天		日期
	设备维修率		%
	品质异常纠正预防措施完成率		%
内部流程	健全品保内部管理体系		－
学习与成长	培训计划达成率		%

9. 客服方面

关键绩效领域	年度目标项目	目标值	单位
财务方面	维修营业收入		万元
客户方面	客服服务满意度		分
	续购率		%
内部流程	健全客户服务管理体系		－
学习与成长	培训计划达成率		%

10. 人力资源／行政

关键绩效领域	年度目标项目	目标值	单位
财务方面	人均费用降低率（伙食费除外）		%

（续表）

关键绩效领域	年度目标项目	目标值	单位
客户方面	伙食满意度得分		分
	招聘达成率		%
	员工流失率		%
	安全事故发生次数		次
	企业文化建设		次
	举办培训批次		批
内部流程	健全HR及行政管理体系		—
学习与成长	培训计划达成率		%

11.财务方面

关键绩效领域	年度目标项目	目标值	单位
财务方面	全年构建信用额度		万元
	全年营业外收入		万元
	纳税申报安全事故发生次数		次
	财务报表编制及时性		—
	财务报表数据的准确性		%
内部流程	每月预算审核		日期
	建立并实施《产品标准成本》		日期
学习与成长	培训计划达成率		%

【范本02】▶▶

集团××年度总目标及指标解释

关键绩效领域	KPI	单位	目标值	指标解释
财务方面	销售收入目标完成率	%	100%及以上	参见附件
	利润目标达成率	%	100%及以上	参见附件
	费用预算达成率	%	不超过100%	参见附件
	库存金额目标完成率	%	100%及以上	参见附件

（续表）

关键绩效领域	KPI	单位	目标值	指标解释
内部流程	员工流失率（月）	%	不超过 4%	参见附件
	新产品开发完成率（制造部研发）	%	85% 及以上	参见附件

附件：

KPI	年度目标解释与计算方法
销售收入目标达成率	定义：所有事业部直接销售收入目标达成情况，由财务部负责解释 计算公式：销售收入目标达成率＝年实际销售额÷年销售目标×100%
利润目标达成率	定义：所有事业部利润目标达成情况，由财务部负责解释 计算公式：利润目标达成率＝年实际利润÷年利润目标×100%
费用预算达成率	定义：各事业部的期间三大费用（销售费用、管理费用、财务费用）的实际发生额占预算额的比例 注：销售收入高于目标值时，费用额度不变，销售收入低于目标值时，费用额度按销售收入完成目标比例下调 计算公式：费用预算达成率＝累计实际发生额÷累计预算额×100%
库存金额目标完成率	定义：所有成品、半成品月末库存金额占库存金额目标的比例 注：库存金额目标根据实际完成销售额调整 计算公式：库存金额目标完成率＝实际库存金额÷库存金额目标×100%
员工流失率（月）	定义：员工流失数量占总人数的比例，由人力资源负责解释 计算公式：员工流失率（月）＝期间员工流失人数÷（期初员工人数＋本期增加员工人数）×100%
新产品开发完成率（制造部研发）	定义：实际按时完成的新产品款数占计划开发的新产品款数的比例 计算公式：新产品开发完成率＝实际完成的新产品款数÷计划开发的新产品款数×100%

【范本 03】▶▶▶

计划管理部 ×× 年度总目标及指标解释

关键绩效领域	KPI	单位	目标值	指标解释
财务方面	利润目标达成率	%	100% 及以上	参见附件
	采购成本下降率	%	3% 及以上	参见附件
客户方面	订单准交率	%	100%	参见附件

（续表）

关键绩效领域	KPI	单位	目标值	指标解释
内部流程	排产制度	–	3月30日	参见附件
	OEM①标准服务体系	–	3月30日	参见附件
学习与成长	培训计划达成率	%	100%	参见附件

附件：

KPI	年度目标解释与计算方法
利润目标达成率	定义：计划部利润目标达成情况，由财务部负责解释 计算公式：利润目标达成率 = 年实际利润 ÷ 年利润目标 ×100%
采购成本下降率	定义：同类外购产品的采购成本比去年下降的比例，由财务部负责解释 计算公式：采购成本下降率 =（去年外购产品的采购成本 − 本年外购产品的采购成本）÷ 去年外购产品的采购成本 ×100%
订单准交率	定义：实际按时交付订单批次占总承接订单批次的比例，由各事业部负责解释 计算公式：订单准交率 = 实际按时交付订单批次 ÷ 总承接订单批次 ×100%
排产制度	本年3月制定公司的排产制度，本年4月执行
OEM标准服务体系	本年3月制定公司的OEM标准服务体系制度，本年4月执行
培训计划达成率	定义：部门每月培训计划及时完成的情况，由人力资源部负责解释 计算公式：培训计划达成率 = 每月实际完成培训课时数 ÷ 每月计划培训课时数 ×100%

【范本 04】▶▶▶

制造事业部 ×× 年度总目标及指标解释

关键绩效领域	KPI	单位	目标值	指标解释
财务方面	利润目标达成率	%	100%及以上	参见附件
	费用预算达成率	%	不超过100%	参见附件
	库存金额	万元	不超过6 500万元	参见附件
	集团库存目标完成率	%	不超过100%	参见附件
客户方面	日均产量提升率	%	5%及以上	参见附件
	质量客诉率	%	不超过0.02%	参见附件
	订单准交率	%	100%	参见附件

① OEM 的英文全称是 Original Equipment Manufacturer，意思为定点生产。

（续表）

关键绩效领域	KPI	单位	目标值	指标解释
内部运营	优等率	%	95% 及以上	参见附件
	破损率	%	不超过 1.5%	参见附件
	配方降本率	%	5% ~ 10%	参见附件
	燃料降本率	%	5% ~ 10%	参见附件
	用电降本率	%	5% 及以上	参见附件
	机物件降本率	%	5% ~ 8%	参见附件
	员工流失率	%	不超过 4%	参见附件
	排产制度	日期	3 月 30 日	参见附件
	OEM 标准服务体系	日期	3 月 30 日	参见附件
	产销率	%	95% 及以上	参见附件
	大宗安全生产事故	宗	0	参见附件
	工伤事故下降率	%	0 ~ 30%	参见附件
	招聘达成率	%	75% 及以上	参见附件
	新产品系列产品（自产）	款	3	参见附件
学习发展	培训计划达成率	%	100%	参见附件

附件：

KPI	年度目标解释与计算方法
利润目标达成率	定义：制造事业部利润目标达成情况，由财务部负责解释 计算公式：利润目标达成率 = 年实际利润 ÷ 年利润目标 ×100%
费用预算达成率	定义：各事业部的期间三大费用（销售费用、管理费用、财务费用）的实际发生额占预算额的比例 注：销售收入高于目标值时，费用额度不变，销售收入低于目标值时，费用额度按销售收入完成目标比例下调 计算公式：费用预算达成率 = 累计实际发生额 ÷ 累计预算额 ×100%
库存金额	定义：各工厂成品、半成品月末库存金额剔减各营销事业部的半成品、成品库存金额 注：库存金额目标按实际完成销售额调整 计算公式：月度库存金额 = 各月末的库存金额，年度库存金额 = 累计各月末库存金额
集团库存目标完成率	定义：集团成品、半成品库存金额占库存目标比例 计算公式：集团库存目标完成率 = 实际库存金额 ÷ 库存目标 ×100%
日均产量提升率	定义：各线单日平均产量比去年增长的比例，由生产部负责解释 计算公式：日均产量提升率 =（本年日均产量 − 去年日均产量）÷ 去年日均产量 ×100%

（续表）

KPI	年度目标解释与计算方法
质量客诉率	定义：客户对质量问题提出的赔偿金额占销售收入的比例，由财务部负责解释 计算公式：质量客诉率＝质量赔偿金额÷销售收入×100%
订单准交率	定义：实际按时交付订单批次占总承接订单批次的比例，由各事业部负责解释 计算公式：订单准交率＝实际按时交付订单批次÷总承接订单批次×100%
优等率	定义：优等品产量占总产量的比例，由生产部负责解释 计算公式：优等率＝优等品产量÷总产量×100%
破损率	定义：破损数占总产量的比例 计算公式：破损率＝砖损数÷总产量×100%
配方降本率	定义：本年各产品系列规格的配方成本相比去年下降，新产品与目标成本相比降低的比例 计算公式：配方降本率＝（去年单位配方成本－本年单位配方成本）÷去年单位配方成本×100%
燃料降本率	定义：本年各产品系列规格的燃料成本相比上年下降的比例 计算公式：燃料降本率＝（去年单位燃料成本－本年单位燃料成本）÷去年单位燃料成本×100%
用电降本率	定义：本年各产品系列规格的用电成本相比去年下降的比例 计算公式：用电降本率＝（去年单位用电成本－本年单位用电成本）÷去年单位用电成本×100%
机物件降本率	定义：本年的单位机物件成本相比去年下降的比例 计算公式：机物件降本率＝（去年单位机物件成本－本年单位机物件成本）÷去年单位机物件成本×100%
员工流失率	定义：员工流失数量占总人数的比例，由人力资源部负责解释
排产制度	本年3月制定公司的排产制度，本年4月执行
OEM标准服务体系	本年3月制定公司的OEM标准服务体系制度，本年4月执行
产销率	定义：制造事业部全年销售数量占总产量的比例，由财务负责解释 计算公式：产销率＝本年销售数量÷本年总生产量×100%
大宗安全生产事故	定义：制造事业部全年发生的安全、生产、环保、消防投诉等大宗事故，由行政部负责解释 计算公式：事故发生宗数全年累计
工伤事故下降率	定义：制造事业部本年发生的工伤事故与去年相比下降的比例，由行政部负责解释 计算公式：工伤事故下降率＝（去年工伤事故发生宗数－本年工伤事故发生宗数）÷去年工伤事故发生宗数×100%
招聘达成率	定义：满足招聘需求的实际达成率 计算公式：招聘达成率＝实际招聘人数÷招聘需求总人数×100%

（续表）

KPI	年度目标解释与计算方法
新产品系列产品（自产）	定义：开发三款大粒抛系列产品、细哑面仿古砖产品、抗菌釉抛釉砖产品 计算公式：按系列开发数累加
培训计划达成率	定义：部门每月培训计划及时完成的情况，由人力资源部负责解释 计算公式：培训计划达成率＝每月实际完成培训课时÷每月计划培训课时×100%

【范本05】▶▶

物流部××年度总目标及指标解释

关键绩效领域	KPI	单位	目标值	指标解释
财务方面	利润目标达成率	%	100%及以上	参见附件
	费用预算达成率	%	不超过100%	参见附件
	运营费用降本率	%	5%～8%	参见附件
客户方面	发货准确率	%	99%及以上	参见附件
	收货及时率	%	99%及以上	参见附件
内部流程	破损率	%	不超过0.1%	参见附件
	账物准确率	%	99%及以上	参见附件
	员工流失率	%	不超过4%	参见附件
	招聘达成率	%	75%及以上	参见附件
学习与成长	培训计划达成率	%	100%	参见附件

附件：

KPI	年度目标解释与计算方法
利润目标达成率	定义：制造事业部利润目标达成情况，由财务部负责解释 计算公式：利润目标达成率＝年实际利润÷年利润目标×100%
费用预算达成率	定义：物流部的期间三大费用（销售费用、管理费用、财务费用）的实际发生额占预算额的比例 计算公式：费用预算达成率＝累计实际发生额÷累计预算额×100%
运营费用降本率	定义：本年物流部的单位运营费用比去年下降的比例，由财务部负责解释 计算公式：（去年单位运营费用－本年单位运营费用）÷去年单位运营费用×100%
发货准确率	定义：发货准确的数量占总发货数量的比例，由销售部负责解释 计算公式：发货准确率＝发货准确数量÷总发货数量×100%

（续表）

KPI	年度目标解释与计算方法
收货及时率	定义：供应商送材料或采购材料到达仓库，仓库人员在规定的时间及时收货，由采购部负责解释 计算公式：收货及时率＝及时收货数量÷总收货数量×100%
破损率	定义：破损数量占出货总数量的比例 计算公式：破损率＝破损数量÷出货总数量×100%
账物准确率	定义：仓库系统账务与实物没差异，由财务部负责解释 计算公式：账物准确率＝数据准确数量÷总库存数量×100%
员工流失率	定义：员工流失数量占总人数的比例，由人力资源部负责解释
招聘达成率	定义：实际招聘人数占招聘需求总人数的比例 计算公式：招聘达成率＝实际招聘人数÷招聘需求总人数×100%
培训计划达成率	定义：部门每月培训计划及时完成的情况，由人力资源部负责解释 计算公式：培训计划达成率＝每月实际完成培训课时÷每月计划培训课时×100%

【范本06】▶▶▶

工厂××年度总目标及指标解释

关键绩效领域	KPI	单位	目标值	指标解释
财务方面	利润目标达成率	%	100%及以上	参见附件
	费用预算达成率	%	不超过100%	参见附件
	库存金额	万元	不超过2 450万元	参见附件
客户方面	日均产量提升率	%	5%及以上	参见附件
	质量客诉率	%	不超过0.02%	参见附件
	订单准交率	%	100%	参见附件
内部流程	优等率	%	95%及以上	参见附件
	破损率	%	不超过1.5%	参见附件
	配方降本率	%	5%及以上	参见附件
	燃料降本率	%	5%及以上	参见附件
	用电降本率	%	5%及以上	参见附件
	机物件降本率	%	5%及以上	参见附件
	员工流失率	%	不超过4%	参见附件

（续表）

关键绩效领域	KPI	单位	目标值	指标解释
内部流程	排产制度	日期	3 月 30 日	参见附件
	OEM 标准服务体系	日期	3 月 30 日	参见附件
	产销完成率	%	95% 及以上	参见附件
	大宗安全生产事故	宗	0	参见附件
	工伤事故下降率	%	0	参见附件
	招聘达成率	%	75% 及以上	参见附件
学习与成长	培训计划达成率	%	100%	参见附件

附件：

KPI	年度目标解释与计算方法
利润目标达成率	定义：工厂利润目标达成情况，由财务部负责解释 计算公式：利润目标达成率＝年实际利润 ÷ 年利润目标 ×100%
费用预算达成率	定义：工厂的期间三大费用（销售费用、管理费用、财务费用）的实际发生额占预算额的比例 注：销售收入高于目标值时，费用额度不变，销售收入低于目标值时，费用额度按销售收入完成目标比例下调 计算公式：费用预算达成率＝累计实际发生额 ÷ 累计预算额 ×100%
库存金额	定义：工厂成品、半成品月末库存金额剔减各营销事业部的半成品、成品库存金额 注：库存金额目标按实际完成销售额调整 计算公式：月度库存金额＝各月末的库存金额，年度库存金额＝累计各月末库存金额
日均产量提升率	定义：各线单日平均产量比上年增长的比例，由生产部负责解释 计算公式：日均产量提升率＝（本年日均产量 − 去年日均产量）÷ 去年日均产量 ×100%
质量客诉率	定义：客户对质量问题提出的赔偿金额占销售收入的比例，由财务部负责解释 计算公式：质量客诉率＝质量赔偿金额 ÷ 销售收入 ×100%
订单准交率	定义：实际按时交付订单批次占总承接订单批次的比例，由各事业部负责解释 计算公式：订单准交率＝实际按时交付订单批次 ÷ 总承接订单批次 ×100%
优等率	定义：优等品产量占总产量的比例，由生产部负责解释 计算公式：优等率＝优等品产量 ÷ 总产量 ×100%

（续表）

KPI	年度目标解释与计算方法
破损率	定义：破损数占总产量的比例 计算公式：破损率＝破损数÷总产量×100%
配方降本率	定义：本年各产品系列规格的配方成本相比去年下降的比例 计算公式：配方降本率＝（去年单位配方成本－本年单位配方成本）÷去年单位配方成本×100%
燃料降本率	定义：本年各产品系列规格的燃料成本相比去年下降的比例（三水厂区用气降本比例另议） 计算公式：燃料降本率＝（去年单位燃料成本－本年单位燃料成本）÷去年单位燃料成本×100%
用电降本率	定义：本年各产品系列规格的用电成本相比去年下降的比例 计算公式：用电降本率＝（去年单位用电成本－本年单位用电成本）÷去年单位用电成本×100%
机物件降本率	定义：本年的单位机物件成本相比去年下降的比例 计算公式：机物件降本率＝（去年单位机物件成本－本年单位机物件成本）÷去年单位机物件成本×100%
员工流失率	定义：员工流失数量占总人数的比例，由人力资源部负责解释
排产制度	本年3月制定公司的排产制度，本年4月执行
OEM标准服务体系	本年3月制定公司的OEM标准服务体系制度，本年4月执行
产销完成率	定义：工厂全年销售数量占总产量的比例，由财务部负责解释 计算公式：产销完成率＝本年销售数量÷本年总产量×100%
大宗安全生产事故	定义：工厂全年发生的安全、生产、环保投诉等大宗事故，由行政部负责解释 计算公式：事故发生宗数全年累计
工伤事故下降率	定义：工厂本年发生的工伤事故占去年下降的比例，由行政部负责解释 计算公式：工伤事故下降率＝（去年工伤事故发生宗数－本年工伤事故发生宗数）÷去年工伤事故发生宗数×100%
招聘达成率	定义：满足招聘需求的实际达成率 计算公式：招聘达成率＝实际招聘人数÷招聘需求总人数×100%
培训计划达成率	定义：部门每月培训计划及时完成的情况，由人力资源部负责解释 计算：培训计划达成率＝每月实际完成培训课时÷每月计划培训课时×100%

【范本07】▶▶

品牌营销事业部 ×× 年度总目标及指标解释

关键绩效领域	KPI	单位	目标值	指标解释	备注
财务方面	销售收入	万元	×× 万元	参见附件	
	利润目标达成率	%	100% 及以上	参见附件	
	费用预算达成率	%	不超过 100%	参见附件	
	库存金额	万元	不超过 ×× 万元	参见附件	周转天数为 125 天
客户方面	老客户续约率	%	72% 及以上	参见附件	
	新客户开发达成率	%	100% 及以上	参见附件	120 家品牌新客户，整装 20 家 3 家（全国 100 强地产）
内部流程	高值产品销售金额占比	%	15% 及以上	参见附件	
	成立采购二部	–	6 月 30 日前	–	公司视情况再决定

附件：

KPI	年度目标解释与计算方法
销售收入	定义：品牌营销事业部的年度销售收入总额 计算方式：按月累加
利润目标达成率	定义：事业部利润目标达成情况，由财务部负责解释 计算公式：利润目标达成率＝年实际利润 ÷ 年利润目标 ×100%
费用预算达成率	定义：各事业部的期间三大费用（销售费用、管理费用、财务费用）的实际发生额占预算额的比例 注：销售收入高于目标值时，费用额度不变；销售收入低于目标值时，费用额度按销售收入完成目标比例下调 计算公式：费用预算达成率＝累计实际发生额 ÷ 累计预算额 ×100%
库存金额	定义：成品、半成品月末库存金额 注：库存金额目标按实际完成销售额调整 计算公式：月度库存金额＝各月末的库存金额，年度库存金额＝累计各月末库存金额
老客户续约率	定义：现有老客户继续合作的比例（续约金额相对去年不低于 80%） 计算公式：老客户续约率＝本年实际老客户续约数 ÷ 去年老客户数 ×100%
新客户开发达成率	定义：依据规定的年度客户开发要求（规模、下单金额等），客户开发实际达成的比例 计算公式：新客户开发达成率＝实际开发客户数量 ÷ 计划开发客户数 ×100%

（续表）

KPI	年度目标解释与计算方法
高值产品销售金额 占比	定义：高值产品销售额占总销售额的比例 计算公式：高值产品销售额金额占比 = 高值产品销售额 ÷ 总销售额 ×100%

【范本08】▶▶

国际贸易部 ×× 年度总目标及指标解释

关键绩效领域	KPI	单位	目标值	指标解释	备注
财务方面	销售收入	万元	×× 万元	参见附件	
	利润目标达成率	%	100% 及以上	参见附件	
	费用预算达成率	%	不超过 100%	参见附件	
	库存金额	万元	不超过 ×× 万元	参见附件	周转天数为 58 天
客户方面	新客户开发达成率	%	100% 及以上	参见附件	每年开发 20 个新客户
内部流程	高值产品销售金额占比	%	16.67% 及以上	参见附件	
学习与成长	培训计划达成率	%	100%	参见附件	

附件：

KPI	年度目标解释与计算方法
销售收入	定义：国际贸易部的年度销售收入总额 计算方式：按月累加
利润目标达成率	定义：事业部利润目标达成情况，由财务部负责解释 计算公式：利润目标达成率 = 年实际利润 ÷ 年利润目标 ×100%
费用预算达成率	定义：各事业部的期间三大费用（销售费用、管理费用、财务费用）的实际发生额占预算额的比例 注：销售收入高于目标值时，费用额度不变，销售收入低于目标值时，费用额度按销售收入完成目标比例下调 计算公式：费用预算达成率 = 累计实际发生额 ÷ 累计预算额 ×100%
库存金额	定义：成品、半成品月末库存金额 注：库存金额目标按实际完成销售额调整 计算公式：月度库存金额 = 各月末的库存金额，年度库存金额 = 累计各月末库存金额

（续表）

KPI	年度目标解释与计算方法
新客户开发达成率	定义：依据规定的年度客户开发要求（规模、下单金额等），客户开发实际达成的比例 计算公式：新客户开发达成率＝实际开发客户数量÷计划开发客户数×100%
高值产品销售金额占比	定义：高值产品销售额占总销售额的比例 计算公式：高值产品销售金额占比＝高值产品销售额÷总销售额×100%
培训计划达成率	定义：部门每月培训计划及时完成的情况，由人力资源部负责解释 计算公式：培训计划达成率＝每月实际完成培训课时÷每月计划培训课时×100%

【范本 09】▶▶▶

审计部××年度总目标及指标解释

关键绩效领域	KPI	单位	目标值	指标解释
财务方面	利润目标达成率	%	100%及以上	参见附件
	期间费用达成率	%	不超过100%	参见附件
客户方面	稽核任务完成率	%	100%	参见附件
	审计结果推进改善达成率	%	100%及以上	参见附件
内部流程	审计项目完成率	%	100%及以上	参见附件
	审计项目事故	宗	0	参见附件
	审计建议采纳率	%	80%及以上	参见附件
学习与成长	培训计划达成率	%	100%	参见附件

附件：

KPI	年度目标解释与计算方法
利润目标达成率	定义：所有事业部利润目标达成情况，由财务部负责解释 计算公式：利润目标达成率＝年实际利润÷年利润目标×100%
其间费用达成率	定义：审计部的期间费用的实际发生额占预算额的比例 计算公式：期间费用达成率＝累计实际发生额÷年度费用预算额合计×100%
稽核任务完成率	定义：实际完成稽核任务占总稽核任务数量的比例 计算公式：稽核任务完成率＝完成稽核任务数量÷总稽核任务数量×100%

（续表）

KPI	年度目标解释与计算方法
审计结果推进改善达成率	定义：根据审计项目结果，实际改善业务运作流程数量占总改善数量的比例 计算公式：审计结果推进改善达成率＝改善数量÷总改善数量×100%
审计项目完成率	定义：订立年度审计项目目标，按完成项目数量的比例计算 计算公式：审计项目完成率＝实际完成数量÷审计项目目标×100%
审计项目事故	定义：已审领域在审计年度内没有重大问题、事故的发生
审计建议采纳率	定义：年度内所有审计报告中提出审计建议被审计单位及部门采纳的数量占全部审计建议的比例 计算公式：审计建议采纳率＝实际采纳数量÷审计总建议数量×100%
培训计划达成率	定义：部门每月培训计划及时完成的情况，由人力资源部负责解释 计算公式：培训计划达成率＝每月实际完成培训课时÷每月计划培训课时×100%

【范本10】▶▶

产品拓展部 ×× 年度总目标及指标解释

关键绩效领域	KPI	单位	目标值	指标解释	备注
财务方面	利润目标达成率	%	100%及以上	参见附件	
	产销率	%	95%及以上	参见附件	
	费用预算达成率	%	不超过100%	参见附件	
	库存金额	万元	不超过3 500万元	参见附件	周转天数为32天
	集团库存目标完成率		不超过100%	参见附件	
客户方面	老客户流失率	%	不超过20%	参见附件	
学习与成长	培训计划达成率	%	100%及以上	参见附件	

附件：

KPI	年度目标解释与计算方法
利润目标达成率	定义：生产部利润目标达成情况，由财务部负责解释 计算公式：利润目标达成率＝年实际利润÷年利润目标×100%
产销率	定义：公司全年产销率，具体任务分配由部门分配，由财务部负责解释 计算方式：将每月的产销率直接累加

（续表）

KPI	年度目标解释与计算方法
费用预算达成率	定义：销售费用的实际发生额占预算额的比例 计算公式：费用预算达成率＝累计实际发生额÷累计预算额×100%
库存金额	定义：工厂成品、半成品月末库存金额剔减营销事业部的半成品、成品库存金额 注：库存金额目标按实际完成销售额调整 计算公式：月度库存金额＝各月末的库存金额，年度库存金额＝累计各月末库存金额
集团库存目标完成率	定义：集团成品、半成品库存占库存目标的比例 计算公式：集团库存目标完成率＝实际库存金额÷库存目标×100%
老客户流失率	定义：上年度老客户流失比例 计算公式：老客户流失率＝上年度老客户流失数量÷上年度老客户总数量×100%
培训计划达成率	定义：部门每月培训计划及时完成的情况，由人力资源部负责解释 计算公式：培训计划达成率＝每月实际完成培训课时÷每月计划培训课时×100%

【范本11】▶▶

OEM 事业部 ×× 年度总目标及指标解释

关键绩效领域	KPI	单位	目标值	指标解释	备注
财务方面	销售收入	万元	×× 万元	参见附件	
	利润目标达成率	%	100% 及以上	参见附件	
	费用预算达成率	%	不超过 100%	参见附件	
	库存金额	万元	不超过 ×× 万元	参见附件	周转天数为 75 天
客户方面	年销售额 ×× 万元以上老客户增长率	%	15% 及以上	参见附件	
	老客户续约达成率	%	80% 及以上	参见附件	
	新客户开发达成率	%	100% 及以上	参见附件	年销售额 ×× 万元以上的客户有三家
内部流程	完善绩效考核制度	－	5 月 30 日	参见附件	
	排产制度	－	3 月 30 日	参见附件	
	OEM 标准服务体系	－	3 月 30 日	参见附件	
学习与成长	培训计划达成率	%	100%	参见附件	

附件：

KPI	年度目标解释与计算方法
销售收入	定义：OEM 事业部的年度销售收入总额 计算方式：按月累加
利润目标达成率	定义：事业部利润目标达成情况，由财务部负责解释 计算公式：利润目标达成率＝年实际利润÷年利润目标×100%
费用预算达成率	定义：各事业部的期间三大费用（销售费用、管理费用、财务费用）的实际发生额占预算额的比例 注：销售收入高于目标值时，费用额度不变，销售收入低于目标值时，费用额度按销售收入完成目标比例下调 计算公式：费用预算达成率＝累计实际发生额÷累计预算额×100%
库存金额	定义：成品、半成品月末库存金额 注：库存金额目标按实际完成销售额调整 计算公式：月度库存金额＝各月末的库存金额，年度库存金额＝累计各月末库存金额
年销售额××万元以上老客户增长率	定义：年销售额××万元以上的老客户本年业绩额对比去年的业绩额增长的比例 计算公式：年销售额××万元以上老客户增长率＝（本年业绩额－去年业绩额）÷去年业绩额
老客户续约达成率	定义：现有老客户继续合作的比例（续约金额相对去年不低于80%） 计算公式：老客户续约达成率＝本年实际老客户续约数÷去年老客户数×100%
新客户开发达成率	定义：依据规定的年度客户开发要求（规模、下单金额等），客户开发实际达成的比例 计算公式：新客户开发达成率＝实际开发客户数÷计划开发客户数×100%
完善绩效考核制度	本年5月制定部门绩效考核制度，本年6月执行
排产制度	本年3月制定公司的排产制度，本年4月执行
OEM 标准服务体系	本年3月制定公司的 OEM 标准服务体系，本年4月执行
培训计划达成率	定义：部门每月培训计划及时完成的情况，由人力资源部负责解释 计算公式：培训计划达成率＝每月实际完成培训课时÷每月计划培训课时×100%

【范本12】▶▶▶ --

财务部 ×× 年度总目标及指标解释

关键绩效领域	KPI	单位	目标值	指标解释
财务方面	利润目标达成率	%	100% 及以上	参见附件
	营业外收入	万元	100 万元	参见附件
	费用预算达成率	%	不超过 100%	参见附件
客户方面	人为造成公司损失金额	万元	0	参见附件
内部流程	信息化项目开发达成率	%	100%	参见附件
	建立财务核算制度	–	本年 5 月 31 日	参见附件
	建立风险管理制度	–	本年 5 月 31 日	参见附件
学习与成长	培训计划达成率	%	100%	参见附件

附件：

KPI	年度目标解释与计算方法
利润目标达成率	定义：所有事业部利润目标达成情况，由财务部负责解释 计算公式：利润目标达成率＝年实际利润÷年利润目标×100%
营业外收入	定义：汇率差、贴现利息差、资金购买理财、政府补贴项目 计算方式：按月累加
费用预算达成率	定义：监控各事业部的期间三大费用（销售费用、管理费用、财务费用）的实际发生额占预算额的比例 计算公式：费用预算达成率＝累计实际发生额÷累计预算额×100%
人为造成公司损失金额	定义：确保所有业务收付的准确性，损失金额为 0 计算方式：年度金额累计
信息化项目开发达成率	定义：厂商一体化、日常业务开发 计算公式：信息化项目开发达成率＝实际开发数量÷开发需求数量×100%
建立财务核算规则	定义：建立财务核算制度
建立风险管理制度	定义：在 5 月 31 日前导入并运行风险管控制度，由财务部负责解释
培训计划达成率	定义：每月培训计划及时完成的比例（员工及基层管理以上员工，每人每月不低于 4 小时培训课时），由人力资源部负责解释 计算公式：培训计划达成率＝每月实际完成培训课时÷每月计划培训课时×100%

【范本13】▶▶▶ --

采购部 ×× 年度总目标及指标解释

关键绩效领域	KPI	单位	目标值	指标解释
财务方面	利润目标达成率	%	100% 及以上	参见附件
	配方成本下降率	%	5% ～ 10%	参见附件
	物料采购降本率	%	2% 及以上	参见附件
客户方面	物料让步接收率	%	10% ～ 12%	参见附件
内部流程	供应商管理制度导入	—	5 月 1 日前	参见附件
学习与成长	培训计划达成率	%	100%	参见附件

附件：

KPI	年度目标解释与计算方法
利润目标达成率	定义：制造事业部利润目标达成情况，由财务部负责解释 计算公式：利润目标达成率＝年实际利润 ÷ 年利润目标 ×100%
配方成本下降率	定义：本年各产品系列规格的配方成本相对去年降低的比例 计算公式：配方成本下降率＝（去年单位配方成本－本年单位配方成本）÷ 去年单位配方成本 ×100%
物料采购降本率	定义：同类物料的采购单价比去年下降的比例 计算公式：物料采购降本率＝（去年采购单价－本年采购单价）÷ 去年采购单价 ×100%
物料让步接收下降率	定义：采购物料让步接收数量占总采购量的比例 计算公式：物料让步接收下降率＝物料让步接收数量 ÷ 物料总采购量 ×100%
供应商管理制度导入	定义：在 5 月 1 日前导入供应商管理制度
培训计划达成率	定义：每月培训计划及时完成的比例（职员及基层管理以上员工，每人每月不低于 4 小时培训课时），由人力资源部负责解释 计算公式：培训计划达成率＝每月实际完成培训课时 ÷ 每月计划培训课时 ×100%

【范本 14】▶▶ ---

人力资源行政中心 ×× 年度总目标及指标解释

关键绩效领域	KPI	单位	目标值	指标解释	备注
财务方面	利润目标达成率	%	100% 及以上	参见附件	
	费用预算达成率	%	不超过 100%	参见附件	
	营业外收入	万元	×× 万元	参见附件	含外卖和租金收入、政府补贴
客户方面	员工满意度（后勤服务）	%	80% 及以上	参见附件	
	招聘达成率	%	75% 及以上	参见附件	
	员工流失率（月）	%	不超过 4%	参见附件	
	大宗安全生产事故	宗	0	参见附件	
	工伤事故下降率	%	0 ～ 30%	参见附件	
内部流程	人力行政年度规划及执行率	%	90% 及以上	参见附件	
	《企业文化手册》发行	－	6 月 1 日前	参见附件	
	《人力资源制度》发行	－	6 月 1 日前	参见附件	
学习与成长	培训计划达成率	%	100%	参见附件	

附件：

KPI	年度目标解释与计算方法
利润目标达成率	定义：所有事业部利润目标达成情况，由财务部负责解释 计算公式：利润目标达成率 ＝ 年实际利润 ÷ 年利润目标 ×100%
费用预算达成率	定义：人力资源行政中心的期间费用（管理费用、财务费用）的实际发生额占预算额的比例 计算公式：费用预算达成率 ＝ 累计实际发生额 ÷ 累计预算额 ×100%
营业外收入	定义：租金收入、外卖收入、政府补贴项目收入 计算方式：直接累加
员工满意度 （后勤服务）	定义：员工对行政后勤服务满意度 计算公式：员工满意度 ＝ 员工满意人数（后勤服务）÷ 员工总人数 ×100%
招聘达成率	定义：满足招聘需求的实际达成率 计算公式：招聘达成率 ＝ 实际招聘人数 ÷ 招聘需求总人数 ×100%
员工流失率（月）	定义：按员工流失数量占总人数的比例，由人力资源负责解释 计算公式：员工流失率（月）＝ 期间员工流失人数 ÷（期初员工人数 ＋ 本期增加员工人数）×100%

（续表）

KPI	年度目标解释与计算方法
大宗安全生产事故	定义：制造事业部全年发生的安全、生产、环保、消防投诉等大宗事故，由行政部负责解释 计算方式：事故发生宗数全年累计
工伤事故下降率	定义：制造事业部本年发生的工伤事故相对去年下降的比例，由行政部负责解释 计算公式：工伤事故下降率＝（去年工伤事故发生宗数－本年工伤事故发生宗数）÷去年工伤事故发生宗数×100%
人力行政年度规划及执行率	定义：人力行政年度工作规划实际执行项数与总项数的比例 计算公式：人力行政年度规划及执行率＝实际执行项数÷人力行政规划总项数×100%
《企业文化手册》发行	定义：本年6月1日之前导入并发行《企业文化手册》
《人力资源制度》发行	定义：本年6月1日之前导入并发行《人力资源制度》8份
培训计划达成率	定义：每月培训计划及时完成的比例（职员及基层管理以上员工，每人每月不低于4小时培训课时），由人力资源部负责解释 计算公式：培训计划达成率＝每月实际完成培训课时÷每月计划培训课时×100%

第 3 章

年度经营计划

★ ★ ★ ★ ★

　　制订年度经营计划需要企业的中高层人员共同参与，按照自上而下、从外至内的顺序完成。经营计划的主要内容是为达成企业年度目标所需要开展的重点工作。

3.1　年度经营计划的概念

3.1.1　什么是年度经营计划

经营计划是企业为了适应环境的变化，确保经营方针与目标顺利实现而制订的，是企业在经营方针与目标的基础上制定的具体工作方案。它不是常规性的工作计划，而是一种总体性规划。

年度经营计划反映了企业的年度工作目标、工作步骤及相应的资源配置情况。

3.1.2　战略目标、年度经营计划和预算的关系

企业年度经营计划能够使企业各部门的年度经营计划和年度预算方案与企业的战略目标保持一致，同时也为日后的考核工作提供了依据。三者之间的关系如图 3-1 所示。

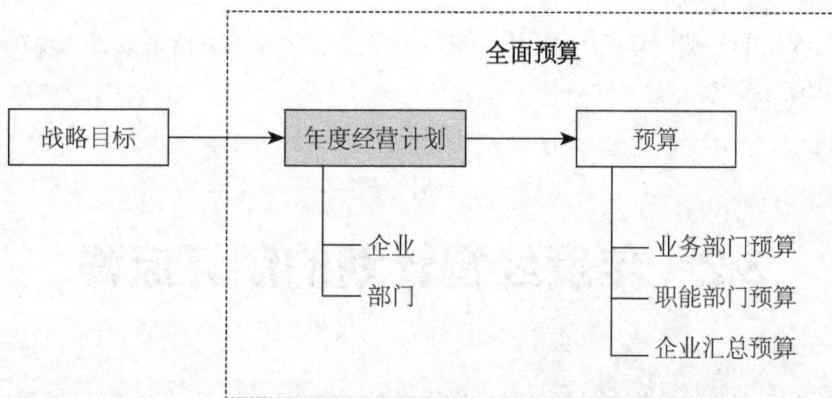

图 3-1　战略目标、年度经营计划与预算之间的关系

3.1.3　企业年度经营计划与部门年度经营计划

年度经营计划分为企业年度经营计划和部门年度经营计划两种。前者是对企业战略行动计划进行的细化和分解，后者则是企业各部门根据企业的战略行动计划和年度经营计划制订的本部门的年度工作计划。

两者既存在横向关系，又存在纵向关系，具体如图3-2所示。

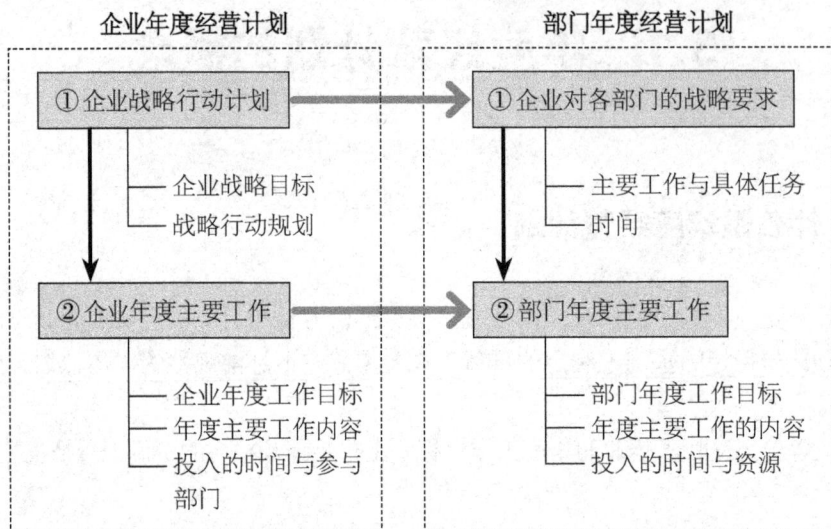

图 3-2　企业年度经营计划与部门年度经营计划的关系

（1）横向关系：从企业战略行动计划到企业对各部门战略要求；从企业年度主要工作到各部门年度主要工作。

（2）纵向关系：从企业战略行动计划到企业年度主要工作；从企业对各部门战略要求到各部门年度主要工作。

各部门提出的与部门年度工作目标相适应的资源投入需求内容最终将体现在企业和部门的年度预算方案中。

3.2　年度经营计划的制订流程

一般来说，企业制订年度经营计划时应遵循以下流程。

3.2.1　项目启动会

1. 启动时间

制订年度经营计划的启动时间根据企业的具体情况有所不同。例如，对经验较少的企业来说，要尽早制订针对第二年发展目标的经营计划，这个时间通常在每年的 11 月 15 日—12 月 1 日。

2. 会议成果

项目启动会要确定企业明年的增长目标，包括财务目标、市场目标等。目标须经总经理签字认可。

3.2.2　年度经营分析

目标确定后，企业要将其交给承接部门，如市场部。市场部明确增长目标后，要收集市场信息，进行市场研究，为决策提供依据。

同时，市场部应针对目前存在的问题提出下一年度的营销策略，并按重要程度进行排序，形成正式文件，即企业年度经营分析报告。

企业年度经营分析报告的主要内容如图 3-3 所示。

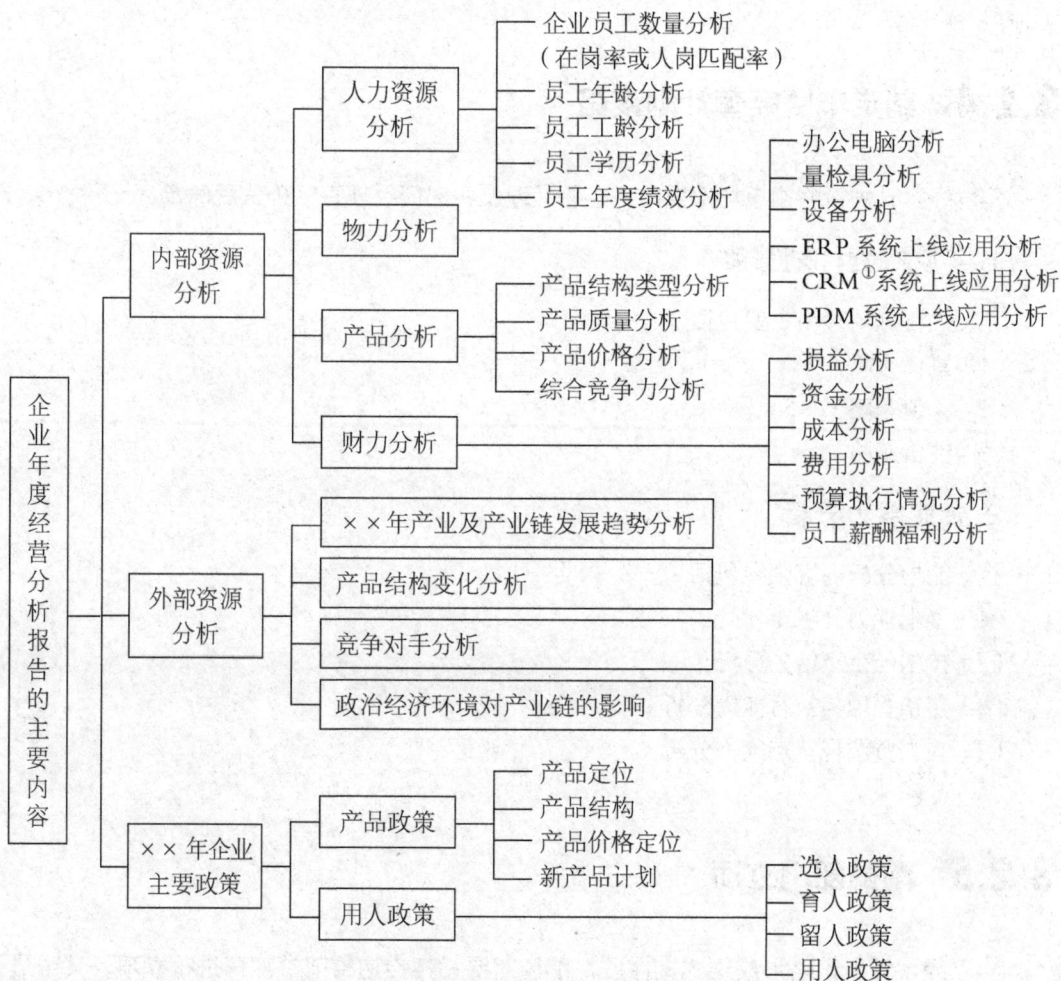

图 3-3　企业年度经营分析报告的主要内容

① CRM 的英文全称是 Customer Relationship Management，意思为客户关系管理。

3.2.3　设定年度经营目标

1. 年度经营目标

年度经营目标根据战略规划制定，通常可量化为销售额、利润、销售量和市场占有率等指标。

2. 合理的年度经营目标的特点

合理的年度经营目标具有以下特点：
（1）目标与企业战略目标、品牌规划目标一致；
（2）目标与企业资源现状基本匹配；
（3）目标与市场容量及其增长速度基本匹配；
（4）目标与市场发展可能性的预测基本匹配。

3.2.4　制定年度经营计划策略

年度经营计划策略由市场部提出，经总经理及各部门经理签字确认后确定。

1. 年度经营计划策略

年度经营计划策略主要包括：
（1）宣传策略；
（2）渠道策略；
（3）性价策略。

2. 企业能力分析

企业能力分析内容主要包括：
（1）资本能力分析；
（2）技术与生产能力分析；
（3）营销管理与执行能力分析；
（4）人力资源现状与能力分析。

3.2.5　前端部门立项

年度经营计划策略形成正式文件后，市场部要将其传递给前端部门进行立项，其中最重要的前端部门有两个，分别是企业的销售部和研发部。接到策略后，两个部门会分别进行内部讨论，研究如何实施这些策略。

立项之后，前端部门还要进行支出预算和资源分配等其他工作。

3.2.6 需求传递

前端部门根据策略和立项需求分别向生产部提出生产需求，向财务部提出财务需求。另外，销售部、研发部、生产部、财务部分别向人力资源部提出人力资源需求，向行政部提出行政需求。需求传递的流程如图 3-4 所示。

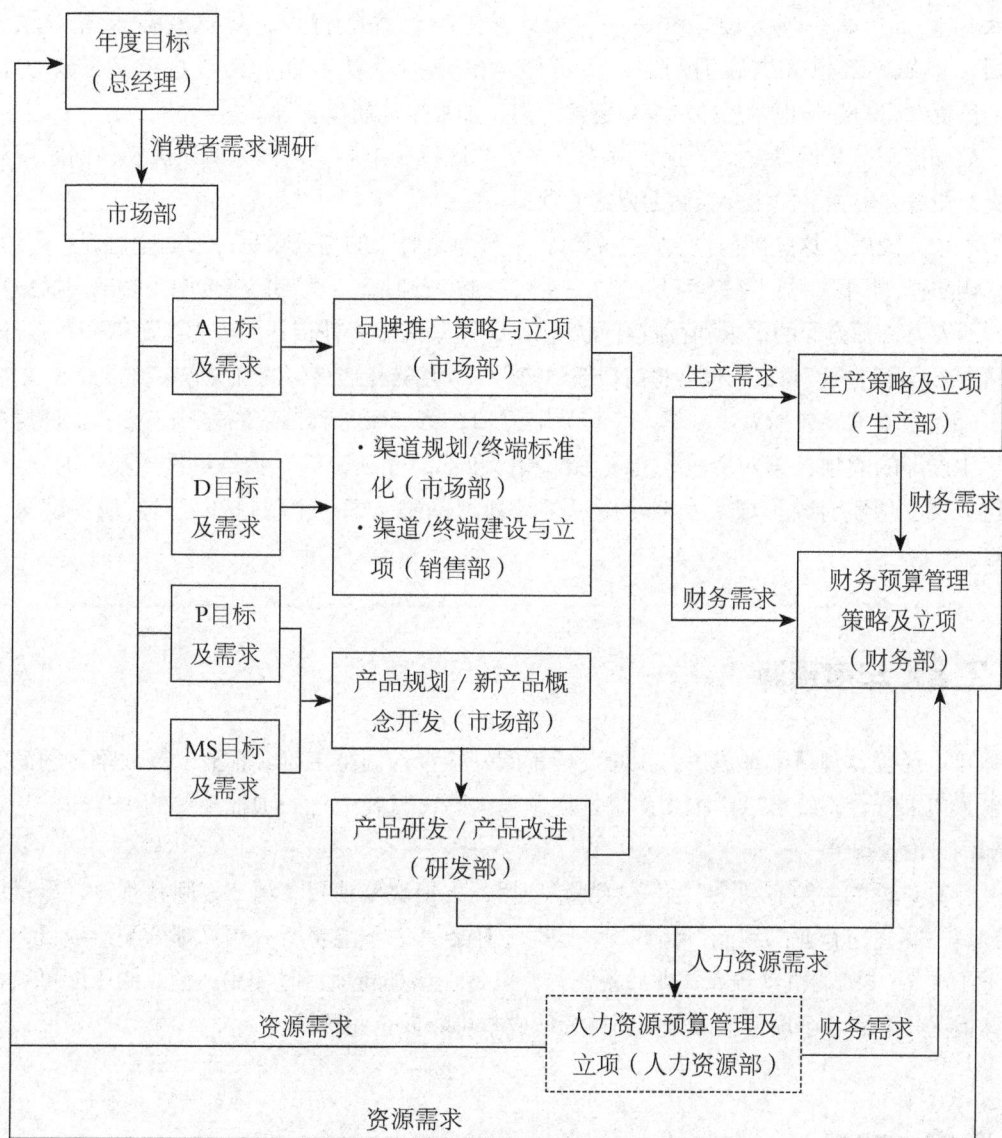

图 3-4 需求传递的流程

各部门提出需求的主要依据即为立项的内容。另外，各部门还需要在部门内部进行调研，以及时发现问题，并加以解决。例如，销售部应组织各地区销售经理提出销售过程中存在的各种问题，如关于财务报销、财务单据的交接、储运质量、供应时间等问题，并将这些问题收集起来反馈至相关部门。

3.2.7 后端部门立项

收到前端部门的需求后，后端部门（生产部和财务部）应组织内部讨论，讨论结束后也要开始一项重要工作——立项，并进行优先级排序，将这些需求落实成为项目。例如，若想解决破损问题，负责储运的部门就要考虑如何改进储运的保护措施；负责物流的部门也要想办法缩短运输距离，加强搬运质量管理。

后端部门分析问题之后要提出解决方案，并进行简单测试。如果测试成功，问题得到解决，便可立出关于优化升级储运方式的项目。

立项完成后，这些部门也会产生需求，一方面是对人的需求；另一方面是对周边环境，如车辆配置、厂区、员工宿舍环境等的一系列需求。此时，这些部门需要向后端部门提出需求，即人力资源方面的需求和行政方面的需求，这些需求将被传达到人力资源部和行政部。这两个部门经过内部讨论，也会将前端部门的需求立项转化成具体的解决方案。

部门立项主要包括五步：第一步是战略立项，第二步是营销部的立项，第三步是财务部与生产部的立项，第四步是人力资源部和行政部的立项，第五步是对常规项目的立项。将这五类立项整合就形成了企业年度经营计划的草稿，每一个项目都直接对应要解决的问题。

3.2.8 年度预算

年度经营计划草稿形成后，由总经理审阅并检查计划是否符合企业发展战略对利润的要求。如果符合，就可以定稿；如果发现预算太高，就要进行一项很重要的工作——与各个部门讨论预算。

预算讨论的主题有两个：第一，削减项目，去掉次要项目；第二，削减预算，尽量压缩预算，使之与企业的利润目标靠拢。同时，还要考虑不能将所有预算都分配给项目，要留下10% ~ 15%的机动预算，即后备资源，以备在增加新项目时使用。预算的压缩可以按具体情况分配到各个项目上，如此调整管理成本可降低企业预算。

3.2.9 宣导

年度经营计划一旦定稿就进入正式签订程序。年度经营计划由各部门负责人签字确认后，总经理要向员工进行宣导，宣导内容包括总预算、时间、各部门的项目编号等。

将定稿的年度经营计划一份交给财务部，供其在控制年度预算时使用；一份交给人力资源部，供其在考核项目经理工作时使用。

在制订年度经营计划的过程中会形成营销价值链，企业的所有部门被调动起来，以客户需求为导向，形成相互支持的内部客户关系。生产部的上级不再是总经理，而是销售部；销售部的上级不再是总经理，而是市场部；市场部的上级也不是总经理，而是客户。这样就能真正贯彻以客户和年度经营计划为导向，以市场为龙头，各部门相互配合，围绕客户需求和企业目标进行发展的理念。因此，从更深层的意义上看，年度经营计划一旦实施起来，就在企业内部真正建立起了以客户需求为导向的企业文化，这正是企业规范化管理的重要标志。

在年度经营计划制订与审批的过程中会运用到的相关表格如下。

【管理工具 01】▶▶

年度经营计划主要指标审批表

报送部门：　　　　　　　经手人：　　　　　　　报送日期：

年度经营指标概要：
负责人签字：　　　　　　　　　日期：＿＿＿年＿月＿日
企业相关部门审核意见：
记录整理人签字：　　　　　　　日期：＿＿＿年＿月＿日
副总经理审核意见：
签字：　　　　　　　　　　　　日期：＿＿＿年＿月＿日
总经理审批意见：
签字：　　　　　　　　　　　　日期：＿＿＿年＿月＿日

注：1. 组织相关部门召开专题会议的纪要及会签表应附于本表之后。

2. 企业相关部门审议意见由综合计划部根据企业相关部门审议结果归纳，并由综合计划部负责人签字确认。

3. 如有需要，可另附表。

【管理工具02】▶▶ ---

年度经营计划审批表

报送部门：　　　　　　经手人：　　　　　　报送日期：

年度经营计划概要：   综合计划部总经理签字：　　　　　　日期：____年__月__日
企业相关部门审核意见：   记录整理人签字：　　　　　　日期：____年__月__日
副总经理审核意见：   签字：　　　　　　日期：____年__月__日
总经理审批意见：   签字：　　　　　　日期：____年__月__日

注：1. 组织相关部门召开专题会议的纪要及会签表应附于本表之后。

2. 企业相关部门审议意见由综合计划部根据企业相关部门审议结果归纳，并由综合计划部负责人签字确认。

3. 如有需要，可另附表。

【管理工具03】▶▶ ---

年度经营计划调整建议审批表

报送部门：　　　　　　经手人：　　　　　　报送日期：

年度经营计划调整建议：   负责人签字：　　　　　　日期：____年__月__日
企业相关部门审核意见：   记录整理人签字：　　　　　　日期：____年__月__日

（续表）

副总经理审核意见：		
	签字：	日期：____年__月__日
总经理审批意见：		
	签字：	日期：____年__月__日

注：1. 组织相关部门召开专题会议的纪要及会签表应附于本表之后。

　　2. 企业相关部门审议意见由综合计划部根据企业相关部门审议结果归纳，并由综合计划部负责人签字确认。

　　3. 如有需要，可另附表。

【管理工具04】▶▶▶

年度经营调整计划审批表

报送部门：　　　　　　经手人：　　　　　　报送日期：

年度经营调整计划概要：		
	负责人签字：	日期：____年__月__日
企业相关部门审核意见：		
	记录整理人签字：	日期：____年__月__日
副总经理审核意见：		
	签字：	日期：____年__月__日
总经理审批意见：		
	签字：	日期：____年__月__日

注：1. 组织相关部门召开专题会议的纪要及会签表应附于本表之后。

　　2. 企业相关部门审议意见由综合计划部根据企业相关部门审议结果归纳，并由综合计划部负责人签字确认。

　　3. 如有需要，可另附表。

【管理工具 05】▶▶

年度经营计划发布会会议记录

主持人：

参会人员：

_____年__月__日年度经营计划发布会内容

发言人	持续改进内容	决议结果	责任人	完成时间

拟订人：　　　　　审核人：　　　　　审批人：　　　　　日期：

3.3　年度经营计划的编制

有效的年度计划对上需要承接企业中长期的战略发展目标，对下需要为企业各部门明确全年需要开展的重点工作，对外需要准确分析营销工作中的问题并提出对应的策略，对内需要关注组织管理中的"短板"并确定提升改进的方向。

3.3.1　年度经营计划的总体编制要求

企业编制的年度经营计划须符合以下总体要求：

（1）重大工作内容应该逐项列出，并制定工作进度表；

（2）各项计划指标的确定部分和预测部分应该明确分开，尽可能缩小预测范围（例如，将已经签署合同的业务和不确定业务分开列明），同时要详细说明预测的过程和依据；

（3）计划中的各项数据要尽量明确。

3.3.2　年度营销计划的编制说明

年度营销计划的主要内容包括以下几个方面。

1. 上一年度营销工作回顾及分析

企业对上一年度营销工作回顾与分析的具体事项如图 3-5 所示。

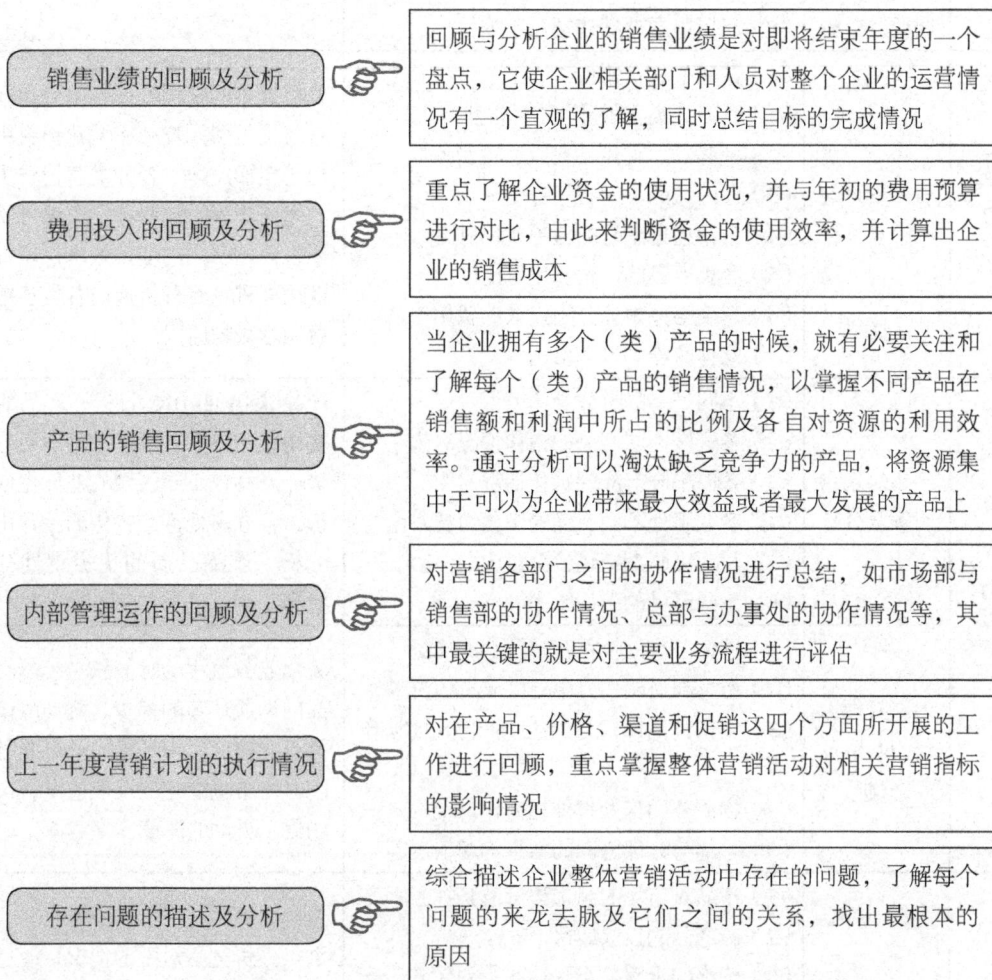

销售业绩的回顾及分析	☞	回顾与分析企业的销售业绩是对即将结束年度的一个盘点，它使企业相关部门和人员对整个企业的运营情况有一个直观的了解，同时总结目标的完成情况
费用投入的回顾及分析	☞	重点了解企业资金的使用状况，并与年初的费用预算进行对比，由此来判断资金的使用效率，并计算出企业的销售成本
产品的销售回顾及分析	☞	当企业拥有多个（类）产品的时候，就有必要关注和了解每个（类）产品的销售情况，以掌握不同产品在销售额和利润中所占的比例及各自对资源的利用效率。通过分析可以淘汰缺乏竞争力的产品，将资源集中于可以为企业带来最大效益或者最大发展的产品上
内部管理运作的回顾及分析	☞	对营销各部门之间的协作情况进行总结，如市场部与销售部的协作情况、总部与办事处的协作情况等，其中最关键的就是对主要业务流程进行评估
上一年度营销计划的执行情况	☞	对在产品、价格、渠道和促销这四个方面所开展的工作进行回顾，重点掌握整体营销活动对相关营销指标的影响情况
存在问题的描述及分析	☞	综合描述企业整体营销活动中存在的问题，了解每个问题的来龙去脉及它们之间的关系，找出最根本的原因

图 3-5　企业对上一年度营销工作回顾及分析的具体事项

企业对上一年度营销工作每个具体事项进行回顾和分析的具体内容如表 3-1 所示。

表 3-1　上一年度营销工作各个方面回顾及分析内容

序号	事项	回顾内容	分析内容
1	销售业绩的回顾及分析	（1）年度累计销售额 （2）月度销售曲线 （3）各季度销售额的对比 （4）区域销售额及对比 （5）各销售办事处的销售额对比 （6）年度销售额完成率	月度销售的趋势、各季度销售差异的原因、各区域销售差异的原因、各销售办事处销售差异的原因、年度销售增减的原因等，从整体上对影响销售业绩变化的原因做一个简要的描述

（续表）

序号	事项	回顾内容	分析内容
1	销售业绩的回顾及分析	（7）年度销售额增减率 （8）与历史同期销售额对比等	
2	费用投入的回顾及分析	（1）营销整体费用投入 （2）营销分类费用投入（广告费、业务费、经销商奖励、宣传品费、运输费等） （3）各区域的营销费用对比 （4）各销售办事处的营销费用对比 （5）各类产品的营销费用对比 （6）总部与办事处分别投入的费用 （7）媒体广告的投入费用等	分析费用的使用效率，主要指标有营销总费用增减率、营销费用与销售额比率、各分类营销费用的增减率等，这些指标不仅可以用来评估费用的使用效率，还可以用来进一步分析造成各类营销费用增减的原因
3	产品的销售回顾及分析	（1）不同产品的总体销售情况 （2）各区域不同产品的销售情况对比 （3）各月不同产品的销售情况对比 （4）各办事处不同产品的销售情况对比 （5）与历史同期销售情况对比 （6）不同产品的费用比率等	产品销售的ABC分析、产品的费用效率分析、各产品的发展趋势、产品在不同区域的差异化分析、各办事处产品销售的差异化分析、产品品质的优劣定性分析等
4	内部管理运作的回顾及分析	（1）销售办事处执行营销计划的情况 （2）市场部对销售办事处的支持情况 （3）销售计划部门与供应生产部门的协作情况 （4）物流部门与办事处的协作情况 （5）总部与分部之间的信息沟通情况等	关键业务流程的时间长短、不同部门沟通环节的多少、营销政策执行的速度、市场推广开展的时间、对市场变化的反应速度、市场信息流动的速度等
5	上一年度营销计划的执行情况	（1）产品对市场的渗透程度及其扩张程度 （2）新产品的投放效果 （3）价格的上涨、下降或维持对销售带来的影响 （4）分销网络的建设情况 （5）对经销商进行管理的效果 （6）渠道促销对销售的影响 （7）媒体广告投放对销售的影响 （8）消费者促销活动对销售的影响等	重点分析竞争对手的情况，通过与竞争者在产品、价格、渠道、促销各环节的详细对比，找出彼此之间的差异点，确定导致销售差异的原因，并对营销计划进行必要的调整
6	存在问题的描述及分析	（1）营销人员问题 （2）营销推广方法问题 （3）营销资源问题 （4）营销后勤问题 （5）营销部门协作问题 （6）营销组织体系问题等	每个问题可能都是互相关联的，因此分析不能仅仅是"头疼医头"，而是要从整体的角度进行系统分析，找到问题的解决方法

2. 年度营销形势分析及预测

（1）宏观经营环境分析

宏观经营环境分析的主要内容是国内的经济形势和政策方向，其对企业营销策略规划的作用因行业不同而有较大的区别。受宏观环境影响较大的行业有家电业、IT 业、制药业、保健品业和零售业等，而一般食品行业、化妆品业所受的影响较小。

宏观经营环境分析的内容主要包括：

①国内生产总值（GDP）的增长情况；

②金融政策的宏观调控情况；

③国家刺激消费增长的政策；

④国家鼓励行业发展的政策；

⑤失业率、居民收入增减情况以及某些重大事件的发生情况等。

（2）行业发展趋势分析

这是判断企业盈利潜力和未来发展潜力的重要内容，决定着企业的资源投入方向。

行业发展趋势分析的内容包括行业市场容量分析和市场特征分析两个方面。

①行业市场容量分析

在进行市场容量分析时，要列出历年行业市场容量的变化曲线，同时说明这个变化产生的背景，并且在一定数据的支持下对未来 2 ~ 3 年的发展趋势做出预测。

②市场特征分析

在对市场特征进行分析时，首先要从宏观层面上确定本行业的性质和特点，然后再从微观层面对行业的竞争特点进行简要描述。

（3）产品发展趋势分析

对产品发展趋势的分析实际上就是对消费需求趋势的分析，它与企业的整体营销策略规划有最直接的关系，是企业制订具体营销计划的基础。但这种分析并不是直接对消费者心理和行为进行调研，而是对产品的内部性质、外部形态和市场表现进行分析，反映出产品发展趋势最直观的特点。

产品发展趋势分析包含图 3-6 所示的三个方面的内容。

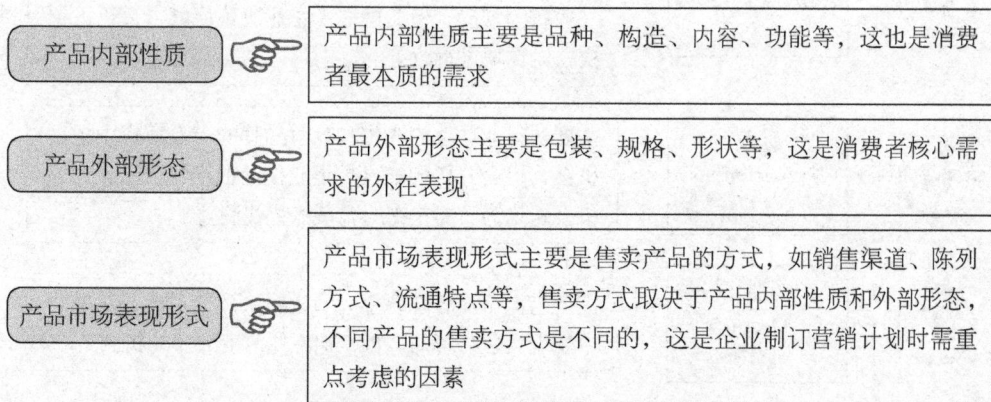

产品内部性质	产品内部性质主要是品种、构造、内容、功能等，这也是消费者最本质的需求
产品外部形态	产品外部形态主要是包装、规格、形状等，这是消费者核心需求的外在表现
产品市场表现形式	产品市场表现形式主要是售卖产品的方式，如销售渠道、陈列方式、流通特点等，售卖方式取决于产品内部性质和外部形态，不同产品的售卖方式是不同的，这是企业制订营销计划时需重点考虑的因素

图 3-6　产品发展趋势分析的具体内容

（4）竞争形势分析

竞争形势分析是通过与竞争企业营销活动各环节进行详细对比，发现自己与竞争企业之间的差距，并对本企业的营销活动进行有针对性的调整，以赢得竞争优势。竞争形势分析的内容包括图 3-7 所示的两个方面。

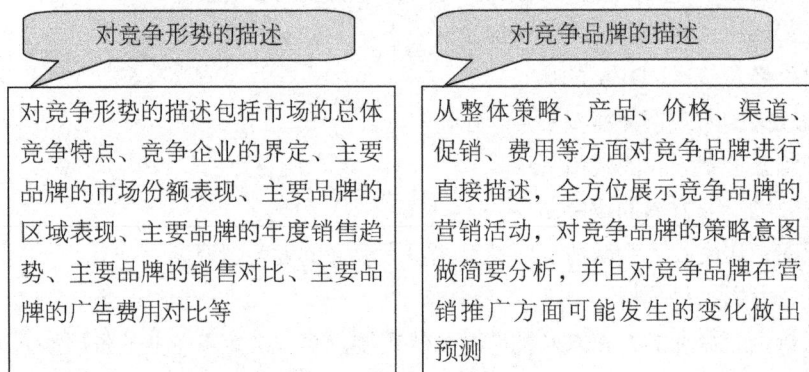

对竞争形势的描述	对竞争品牌的描述
对竞争形势的描述包括市场的总体竞争特点、竞争企业的界定、主要品牌的市场份额表现、主要品牌的区域表现、主要品牌的年度销售趋势、主要品牌的销售对比、主要品牌的广告费用对比等	从整体策略、产品、价格、渠道、促销、费用等方面对竞争品牌进行直接描述，全方位展示竞争品牌的营销活动，对竞争品牌的策略意图做简要分析，并且对竞争品牌在营销推广方面可能发生的变化做出预测

图 3-7　竞争形势分析的具体内容

（5）企业发展状况分析

企业发展状况分析就是 SWOT 分析，具体内容如图 3-8 所示。

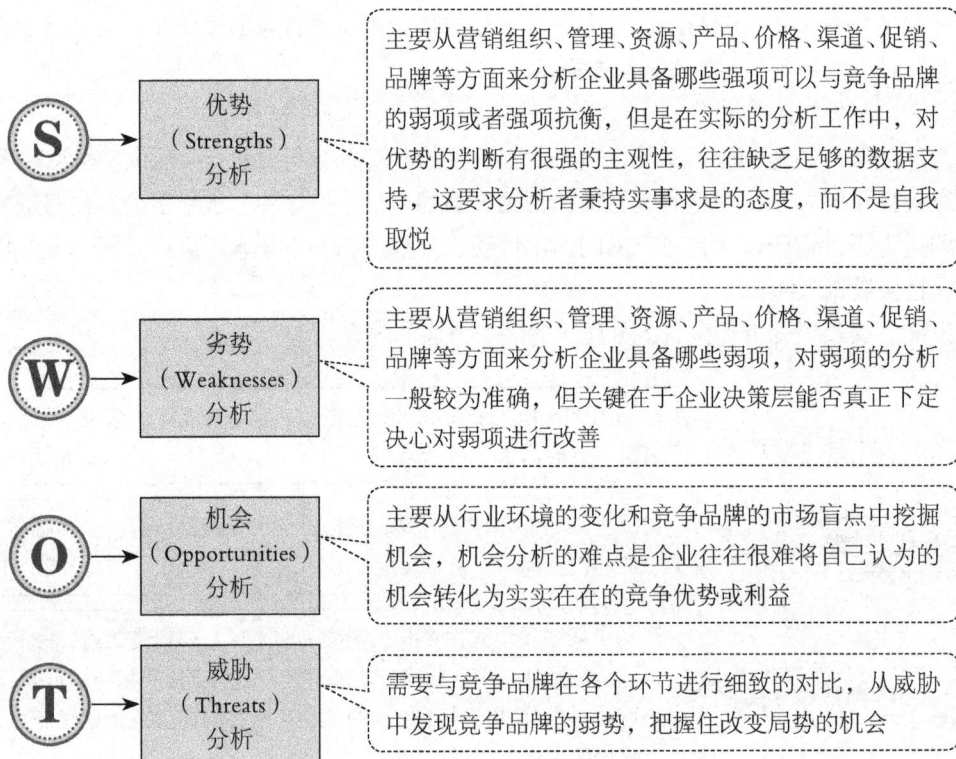

S	优势（Strengths）分析	主要从营销组织、管理、资源、产品、价格、渠道、促销、品牌等方面来分析企业具备哪些强项可以与竞争品牌的弱项或者强项抗衡，但是在实际的分析工作中，对优势的判断有很强的主观性，往往缺乏足够的数据支持，这要求分析者秉持实事求是的态度，而不是自我取悦
W	劣势（Weaknesses）分析	主要从营销组织、管理、资源、产品、价格、渠道、促销、品牌等方面来分析企业具备哪些弱项，对弱项的分析一般较为准确，但关键在于企业决策层能否真正下定决心对弱项进行改善
O	机会（Opportunities）分析	主要从行业环境的变化和竞争品牌的市场盲点中挖掘机会，机会分析的难点是企业往往很难将自己认为的机会转化为实实在在的竞争优势或利益
T	威胁（Threats）分析	需要与竞争品牌在各个环节进行细致的对比，从威胁中发现竞争品牌的弱势，把握住改变局势的机会

图 3-8　企业发展状况分析（SWOT 分析）的具体内容

3.年度营销整体策略

（1）企业的总体发展目标

① 这是对未来一年内企业发展目标的具体描述，包括销售目标、利润目标、市场占有目标、市场扩张目标和品牌发展目标。

② 在企业总体目标下，还有根据不同标准划分的分类目标，包括月 / 季度销售目标、区域销售目标、分产品销售目标等。

（2）年度营销费用预算

营销费用的多少取决于企业资金的投入计划，具体而言是由企业高层确定的费用投入比率决定的。

营销费用主要包括广告制作费、媒体投放费、宣传品费、业务费、促销费、运输费等，各项费用占总费用的比例要合理，具体分配将依据营销策略执行。

（3）整体营销策略思想

整体营销策略思想是一种对于如何达成目标的方向性描述，是站在整体的高度所做的系统性概括，它对各项分类策略起着整合、指导的作用。

通过对年度营销形势进行深刻分析，企业对如何开展营销活动并赢得竞争优势确定了一个最终结论，即整体营销策略思想，它的准确性和有效性取决于前期基础工作是否严谨、专业和客观。

（4）市场定位策略

① 对市场的有效细分是制定市场定位策略的基础。被细分的市场既要能体现出某一相同性质的市场类别，又要具备必要的市场消费容量，还能通过一定的渠道进行接触，这样的细分市场才是有效的。目前最常使用的市场细分标准是人口统计数据，但是更有效的市场机会总是隐藏在消费者的购买心理和购买行为中，这就需要对消费者进行深入的观察和了解。

② 对目标市场的界定。从细分市场中选出企业的目标市场很困难，因为企业需要对资源情况有清晰的认识，更重要的是要在市场渗透和扩张的过程中抑制住产品线延伸的冲动。

（5）产品策略

产品策略的具体内容如表 3-2 所示。

表 3-2　产品策略的具体内容

序号	内容	说明
1	产品定位	这是在市场定位的前提下对产品策略方向的界定，企业需要做的是产品与目标市场的一体化，常以高、中、低三种标准加以区别
2	产品种类和组合	为满足目标消费者的不同需求而开发出相应的产品种类，可以通过包装、规格、品牌等来区分。产品组合的关键是要以市场定位来确定产品线的长度和宽度，同时确定主导产品并形成系列产品，合理控制产品种类的数量

（续表）

序号	内容	说明
3	产品线扩张	产品线扩张是指不同产品种类的增加，这往往是企业为了满足不同消费者的需求或者追求多元化发展的结果。企业制定此类策略时一定要考虑资源条件、市场定位和品牌管理等问题，避免忽略企业的经营核心和品牌价值
4	产品线延伸	产品线延伸是企业力图用同一种类的产品来满足更多消费者需求的策略，这种延伸仍然在专业化经营的领域内进行，即以不同的品牌加以区分，并将产品的价值转化到不同的品牌上，形成一个完整的产品和品牌系列

（6）价格策略

价格策略的具体内容如表 3-3 所示。

表 3-3　价格策略的具体内容

序号	内容	说明
1	价格定位	价格定位依赖于市场定位和产品定位，作为整个价格策略的核心思想，它是制定价格策略的指导原则。在对价格进行定位时，企业必须考虑竞争品牌的价格定位，并将其作为一个重要参考标准
2	价格组合	根据产品的种类、规格、包装、品牌等要素，企业可以制定价格组合系列以满足市场区隔的需求，即对消费者而言，价格组合可以为他们提供多样化的选择；对企业而言，价格组合可以为企业带来不同的盈利水平
3	盈利空间	根据已有的价格组合体系，详细分析每种产品的毛利水平和全部产品的毛利总水平，为决策层提供一个直观的判断依据

（7）渠道策略

渠道策略的具体内容如表 3-4 所示。

表 3-4　渠道策略的具体内容

序号	内容	说明
1	渠道策略思想	对渠道策略的一种方向性描述，反映的是最核心的策略原则，用来对具体的措施进行指导和解释
2	分销网络建设	从分销网络体系的组合、层次、覆盖面等几个方面分析企业的渠道建设重点，并考虑分销网络建设的成本和效率
3	分销网络管理	对如何管理中间商的描述，包括经销商的经营模式、对经销商采取的管理方法、对经销商进行整合的方法等内容，不同层次的分销体系需要不同的管理模式
4	区域市场管理	对企业区域市场的发展方向和扩张方向的描述，应符合分销网络建设的目标。其作用在于更好地推动分销网络的建设和管理，因此需要明确对企业自身销售分支机构和销售队伍的管理要求

（续表）

序号	内容	说明
5	分销网络推广	对推广策略思路和主要推广手段的描述，其目的是通过利益的激励来达成建设分销网络和提升销售业绩的目标，它是渠道策略的战术支持部分

（8）促销策略

促销策略的具体内容如表 3-5 所示。

表 3-5　促销策略的具体内容

序号	内容	说明
1	整体促销策略	确定促销推广的重点，整合促销项目
2	促销推广形式	主要包括媒体广告投放、消费者促销、主题推广活动、终端推广活动等内容，具体需要解决的问题是如何确定不同促销推广形式的开展阶段、各项内容在总体推广活动中所占的比例，以及不同市场拓展阶段的促销推广重点工作
3	推广内容整合	首先确定市场的拓展阶段和具体目标，然后确定各阶段的推广重点及其主题，最后根据主题选择主要的促销推广方式，并对其他促销形式进行整合，由此形成一整套促销推广方案

4. 年度营销实施计划

企业年度营销实施计划的具体内容如表 3-6 所示。

表 3-6　企业年度营销实施计划的具体内容

序号	内容		说明
1	营销计划的目标	目标的制定	包括营销计划的总体目标和分类目标，分类目标其实是对总体目标的分解，包括阶段性目标、区域性目标、分产品目标、硬性目标、软性目标等
		目标的考核	目标的考核关系着目标的完成程度。企业需要将各项目标分配到相应的部门和人员，确定相关人员的职责要求和权限分配，并制定严格的责任制度和考核标准，以此来保证目标的顺利实现
2	营销计划的具体方案	产品部分	制定具体的如新产品开发、新产品上市、产品线延伸、包装调整、增加品种规格等方案，准确落实产品策略
		价格部分	制定具体的产品价格政策、调整价格体系等方案，使价格政策能够有效地配合市场的拓展

（续表）

序号	内容		说明
2	营销计划的具体方案	渠道部分	制定具体的市场网络扩展方案、经销商管理制度、重点区域市场拓展方案、经销商促销方案，完善渠道建设
		促销部分	制定具体的广告制作方案、媒体投放方案、消费者促销方案、整体推广活动方案、终端促销方案等，并形成执行文本
3	营销计划的实施步骤		（1）确定市场拓展的阶段性目标和要求，提出营销计划的重点 （2）确定营销计划各部分的实施进度，根据进度将计划内容融入相应的市场拓展阶段 （3）对不同市场拓展阶段中的各项营销计划进行整合，使它们能在统一的目标和主题之下协调开展 （4）按照市场拓展阶段确定整个营销计划实施的时间、重点、主题、进度、评估、相关政策、执行部门等各个环节的内容
4	营销计划的实施保障	对营销计划执行内容的分配	由市场部将整体营销计划传达给各相关部门，对各部门应负责的内容做出详细规定，并报各部门领导审批确定
		对营销计划执行效果的考核	市场部根据整体营销计划中确定的考核依据，定期对营销计划的执行情况进行评估，同时负责与各相关部门进行沟通协调，及时解决执行过程中出现的各种问题，确保营销计划的顺利进行
5	营销计划的费用分配		（1）确定营销费用总额，为整个营销活动提供资金来源 （2）营销各项目费用的分配：对市场调研、媒体广告、消费者促销、渠道促销、主题推广活动、终端推广活动、业务费、运输费等都应分配营销费用 （3）确定营销总部和办事处的费用项目与比例 （4）确定市场拓展各阶段的费用分配比例，根据营销策略重点做到资源利用效率最大化

3.3.3　年度生产计划的编制说明

企业的生产计划会对企业的生产任务做出统筹安排，并明确企业在计划期内（一般是年度）产品生产的品种、质量、数量和进度等指标，涉及产值（产量）、设备、工艺、人员、场地、品质、管理改善等方面的内容。

1. 编制企业生产计划的注意事项

编制生产计划时需要注意的事项如下：

（1）按照"以销定产"的原则进行计划；

（2）预计全年工作日，并考虑国家法定节假日；

（3）本年度的生产情况，包括生产能力利用情况；

（4）企业质量状况；

（5）库存情况；

（6）对设备、生产能力进行评估；

（7）对产品合格率进行控制；

（8）对成本率进行控制、分析；

（9）对劳动生产率进行分析。

2. 年度生产计划中应当明确的指标

年度生产计划中应当明确的指标如表 3-7 所示。

表 3-7　年度生产计划中应当明确的指标

序号	指标名称	说明
1	品种指标	产品的品种指标是指企业在计划期内应当生产的产品和品种数（包括新产品）。产品品种按产品的具体用途、型号、规格来划分。该指标表明企业在品种方面满足市场需求的程度，反映了企业的技术水平和管理水平，也反映了企业开发新产品和进行产品更新换代的能力
2	质量指标	产品质量指标是指企业各种产品在计划期内应当达到的质量标准。常用的综合性质量指标是产品品级指标，如合格品率、一等品率、优质品率等。该指标不仅反映了产品的内在和外在质量，也综合反映了企业的技术和管理水平
3	产量指标	产量指标是企业在计划期内应当生产的可供销售的产品实物的数量和工业性劳务的数量。产量指标一般以实物单位计量，它反映了企业向社会提供有使用价值产品的数量和企业生产发展的水平，其也是评估企业产销平衡、产供平衡的依据
4	产值指标	产值指标是用货币表示的产量指标，包括产品产值、总产值和净产值三种，它们有不同的内容和作用
5	产品产值	产品产值是企业在计划期内生产的可供销售的产品的价值，是编制成本计划、销售计划和利润计划的重要依据。产品产值包括如下 （1）本企业生产的全部成品价值 （2）本企业生产的用于销售的半成品价值 （3）来料加工产品的加工收入 （4）其他工业性劳务收入

（续表）

序号	指标名称	说明
6	总产值	总产值是用货币形式表示企业在计划期内完成的工作总量，可以反映一定时期内企业的生产水平。该指标是分析企业生产发展速度，计算劳动生产率、固定资金利用率、产值资金率等指标的依据。总产值除了包括前面所述产品产值的全部价值内容，还应包括来料加工产品的材料价值和企业在制品、自制工具、模型等期末与期初结存量差额的价值
7	净产值	净产值是指企业在计划期内工业生产活动新创造的价值。从总产值中扣除各种物资消耗费用即为企业的净产值。物资消耗费用包括原材料、辅助材料、燃料、动力、固定资产折旧费等费用

上述各项指标是相互联系的统一体。在编制生产计划时，企业应当先落实产品的品种、质量与产量指标，然后据以计算产值。

不列为计划指标，但在考核计划完成情况时列为考核指标的有合同完成率、按期交货率、设备完好率、产品出厂进度计划执行情况和安全生产的实现情况等。

3. 年度生产计划指标的确定依据与参考资料

年度生产计划指标的确定依据与参考资料通常有以下三种。

（1）规划部提供的资料

① 企业中长期经营计划。

② 与生产相关的长期经济协议。

③ 企业领导对生产指标的建议和有关指示。

这些资料的作用：研究在生产计划中贯彻企业经营方针和战略意图的具体措施。

（2）市场销售部提供的资料

① 国内外市场的经济技术发展与变动趋势情况。

② 对潜在目标市场及产品市场份额的预测。

③ 下年度产品销售计划。

④ 上期合同执行情况及现有成品库存量。

这些资料的作用：研究生产计划如何适应市场变化并满足用户的需求，以及应采取哪些策略。

（3）其他各职能部门提供的资料

① 上期生产计划的完成情况。

② 技术改造措施计划与执行情况。

③ 计划生产能力与产品工时定额调整方案。

④ 新产品试制计划书及批量投产时间表。

⑤ 物资供应渠道、价格、供方的情况。

⑥ 设备大修理计划和设备改造更新计划。

⑦ 质量持续改进措施。

⑧ 人力资源规划及计划期内的劳动力调整与人才引进计划。

这些资料的作用：了解企业各部门对生产任务的适应性，以及各部门能够为生产计划顺利执行提供的保证。

3.3.4　年度质量计划的编制说明

年度质量计划通常包括以下内容：

（1）对上年度质量计划的完成情况进行简要回顾；

（2）对当年面临的质量形势和任务进行简要的分析；

（3）确定当年的质量目标，包括定量化的质量指标；

（4）按质量目标项目分别确定具体措施、负责部门或人员和完成时间；

（5）需要在当年内实施或完成的质量管理活动，包括针对上年遗留下来的问题点所采取的措施，以及这些活动的负责部门、人员和完成时间；

（6）其他需要纳入年度质量计划的质量工作；

（7）考核和奖励办法。

3.3.5　年度采购计划的编制说明

企业要根据生产计划的需求制订相应的原材料供应计划、原材料降价计划、原材料付款计划、原材料库存计划、供应商开发计划。采购部门根据生产及固定资产投资计划、本年度所需材料情况，就存料基准、采购地区、材料品名、规范、数量以及所需资金等拟订年度采购计划。

1. 年度采购计划的编制依据

年度采购计划的编制依据主要包括以下七项内容：

（1）销售计划；

（2）生产计划；

（3）各部门的物料需求计划；

（4）物料库存报表；

（5）购买物料的厂商及市场情况；

（6）采购计划的历史数据及上期执行情况；

（7）企业资金供应能力及采购预算。

2. 年度采购计划的编制原则

编制年度采购计划应遵循以下原则，具体如图 3-9 所示。

量力而行原则	☞	采购计划要严格按照预算执行并考虑企业的及时支付能力
适度超前原则	☞	采购计划要充分考虑物料的现实需求与前瞻需求，在企业财力允许的情况下，适度提高采购物料的余量和内在品质
成本经济型原则	☞	采购计划要充分考虑采购物料与后续成本的支出，按照降低采购成本的总要求合理确定各项技术参数
物料分类原则	☞	企业应按照轻重缓急将采购物料分为不同的等级，对于重点物料或急需物料，要确保优先安排采购
提高采购整体效益原则	☞	（1）对于采购价格容易随季节变化的物料，编制采购计划时应将其安排在价格处于低谷的淡季进行采购 （2）对于相近或相同的物料，编制采购计划时尽量安排一次性采购 （3）对于经过认证能够满足企业需求的供应商，编制采购计划时应尽量在一个供应商处进行集中采购

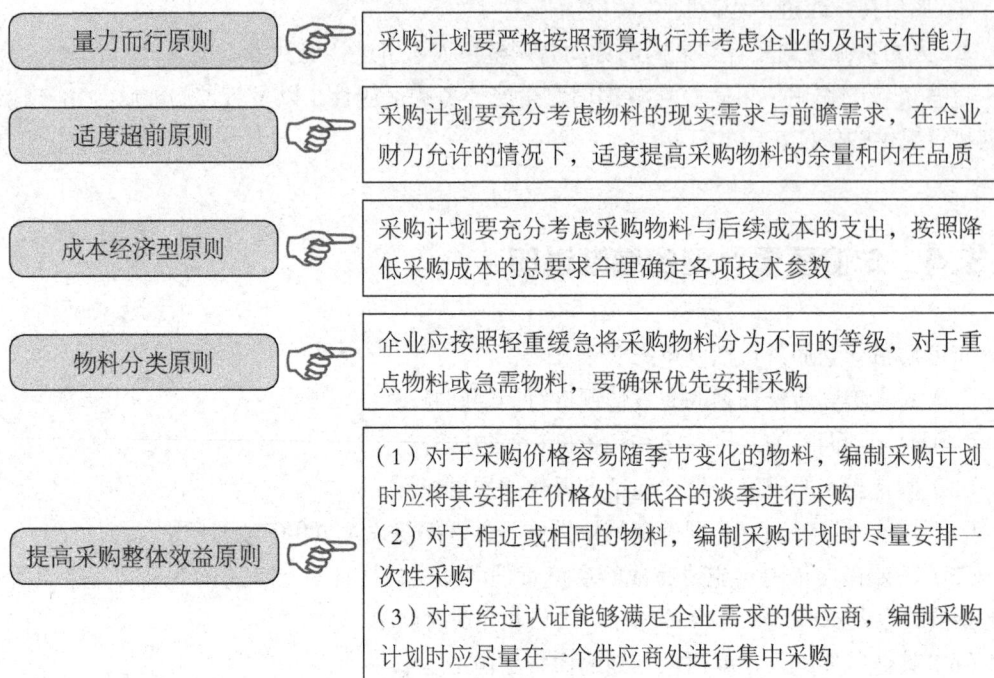

图 3-9　年度采购计划的编制原则

3. 年度采购计划的主要内容

年度采购计划的主要内容包括：

（1）采购物料的数量、技术规格、参数和要求；

（2）采购物料的价格和供应商；

（3）采购物料在生产中的投入使用阶段；

（4）采购物料划分模块的标准及每个模块下包含的项目；

（5）确定每个采购模块的采购时间表，根据每个模块的采购时间表确定整体的采购时间表，并及时通知相关部门；

（6）整个采购工作的协调管理工作。

3.3.6　年度人力资源计划的编制说明

1. 年度人力资源计划的制订步骤

制订年度人力资源计划一般包括以下三个步骤。

（1）收集相关信息

收集相关信息即主要收集外部与内部的信息。外部信息主要包括宏观经济发展趋势、本行业的发展前景、主要竞争对手的动态、相关科学技术的发展动向、劳动力市场的变化、政府的法律与政策、人口发展的趋势、社会发展趋势、文化风俗习惯演变等。内部信息主要包括企业发展计划、企业领导层的更迭情况、人力资源成本的变化、生产流水线的变化、销售渠道的变化、融资能力的变化等。

（2）预测人力资源需求与供给

运用一定的方法分析收集来的信息，可以比较准确地预测企业在未来一年内人力资源的需求与供给。如果供给大于需求，就要考虑分流出一部分人力资源；如果需求大于供给，就要考虑引进一部分人力资源。另外，培训员工、改变计划、调整薪酬等也是确保人力资源供求平衡的措施。

（3）编制人力资源计划

一份完整的年度人力资源计划至少应该包括计划达到的目标、目前形势分析、未来形势预测、计划事项、计划的制订者和制订时间等内容。

另外，年度人力资源计划一定要附上行动计划。行动计划是年度人力资源计划中不可缺少的内容。

人力资源管理行动计划一般由项目名称和项目细则组成。项目细则主要包括项目负责人、项目参与者、实施时间、项目检查人、检查时间、项目预算等内容。有多个项目就应该有多条项目细则。

2. 确定人力资源管理年度绩效标准

人力资源管理年度绩效标准的有效确立是科学制订企业年度人力资源计划的前提。绩效标准是否合理是决定绩效指标能否完成的最重要的因素。人力资源管理年度绩效目标应该从公司战略目标纵向分解而来，而不是由企业高层领导或部门领导随意制定。

企业提出下一年人力资源绩效目标时，要对相关人员的工作进行明确的界定，使他们明白要做什么，做到什么程度；通过逐级分解，让员工了解企业对人力资源管理方面的期望；相关责任人要对整个流程进行跟踪，考察目标完成情况和存在的问题，不定期地对目标进行回顾、反馈和调整，做出合理的考核结果；建立绩效档案，以记录相关人员的绩效表现，及时反馈绩效表现，督促其更好地完成绩效目标；保证管理者所做出的绩效评价基于事实而不是主观判断，保证绩效考评的公正；最终将绩效结果和激励机制挂钩。

人力资源管理年度绩效指标一般包括人力资源费用率、人均费用、人均产量、人均产值、人均效益、招聘费用率、人均培训费用、内部流动率和离职率等。

3. 人力成本的构成和预算

（1）人力成本的构成

人力成本主要由以下三个部分构成：

① 标准工作时间的员工标准所得（员工工薪部分）；

② 非标准工作时间的企业付出（如福利部分）；

③ 开发费用（包括内部开发和外部开发，内部开发主要是培训，外部开发主要是招聘）。

（2）人力成本的预算和控制

通常情况下，衡量人力成本的预算和控制工作的指标是人力成本率。

例如，在销售型企业中，人力成本率会随着销售额的递增而递减。也就是说，在销售额不断增加的前提下，企业前一阶段的人力成本率一般会大于后一阶段的人力成本率。

3.3.7　年度成本计划的编制说明

1. 年度成本计划的管理内容

（1）生产成本（生产型企业）：企业为生产产品而发生的直接材料、人工及制造费用。

（2）销售费用：企业为销售而发生的支出。

（3）管理费用：职能部门为管理而发生的支出。

2. 年度成本计划的编制原则

编制成本计划应遵循图 3-10 所示的原则。

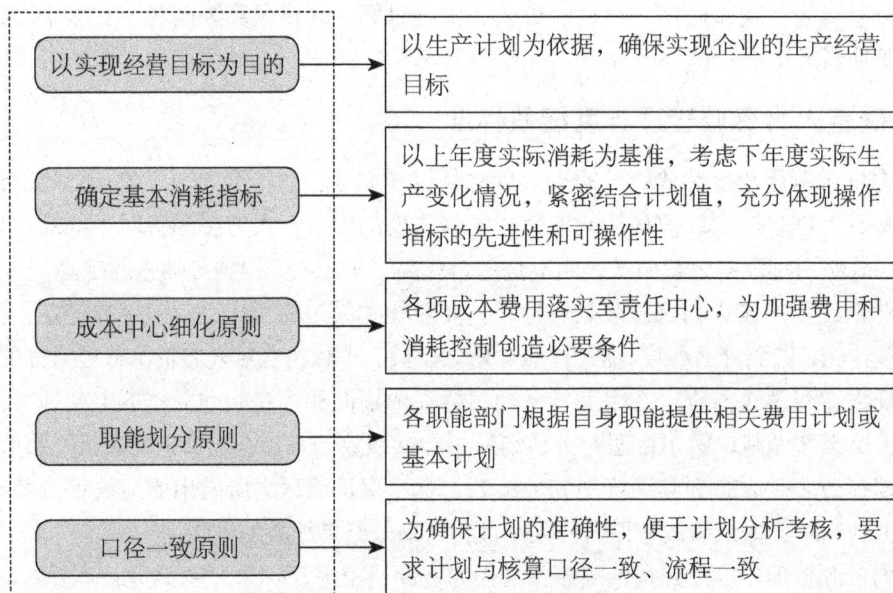

原则	说明
以实现经营目标为目的	以生产计划为依据，确保实现企业的生产经营目标
确定基本消耗指标	以上年度实际消耗为基准，考虑下年度实际生产变化情况，紧密结合计划值，充分体现操作指标的先进性和可操作性
成本中心细化原则	各项成本费用落实至责任中心，为加强费用和消耗控制创造必要条件
职能划分原则	各职能部门根据自身职能提供相关费用计划或基本计划
口径一致原则	为确保计划的准确性，便于计划分析考核，要求计划与核算口径一致、流程一致

图 3-10　年度成本计划的编制原则

3. 年度成本计划的编制步骤

（1）收集和整理相关资料

资料主要包括计划年度的经营战略与目标；计划年度内各项成本消耗水平，如能源、材料等消耗定额与价格，劳动人工定额，各项费用定额等；同行业企业的成本水平；企业历史最好水平；上年成本费用水平等。

（2）详细分析企业过去年度尤其是上年度的成本费用计划的完成情况

只有准确地分析总结过去、客观踏实地把握现在，才能科学地预测未来。因此，企业应该在总结过去年度特别是上年度成本费用水平的基础上，为下一年度制订科学合理的成本计划。

（3）初步预测成本费用的计划指标，分别编制并确定各部门的成本费用计划指标

企业年度成本计划是在各部门成本计划的基础上编制而成的。因此，在正式编制年度成本计划之前，企业须将成本总指标层层分解并落实到相关责任部门、责任班组和责任个人，为正确编制年度成本计划做好准备。

（4）正式编制年度成本计划

编制企业年度成本计划有分级编制和一级编制两种方式。以分级编制成本计划为例，分级编制企业年度成本计划时，先由企业财务部门给各部门下达成本计划指标，再由各部门编制成本计划，最后由财务部门汇总编制企业的年度成本计划。

3.3.8　年度财务计划的编制说明

年度财务计划是在生产、销售、物资供应、人力资源等计划的基础上编制的，其目的是确定财务管理的工作目标，挖掘企业的增产节约潜力，提高企业的经济效益。

编制年度财务计划的一般程序如下。

1. 资料收集

编制年度财务计划时要先收集财务相关资料。

2. 财务预测

企业可根据企业战略的各阶段目标进行财务预测。一般来说，对财务预测影响较大的因素有：

（1）由于企业经营策略导致的经营效果变化；

（2）由于可能的融资成功会带来新设备的增加从而带来的利润；

（3）新设备、新技术、新工具的采用可能实现的生产成本降低；

（4）营销策略对销售成本产生影响；

（5）其他方面的预测；

（6）产品销售情况的预测。

在预测产品的销售情况之前，企业应先对未来数年的通货膨胀率进行预测，这是企业进行产品成本预算的基础。另外，企业还应结合产品的生命周期和市场特性进行财务预测。同时企业还应考虑以下因素：

① 产品（样品）的诞生时间。

② 初期的市场渗透预期（即新产品的销售预期）和盈利情况。

③ 产品从第一年末到第五年末每年的销售额和利润额。

3. 具体编制

企业应根据相关数据（包括实际的和预测的）编制企业年度财务计划。由于编制工作具有较强的专业性，所以应由专业会计人员负责。在编制年度财务计划时，企业需要注意以下几个方面。

（1）资产负债表、损益表和现金流量表都应按照最新的会计准则要求编制，以便了解企业真实的情况。为了能够详尽地反映企业的财务情况，应编制企业未来五年的财务计划，其中第一年应按月编制，后四年可按季度编制。

（2）现金流量表是风险投资者最为关注的报表，他们会密切注意企业何时将获得平衡的现金流，并在何时实现正的现金流。因此，编制现金流量表是财务工作的重点。

（3）编制财务报表时，应尽量转换视角，以投资者的眼光来审视报表，这样既可以避免遗漏，又能使投资者找到想要的信息。

（4）尽量多关注财务报表中的大项目，如损益表中的开发与营销费用等，这也将是投资者特别关注之处。

3.4　年度经营计划书的编制

3.4.1　企业年度经营计划书的编写

企业年度经营计划书通常包括以下主要内容：

（1）企业上一年度经营计划执行情况总结；

（2）企业战略发展目标；

（3）企业内外部环境分析与预测；

（4）企业年度经营策略和目标；

（5）企业实现目标的措施规划；

（6）企业风险分析及相应对策准备；

（7）其他说明。

企业年度经营计划书的模板如下。

【管理工具 01】▶▶▶ --

公司年度经营计划模板（1）

年度经营计划应由公司战略规划部门依据公司年度战略沟通会议内容和日常战略分析工

作资料进行编制，并经总经理办公会审批通过。

一、公司年度经营计划的主要内容与结构

年度经营计划的主要内容与结构如表 1 所示。

表 1　年度经营计划的主要内容与结构

公司战略目标与行动计划				
公司战略目标	战略行动计划			
	主要工作	具体任务	起止时间	负责部门
公司年度工作目标				
公司年度主要工作				
年度主要工作任务			起止时间	负责部门

二、公司年度经营计划的内容说明

1. 公司战略目标与行动计划

（1）公司战略目标

公司战略目标系统、全面地规划了公司的经营方向，决定了公司运用其资源以建立和维护竞争优势并有效地影响客户的能力。

公司应在内部与外部分析的基础上确定战略定位，并根据战略定位确定市场、投资、运维、研发、财务、人力资源等方面的功能性战略。例如，某电信服务运营商在公司战略目标中提出"优化服务品种组合""建立健全市场销售网络并加强市场渗透""降低营运成本与费用""建立客户关系管理体系"等目标。

（2）战略行动计划

战略行动计划是使公司战略目标逐步具体化并能够使之付诸实施的一系列行动方案。

战略行动计划的具体内容包括分项的主要工作、具体任务、起止时间和负责部门。例如，

为实现"建立健全市场销售网络并加强市场渗透"这一战略目标制订的行动计划如表2所示。

表2　公司战略目标与行动计划

公司战略目标	战略行动计划			
	主要工作	具体任务	起止时间	负责部门
建立健全市场销售网络并加强市场渗透	总体工作	重组市场销售组织架构，根据个人消费者与商用客户的需求，将不同市场销售职能进行分拆	××年1月至××年3月	市场销售部/人力资源部
		建立独立运作的销售部门，并确定配套的销售管理流程和绩效评估机制	××年2月至××年9月	市场销售部/人力资源部
	销售渠道建设	加强媒体沟通，提高公司与服务的品牌知名度	××年3月至××年5月	市场销售部
		加强代理商管理，并对其进行业务指导	××年3月至××年6月	市场销售部

2. 公司年度工作目标

根据战略行动计划的要求归纳公司本年度应实现的主要工作目标。

3. 公司年度主要工作

年度主要工作的确定需参考公司年度工作目标，并根据公司战略行动计划中涉及本年的任务（进行归纳后）填列，用以指导工作的开展和部门年度经营计划的编制。

【管理工具02】▶▶

公司年度经营计划模板（2）

一、上年度经营计划执行情况总结
（一）上年度经营计划完成情况
（二）上年度重大差异事项及分析说明
（三）上年度主要经营管理举措

（续）

（四）存在的主要问题及解决思路
二、公司战略发展目标综述
三、本年度经营环境分析
（一）宏观经济情况及其对公司经营活动的影响分析
（二）行业政策及其对公司经营活动的影响分析
（三）资本市场环境分析
（四）公司自身资源情况分析
四、本年度经营管理方针和经营管理目标
（一）经营管理方针
（二）经营管理目标 1. 财务目标 2. 内部管理目标

（续）

3. 市场目标
4. 可持续发展目标
（三）主要经营管理目标的选择和确定依据及其过程说明
五、本年度经营计划和举措
（一）项目拓展计划及举措
（二）发展研究计划及举措
（三）设计管理计划及举措
（四）成本合约计划及举措
（五）安全监督计划及举措
（六）财务计划及举措
（七）人力资源计划及举措
（八）行政管理计划及举措
（九）其他计划及举措

（续）

六、本年度公司风险分析和相应对策
（一）战略风险及对策
（二）经营风险及对策
（三）财务风险及对策
（四）人才与组织结构风险及对策
（五）信用风险及对策
七、其他说明
其他需要说明的事项：

3.4.2　部门年度经营计划书的编写

企业各部门应制订部门年度经营计划，此计划通常包括以下内容。

1. 公司战略要求

各部门要根据公司战略行动计划归纳本部门的主要工作和具体任务，用于指导本部门年度经营计划的编制，保证其与公司战略保持一致。

2. 部门年度工作目标

各部门要根据战略行动计划和公司年度工作目标的要求，归纳本部门本年度为配合公司实施战略并保证日常业务正常开展所应完成的主要工作目标。

3. 部门年度主要工作

各部门要对公司年度主要任务中涉及本部门的任务进行细化，同时结合本部门年度工作目标归纳本部门主要工作的内容、步骤、实施时间和具体资源配置需求等。其中，资源配置主要包括如下内容。

（1）人力资源需求：年度员工增减计划、员工培训计划等。

（2）资本性支出需求：要求新增的固定资产需求。

（3）其他资源需求：需要公司给予提供的各类技术支持、内外部信息支持等。

【范本01】▶▶▶---

部门年度计划书

一、年度总结

1. 得：_____

_____

2. 失：_____

_____

二、现状分析

1. 内部资源评估

（1）人力资源分析

_____

_____

（2）物力分析

_____

_____

（3）财力分析

_____

_____

2. 外部环境分析

（1）销售业务分析（产品发展趋势、市场变化、结构变化、对手分析、经济形势）

_____

_____

（2）研发／设计分析（产业发展趋势、技术的变革、经济布局、新产品上市情况）

_____

_____

（3）生产分析

_____

_____

（4）人力资源分析（劳动法、政策新规定、薪酬规定、人力资源信息）

_____

_____

（5）供应商分析

_____

_____

（6）财务情况分析（政策、金融市场利率汇率变化、证券市场、资金市场）

_____

_____

三、部门年度目标及分解

_____

_____

_____

四、组织与配置

1.组织架构图

_____

_____

2.人员配置表

_____

_____

五、培训

1.在职培训（每人每周1小时）

_____

_____

2.在职培训（专业提升发展训练）

_____

_____

六、执行计划总表

_____

_____

【范本02】▶▶

品质部 ×× 年度经营计划书

一、部门年度检讨

1.客户验货合格率目标检讨

客户验货合格率10月至12月的情况分析如图1所示。

项目	1月	2月	3月	4月	5月	6月	7月	8月	9月	10月	11月	12月	合计
目标值										98%	98%	98%	
实际值										95.24%	92.98%	91%	
是否达成										否	否	否	

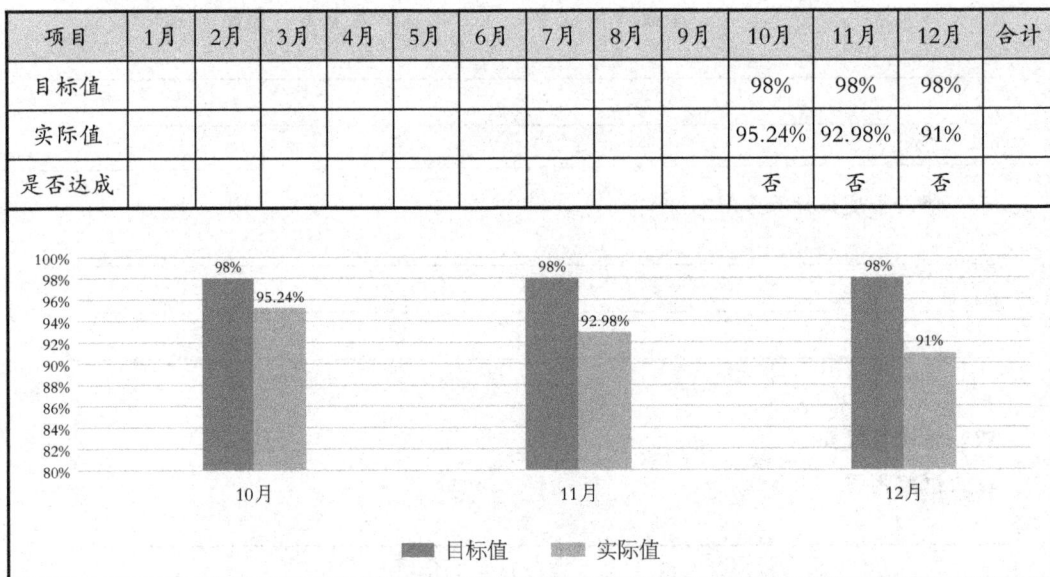

图1　客户验货合格率10月至12月的情况分析

客户验货合格率的得失分析如下。

（1）得

① 接到业务验货清单后，能提前安排好工作。

② 通过陪同客户验货，能快速地掌握每款产品的关键品质管控点。

③ 通过对数据的建设、总结，不断改善生产中存在的问题。

④ 对于客退产品，能及时进行分析和总结。

（2）失

① 每次客诉产品或客退产品，没有及时通知相关部门开分析会。

② 对于每天的成品抽检报表，没有及时查看及没有分析造成不良原因。

③ 部门还没有养成每天总结的习惯。

④ 工作中怕犯错，遇到问题不能积极面对。

⑤ 部门成员对基本的功能测试还没有掌握，基础薄弱。

（3）瓶颈分析与措施

客户验货合格率瓶颈分析与措施如图2所示。

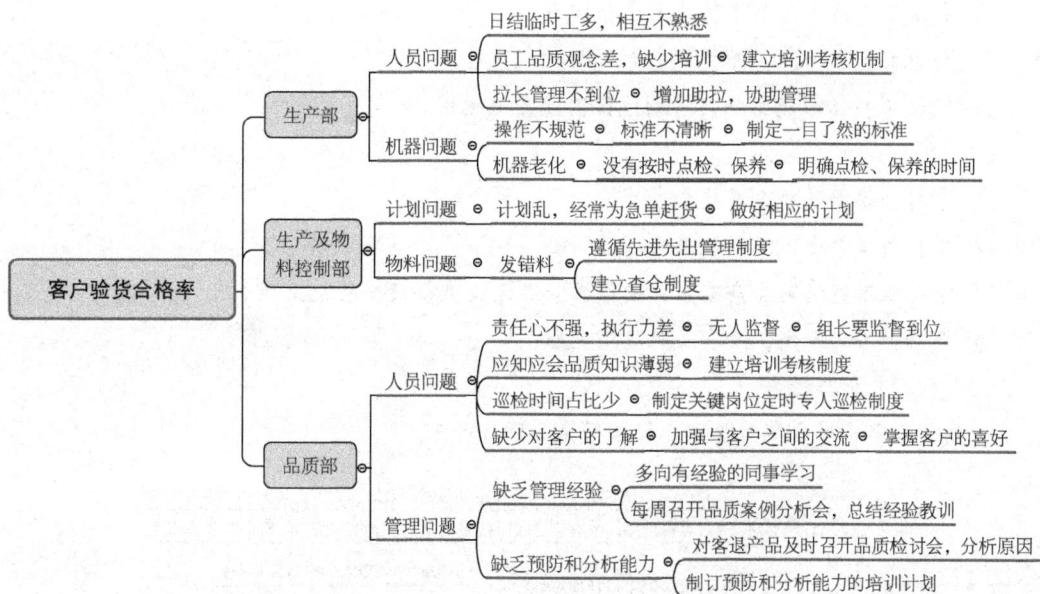

图2　客户验货合格率瓶颈分析与措施

2. 上线合格率（供应商）目标检讨

上线合格率（供应商）10 月至 12 月的情况分析如图 3 所示。

项目	1月	2月	3月	4月	5月	6月	7月	8月	9月	10月	11月	12月	合计
目标值										98%	98%	98%	
实际值										99.23%	98.7%	98.2%	
是否达成										是	是	是	

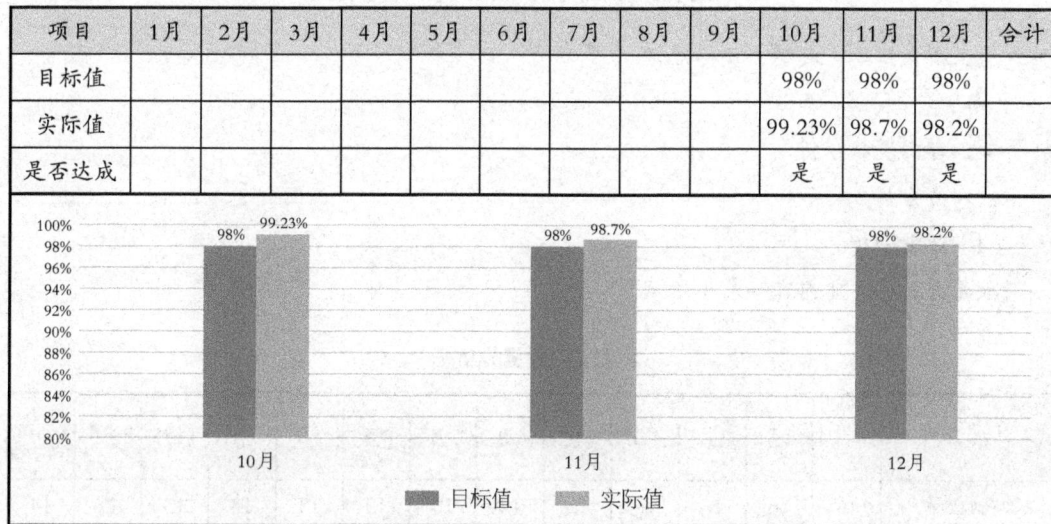

图3　上线合格率（供应商）10 月至 12 月的情况分析

上线合格率（供应商）目标检讨如下。

（1）得

① 建立了进料检验流程，使来料能有序高效地完成。

② 任职 IQC[①]组长一名，负责来料管理。

---

① IQC 的英文全称是 Incoming Quality Control，意思为来料质量控制。

③ 成立了全检组，确保品质上线合格率。

④ 全力配合生产，遵循急单先检原则。

⑤ IQC 成员学习能力强，对测试仪器能灵活运用。

（2）失

① 来料合格率呈现下滑趋势。

② 供应商辅导出现反弹效果。

③ 全检组不能满足生产需求，使很多产品还没来得及全检就上线。

④ 全检标准不清晰，没有及时签限定版。

（3）瓶颈分析与措施

上线合格率（供应商）瓶颈分析与措施如图 4 所示。

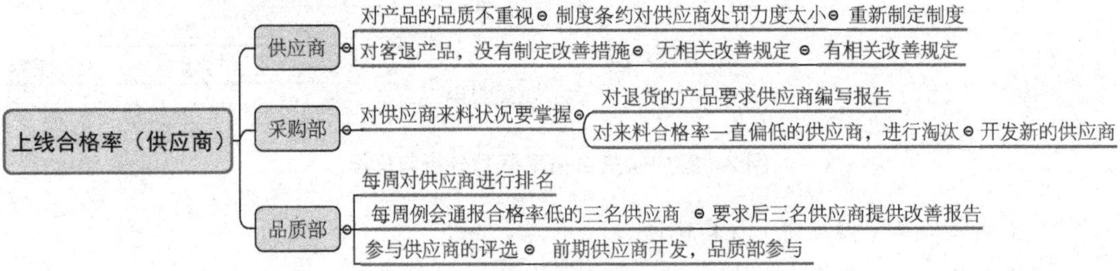

图 4　上线合格率（供应商）瓶颈分析与措施

3. 上线合格率（成型）目标检讨

（略）

二、部门现状分析

1. 人力分析

（1）数量分析

数量分析的具体内容如表 1 所示。

表 1　数量分析

项目	1月	2月	3月	4月	5月	6月	7月	8月	9月	10月	11月	12月	年度平均
编制数量	16	16	16	16	13	13	13	13	13	13	13	13	14
平均在职人数	17	14	15	15	13	13	13	13	13	13	13	13	14
入职人数	0	0	1	1	1	1	0	0	0	0	0	0	0.33
入职率	0	0	6%	6%	8%	8%	0	0	0	0	0	0	2%
离职人数	3	0	1	1	0	1	1	0	0	0	0	0	0.58
离职率	19%	0	6%	6%	0	8%	8%	0	0	0	0	0	4%
平均工龄（月）	14.15	14											

（续表）

分析及结论：	改进办法：
（1）本部门平均每月流失率为4%。通过分析，我们认为此结论合理	（1）与新员工每半个月、与老员工每一个月进行一次沟通，了解其心理动态
（2）本部门平均入职率为2%。通过分析，我们认为此结论不合理	（2）给予每人每月平均4小时的培训，让其有更多的学习与发展空间
（3）本部门平均工龄为14.15个月。通过分析，我们认为此结论不合理	（3）每个月培养储备人才，确保人员流失后立即有人替代

（2）质量分析

质量分析的具体内容如表2所示。

表2　质量分析

序号	任职者	任职者职位	匹配性分析														匹配率（100%）	处置办法
			1.学历分析（10%）			2.经验分析（20%）			3.技能分析（30%）			4.态度分析（10%）			5.业绩分析（30%）			□培育 □淘汰 □留任 □晋升
			任职要求	实际	配比	任职要求项数	实际项数	配比	任职要求项数	实际项数	配比	任职要求项数	实际项数	配比	绩效平均分	业绩得分		
1	×××	主管	本科	大专	8%	4	1	5%	略	3	18%	略	3	8%	80	24%	62%	培育
2	×××	IPQC[①]组长	高中	初中	6%	4	3	15%	略	2	15%	略	2	5%	80	20%	61%	培育
3	×××	IQC组长	高中	初中	8%	4	3	15%	略	3	18%	略	3	6%	85	26%	73%	培育
…																		

（1）技能评价说明：技能得分＝员工具有技能项数／岗位任职要求项数×30%

（2）态度评价说明：由部门负责对员工进行主观评价

（3）业绩评价说明：业绩评分＝全年绩效平均得分×30%

（4）结果说明：匹配率90%以上可考虑晋升；75%～89%留任；60%～74%培育；59%以下淘汰

合计人数13人，2人留任，9人培育，2人淘汰。

---

① IPQC 的英文全称是 Input Process Quality Control，意思为制程控制。

2. 物力分析

物力分析的具体内容如表3所示。

表3　物力分析

序号	固定资产名称	配置	现有数量	是否需增加	原因说明
1	RCA 纸带摩擦测试仪	1	1	否	
2	百格测试仪	1	1	否	
3	带数据线卡尺	1	1	否	
...					
22	计算机	2	1	需要	品质部主管需要配一台计算机

3. 流程分析

（1）现有流程分析的具体内容如表4所示。

表4　现有流程分析

序号	流程名称	表单	执行情况
1	制程检验流程	品质异常报告单	在执行
		车间巡检记录表	
2	首件检验流程	首件确认单	在执行
		首件登记表	
		品质检验记录表	
3	进料检验流程	进料检验报表	在执行
		品质异常报告单	
4	成品检验流程	品质检验记录表	在执行
		送检单	
		品质异常报告单	

（2）缺失流程分析的具体内容如表5所示。

表5　缺失流程分析

序号	流程名称	表单	推行计划
1	客退产品返工流程	返工单	1月31日完成
		返工登记表	
2	机台参数变动控制流程	机台参数变动记录表	
		送检单	

三、部门目标分解

1.品质部部门总目标

品质部 20×× 年部门总目标如表 6 所示。

表 6　品质部 20×× 年部门总目标

关键绩效领域	KPI 指标	单位	目标值
财务方面	品质异常损失金额占比	%	不超过 0.2%
客户方面	客户验货合格率	%	不低于 98%
内部流程	物料上线合格率（成型）	%	不低于 99%
	物料上线合格率（供应商）	%	不低于 98%
学习与成长	培训考核合格率	%	100%

2.部门目标分解

部门目标分解的具体内容如图 5 所示。

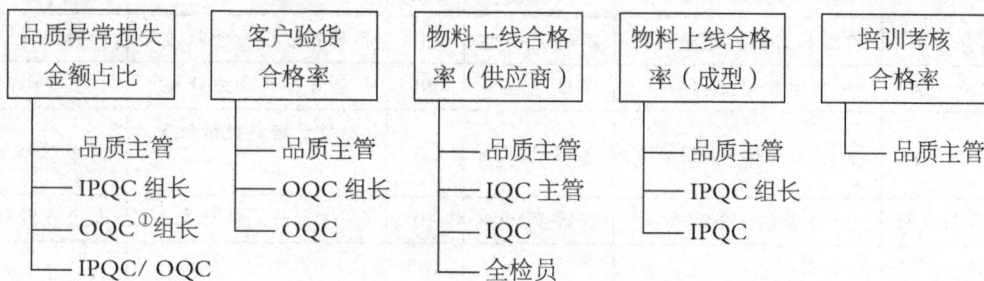

图 5　部门目标分解

3.品质部经理绩效目标

品质部经理绩效目标如表 7 所示。

表 7　品质部经理绩效目标

指标类别	绩效指标	目标值	配分	数据来源	数据提供
财务方面	品质异常损失金额占比	不超过 0.2%	20分	品质异常损失统计表	财务部
客户方面	客户验货合格率	不低于 95%	40分	验货合格率统计表	业务部
内部流程	物料上线合格率（供应商）	不低于 98%	15分	生产批数及投诉批数统计表	生产部
	物料上线合格率（成型）	不低于 98%	15分	生产批数及异常批数统计表	生产部
学习与成长	培训考核合格率	不低于 100%	10分	培训计划统计表	人力资源部
合计		—	100分	—	—

---

① OQC 的英文全称 Outgoing Quality Control，意思为出货品质控制。

4. IPQC 组长绩效目标

IPQC 组长绩效目标如表 8 所示。

表8　IPQC 组长绩效目标

指标类别	绩效指标	目标值	配分	数据来源	数据提供
财务方面	品质异常损失金额占比	不超过 0.2%	20分	品质异常损失金额占比	财务部
客户方面	客户验货合格率	不低于98%	40分	验货合格率统计表	业务部
内部流程	物料上线合格率（成型）	不低于98%	30分	生产批数及异常批数统计表	生产部
学习与成长	培训考核合格率	不低于100%	10分	培训计划统计表	人力资源部
合计		—	100分	—	—

5. IQC 组长绩效目标

IQC 组长绩效目标如表 9 所示。

表9　IQC 组长绩效目标

指标类别	绩效指标	目标值	配分	数据来源	数据提供
财务方面	品质异常损失金额占比	不超过 0.2%	20	品质异常损失金额占比	财务部
客户方面	客户验货合格率	不低于98%	40	验货合格率统计表	业务部
内部流程	物料上线合格率（供应商）	不超过98%	30	出货批数与投诉批数统计表	生产部
学习与成长	培训考核合格率	不低于100%	10	培训计划统计表	人力资源部
合计		—	100	—	—

6. OQC 组长绩效目标

OQC 组长绩效目标如表 10 所示。

表10　OQC 组长绩效目标

指标类别	绩效指标	目标值	配分	数据来源	数据提供
财务方面	品质异常损失金额占比	不超过 0.2%	20	品质异常损失金额占比	财务部
客户方面	客户验货合格率	不低于98%	40	验货合格率统计表	业务部
内部流程	客户投诉率	不超过 0.2%	30	出货批数与投诉批数统计表	生产部
学习与成长	培训考核合格率	不低于95%	10	培训计划统计表	人力资源部
合计		—	100	—	—

四、部门组织配置

品质部组织架构和人数分别如图 6 和如表 11 所示。

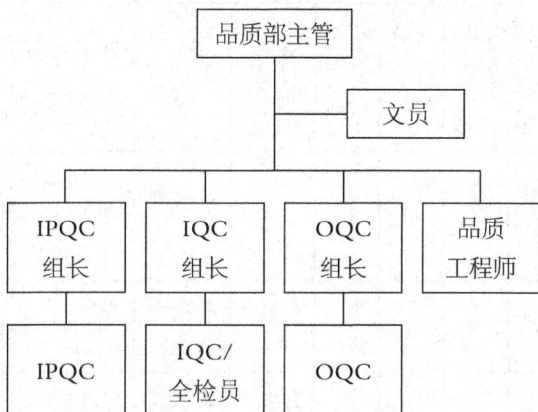

图 6　品质部组织架构

表 11　品质部人数

职务	编制人数	现有人数
品质部主管	1	1
文员	1	1
IPQC 组长	1	1
IQC 组长	1	1
OQC 组装	1	1
IPQC	5	3
IQC	2	2
OQC	3	3
品质工程师	1	0
全检员	4	3
合计	20	16

注：品质部现有人数 16 人，需要增补品质工程师 1 人，IPQC 3 人。

五、部门培训计划

20×× 年度品质部年度教育训练计划如表 12 所示。

表 12　20×× 年度品质部年度教育训练计划

序号	培训课程名称	培训部门	培训对象	培训类别		培训方式		考核方式	培训讲师	计划培训时间	培训时数
				在位训练	在职训练	内训	外训				
1	如何做 8D 报告培训	品质部	全体人员	√		√		实操	×副总	1月6日	1小时
2	品管工作方法与效率培训	品质部	全体人员		√	√		实操	×副总	1月16日、11月5日	1小时
3	品管员基础技能培训	品质部	新入职人员	√		√		实操+考试	×副总	1月25日、7月23日、11月19日	1小时
4	不良分析案例培训	品质部	全体人员		√	√		实操	×副总	2月26日、12月10日	1小时
5	新员工培训	品质部	新入职人员	√		√		实操+考试	品质部负责人	3月10日、7月16日	1小时
6	正确使用测量仪器培训	品质部	全体人员		√	√		实操	×副总	3月10日、9月24日	1小时
7	如何做好月总结培训	品质部	组长	√		√		实操	品质部负责人	3月17日、8月13日	1小时

（续表）

序号	培训课程名称	培训部门	培训对象	培训类别		培训方式		考核方式	培训讲师	计划培训时间	培训时数
				在位训练	在职训练	内训	外训				
8	职务代理人培训	品质部	职务代理人员	✓		✓		实操	品质部负责人	3月23日、8月27日、10月15日	1小时
9	如何提升上线合格率培训	品质部	全体人员	✓		✓		实操+考试	品质部负责人	4月7日	1小时
10	如何降低批量不良培训	品质部	全体人员	✓		✓		实操+考试	品质部负责人	4月14日、7月30日	1小时
11	如何提升沟通、协调能力培训	品质部	全体人员	✓		✓		实操	品质部负责人	4月21日、11月26日	1小时
12	ISO 22000体系相关知识	品质部	全体人员		✓	✓		实操	×副总	4月30日	1小时
13	如何有效、和谐地与各部门沟通培训	品质部	全体人员	✓		✓		实操	品质部负责人	5月7日	1小时
14	如何有效控制制程不良培训	品质部	全体人员	✓		✓		实操+考试	品质部负责人	5月14日	1小时
15	分析问题培训	品质部	全体人员		✓	✓		实操	×副总	5月21日	1小时
16	提高组长管理能力培训	品质部	组长		✓	✓		实操	×老师	5月28日、9月3日、12月17日	1小时
17	首件确认流程培训	品质部	全体人员		✓	✓		实操+考试	品质部负责人	6月4日	1小时
18	部门5S管理培训	品质部	全体人员		✓	✓		实操	品质部负责人	6月11日	1小时
19	QC七大手法、PDCA、5W2H相关管理工具	品质部	全体人员		✓	✓		实操	×副总	6月18日、9月17日	1小时
20	全面质量管理/全流程质量管理	品质部	全体人员		✓	✓		实操	×副总	6月25日、10月29日	1小时
21	如何做好年终总结培训	品质部	组长	✓		✓		实操	品质部负责人	12月24日	1小时

六、执行计划总表

（略）

人力资源部 × × 年度经营计划书

一、部门年度检讨

1. 人工成本占比目标检讨

人工成本占比 10 月至 12 月的情况分析如图 1 所示。

项目	1月	2月	3月	4月	5月	6月	7月	8月	9月	10月	11月	12月	合计
目标值										25%	25%	25%	
实际值										28%	8.5%	29.6%	
达成率										88%	86%	81.6%	
是否达成										否	否	否	

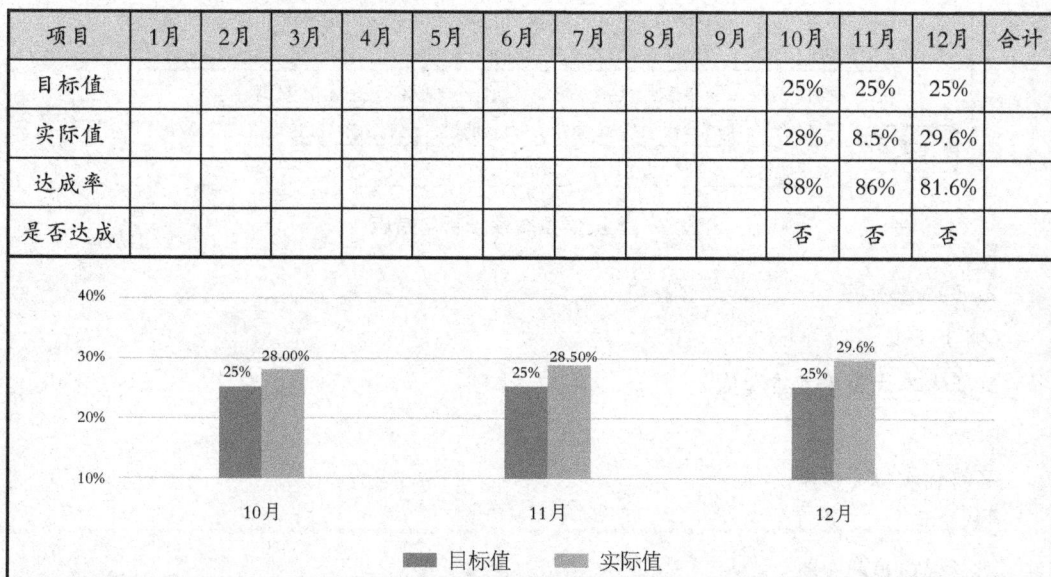

图 1　人工成本占比 10 月至 12 月的情况分析

（1）得

① 制定组织架构，调整编制人数。

② 提倡减员增效，提高效率。

③ 制定标准薪资。

（2）失

① 人员编制多，工资总额偏高。

② 工作效率低，人岗不匹配。

③ 效率低，不良品率高。

④ 人员配置不合理。

（3）瓶颈分析与措施

人员偏多瓶颈分析与措施如图 2 所示。

图2中思维导图：

- 人员偏多
  - 人员配置
    - 人员作业配置不合理 ● IE标准工时控制低 ● 人工费增加，管理无序 ● 绩效部门按标准追查结果
    - 硬件配置不完善
      - 空间设计不合理 ● 影响产出 ● 车间制定规划方案
      - 产线及配套规划不完善 ● 影响产能及效益 ● 做好产线规划，提供配套设施
    - 现场工作混乱 ● 监督管理不到位 ● 制定作业标准
  - 效率
    - 产线及配套规划不完善
      - 信息传递、寻找物料、搬运到产线浪费时间 ● 专人负责 / 规划区域
      - 不合理的产线配置增加了人员费用，导致工作效率低下 ● 末位淘汰
    - 作业指导书不完善，培训不到位
      - 岗位培训0.5天
      - 正式工和临时工搭配，增加监察环节
      - 每个工位挂作业指导书，作业指导书以图片为主，重点标注作业中应注意的事项
    - 成立计件示范线 ● 提升人均产能 / 减少人员
    - 奖罚制度不完善 ● 制定人性化、严谨、奖罚为辅的新制度 ● 实施制度
    - 监督管理不到位 ● 管理人员的技能及责任感偏低 ● 筛选优秀人才，提高技能及责任感
  - 人工成本
    - 数据不准确 ● 采集数据方法有缺陷 ● 制定标准表格，按表格采集数据
    - 计划混乱 ● 提高整体成本 ● 制订3~7天的生产计划及代替计划
    - 人员增减无序 ● 提高人工成本 ● 精算标准作业人员及工时

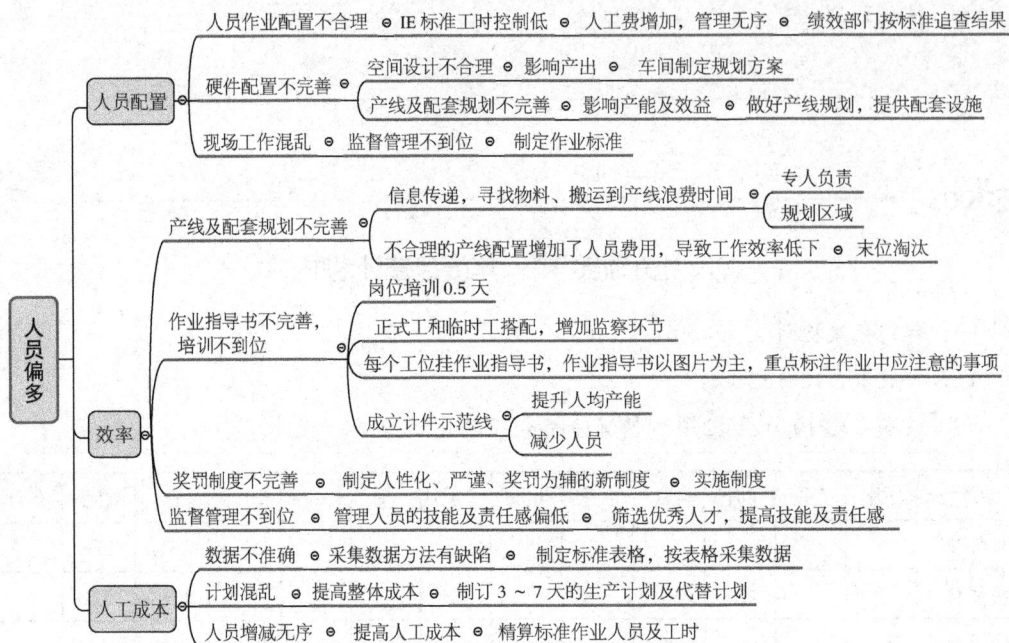

图2　人员偏多瓶颈分析与措施

2. 招聘达成率

（略）

3. 正式工比例（直接人员）

（略）

4. 培训考核合格率

（略）

二、部门现状分析

1. 人力分析

（1）数量分析的具体内容如表1所示。

表1　数量分析

项目	1月	2月	3月	4月	5月	6月	7月	8月	9月	10月	11月	12月	年度平均
编制数量	0	0	0	0	0	0	0	0	0	14	14	14	14
平均在职人数	0	0	0	0	0	0	0	0	0	13	12	12	12
入职人数	0	0	0	0	0	0	0	0	0	2	2	0	1.33%
入职率	0	0	0	0	0	0	0	0	0	15%	17%	0	10.68%
离职人数	0	0	0	0	0	0	0	0	0	2	1	1	1.33%
离职率	0	0	0	0	0	0	0	0	0	15%	8%	8%	10.68%
平均工龄（月）	0	0	0	0	0	0	0	0	0	23	21	18	20.67

（续表）

分析及结论：	改进办法：
（1）本部门平均每月流失率为 1.333%。通过分析，我们认为此结论合理 （2）本部门平均入职率为 10.68%。通过分析，我们认为近三个月流动性较大，合理范围应为 5% 以内 （3）本部门平均工龄为 20 个月。通过分析，我们认为本部门平均工龄低	（1）对新员工每半个月、对老员工每一个月进行一次沟通，了解其心理动态 （2）给予每人每月平均 4 小时的培训，让其有更多的学习与发展空间 （3）每个月培养储备人才，确保人员流失后立即有人替代

（2）质量分析

（略）

2. 物力分析

物力分析的具体内容如表 2 所示。

表 2　物力分析

序号	固定资产名称	配置	现有数量	是否需增加	原因说明
1	办公桌	6	5	是	取消前台，搬移到招聘室工作，增加办公桌椅各一套
2	办公椅	6	5	是	
3	计算机配套设施	4	4	否	
4	空调	4	4	否	
5	文件柜	3	3	否	
6	打印机	2	2	否	
…					

3. 流程分析

（1）现有流程分析的具体内容如表 3 所示。

表 3　现有流程分析

序号	流程名称	表单	推行计划
1		招聘申请表	4 月 30 日完成
2		请假单	现有
3		加班单	现有
4		离职申请单	现有

（续表）

序号	流程名称	表单	推行计划
5	薪资管理办法	薪资等级表	已完成
6		调薪单	已制定
7	绩效管理办法	月度绩效目标表	已制定
8		绩效数据统计表	已制定
9	人员异动管理制度		已完成
10		权限审批表	已完成
11		转正单	1月30日完成
12		离职申请单	现有
13		离职调查表	现有
14		入职申请表	现有
15		出差单	5月15日完成
16		出入放行条	已完成
17		外来人员／车辆进出登记表	现有

（2）缺失流程分析的具体内容如表4所示。

表4　缺失流程分析

序号	流程名称	表单	推行计划
1	工伤认定／鉴定医疗费用报销流程		4月30日完成
2	公积金提取流程		4月30日完成
3	新员工入职培训制度		3月30日完成
4	培训计划制订及发布流程		3月30日完成
5	培训实施管理和评估制度		3月30日完成
6	合同管理流程		4月15日完成
7	人事档案管理制度		4月16日完成
8		权限审批表	已完成
9		转正单	1月30日完成
10		离职申请单	3月30日完成
11		离职调查表	3月30日完成
12		入职申请表	3月30日完成
13	员工手册		5月10日完成

（续表）

序号	流程名称	表单	推行计划
14	出差管理制度	出差单	5 月 15 日完成
15	公司管理规范	出入放行条	已完成
16		外来人员／车辆进出登记表	5 月 15 日完成

4. 外部环境分析

（略）

三、部门目标分解

1. 部门总目标

人力资源部 20××年部门总目标如表 5 所示。

表 5　人力资源部 20××年部门总目标

关键绩效领域	KPI 指标	单位	目标值
财务方面	人工成本占比	%	不超过 18%
客户方面	招聘达成率	%	不低于 90%
	一线正式员工占比	%	不低于 60%
内部流程	人才梯队建设	-	3 月 15 日
学习与成长	培训考核合格率	%	不低于 90%

2. 目标分解

目标分解的具体内容如图 3 所示。

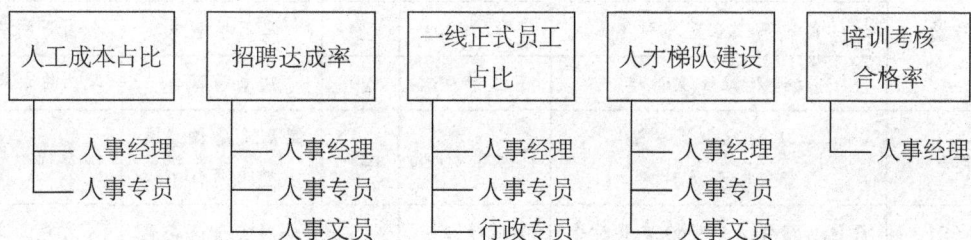

图 3　目标分解

3. 人力资源部经理绩效目标

人力资源部经理绩效目标如表 6 所示。

表6 人力资源部经理绩效目标

指标类别	绩效指标	目标值	配分	数据来源	数据提供
财务方面	人工成本占比	不超过18%	10	人工与收入表	财务部
客户方面	招聘达成率	不低于80%	40	招聘达成统计表	人力资源部
内部流程	一线正式员工占比	不低于60%	40	每月一线正式工统计表	人力资源部
学习与成长	培训考核合格率	不低于90%	10	培训计划统计表	人力资源部

4.人事组绩效目标

人事组绩效目标如表7所示。

表7 人事组绩效目标

指标类别	绩效指标	目标值	配分	数据来源	数据提供
财务方面	考勤/工资核算准确率	不低于100%	50	人工与收入表	财务部
客户方面	招聘达成率（正式员工）	不低于90%	30	员工招聘统计表	人力资源部
学习与成长	培训考核合格率	不低于90%	20	培训计划统计表	人力资源部

5.行政组绩效目标

行政组绩效目标如表8所示。

表8 行政组绩效目标

指标类别	绩效指标	目标值	配分	数据来源	数据提供
后勤	宿舍分配/查房及时率	不低于90%	10	每日巡检表	人力资源部
	食堂卫生检查及时率	不低于90%	20	每日检查表	人力资源部
	改造及维修及时率	不低于90%	20	需求审批单	人力资源部
安全	工厂/宿舍/食堂安全检查及时率	不低于100%	25	每周安全检查表整改通知书	人力资源部
5S	厂区/宿舍/食堂检查及时率	不低于95%	15	每周安全检查表	人力资源部
对外	项目跟进完成率	不低于100%	10	不定时检查表	人力资源部

四、部门组织配置

人力资源部组织架构和人数分别如图4和如表9所示。

图 9　人力资源部人数

职务	编制人数	现有人数
人力资源部经理	1	1
行政专员	1	1
人事专员	1	1
人事文员	1	1
电工	1	1
厨工	3	3
保安	3	3
清洁工	2	1
合计	13	12

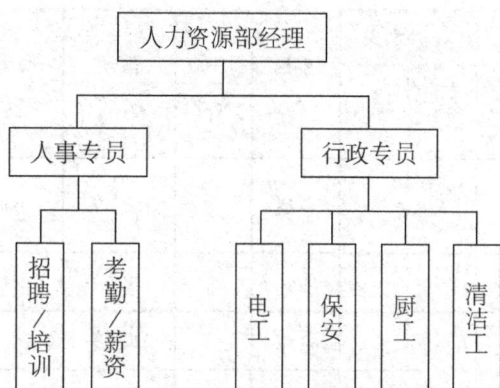

图 4　人力资源部组织架构

注：减少 1 名前台文员，增加 1 名人事专员。人力资源部负责招聘、培训、绩效考核、人才梯队建设。

五、部门培训计划

人力资源部年度教育训练计划如表 10 所示。

表 10　人力资源部年度教育训练计划

序号	培训课程名称	培训部门	培训对象	培训类别		培训方式		考核方式	培训讲师	预计次数	培训时数
				在位训练	在职训练	内训	外训				
1	沟通、协调能力培训	人力资源部	人力资源部		√			口述		1次/年	0.5小时
2	档案管理培训	同上	同上		√			口述		1次/年	0.5小时
3	服务礼仪培训	同上	同上		√			实际操作		1次/年	0.5小时
4	各项新管理制度培训	同上	同上		√			口述		1次/年	0.5小时
5	考勤系统培训	同上	同上	√				口述		1次/年	2小时
6	岗前培训	同上	同上	√				口述		2次/年	0.5小时
7	薪酬制度培训	同上	同上	√				笔试		1次/年	1小时
8	心态素质培训	同上	同上		√			笔试		1次/年	0.5小时
9	奖惩制度培训	同上	同上	√				笔试		2次/年	0.5小时
10	行为规范培训	同上	同上		√			口述		2次/年	0.5小时

（续表）

序号	培训课程名称	培训部门	培训对象	培训类别		培训方式		考核方式	培训讲师	预计次数	培训时数
				在位训练	在职训练	内训	外训				
11	住宿管理制度培训	同上	同上	√				口述		1次/年	1小时
12	安全管理培训	同上	同上	√				笔试		1次/年	1小时
13	文档管理培训	同上	同上	√				口述		2次/年	0.5小时
14	资产管理培训	同上	同上	√				口述		1次/年	0.5小时
15	卫生健康知识培训	同上	同上	√				笔试		2次/年	1小时
16	办公软件应用培训	同上	同上	√				口述		1次/年	0.5小时
17	考勤制度培训	同上	同上	√				口述		1次/年	1小时
18	办公5S培训	同上	同上		√			口述		2次/年	0.5小时
19	时间管理培训	同上	同上	√				口述		1次/年	0.5小时
20	企业宣传培训	同上	同上		√			心得报告		1次/年	0.5小时
21	行政统筹管理培训	同上	同上	√				口述		1次/年	1小时
22	文书写作培训	同上	同上	√				口述		1次/年	1小时
23	差旅管理培训	同上	同上	√				笔试		2次/年	1小时
24	会议管理培训	同上	同上	√	√			口述		1次/年	1小时
25	劳动法培训	同上	同上	√				笔试		2次/年	1小时
26	企业管理知识培训	同上	同上	√				口述		1次/年	0.5小时

六、执行计划总表

（略）

【范本 04】▶▶▶ --

研发部 ×× 年度经营计划书

一、部门年度检讨

1. 新项目准时达成率目标检讨

新项目准时达成率 10 月至 12 月的情况分析如图 1 所示。

项 目	1月	2月	3月	4月	5月	6月	7月	8月	9月	10月	11月	12月	合计
目标值										80%	90%	70%	
实际值										100%	33%	50%	
达成率										125%	36.7%	71.4%	
是否达成	否	否	否	否	否	否	否	否	否	是	否	否	

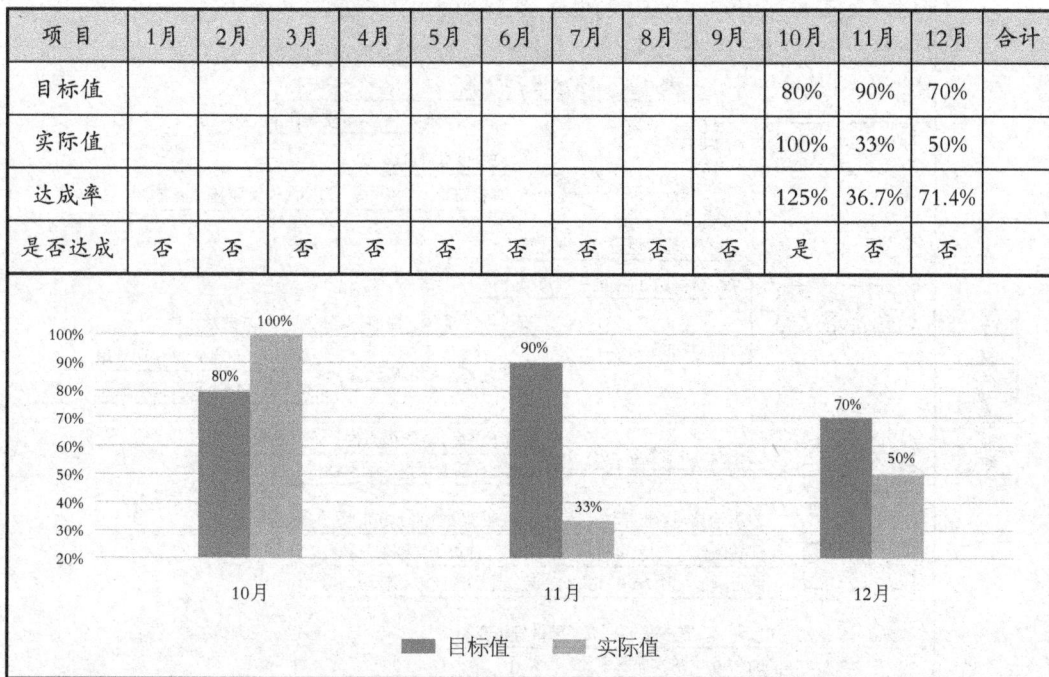

图 1　新项目准时达成率 10 月至 12 月的情况分析

（1）得

① 通过统计总结新项目准时达成率指标，能准确分析项目进行状态。

② 通过量化目标分解到个人，能统计每位项目工程师的工作量和工作能力。

③ 通过目标分析原因，知道问题出在哪，以有针对地提出解决方案。

（2）失

① 信息不准确，意识不够强。

② 对产品设计评审不到位，对模具没有明确且正式的书面要求，导致设计过程中不注重细节。

③ 对新项目开发各个节点控制不够重视，没有明确要求，流程存在漏洞。

④ 对新项目二次加工、组装等治具点检不够及时。

⑤ 对新员工就产品开发流程、相应的各个节点培训不到位。

⑥ 对新员工就产品功能外观要求、测试标准培训不到位。

（3）瓶颈分析与措施

新项目准时达成率瓶颈分析与措施如图2所示。

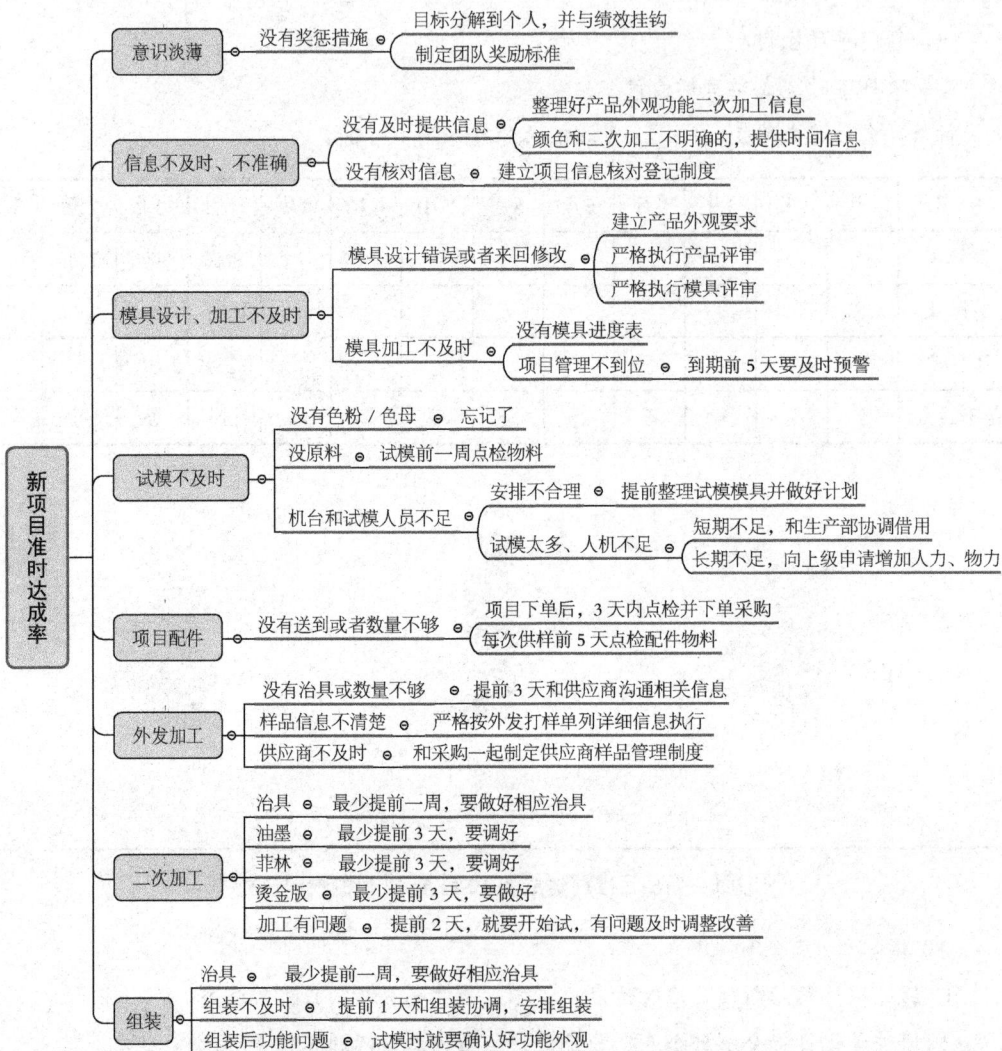

图2　新项目准时达成率瓶颈分析与措施

2. 样品及时率目标检讨

（略）

3.BOM 资料准确率目标检讨

（略）

4.旧产品降本目标检讨

（略）

5.设计完成及时率目标检讨

（略）

6.培训考核合格率目标检讨

（略）

二、部门现状分析

1.人力分析

（1）数量分析的具体内容如表1所示。

表 1　数量分析

项目	1月	2月	3月	4月	5月	6月	7月	8月	9月	10月	11月	12月	年度平均
编制数量	10	10	10	10	10	10	10	10	10	10	11	10	10
平均在职人数	5	5	5	6	6	6	6	6	8	7	10	10	7
入职人数	0	0	0	1	0	0	0	0	3	0	4	1	0.75
入职率	0	0	0	10%	0	0	0	0	30%	0	36%	10%	7%
离职人数	0	0	0	0	0	0	0	0	0	1	1	1	0.25
离职率	0	0	0	0	0	0	0	0	0	10%	9%	10%	2%
平均工龄（月）	31.2	31.2	31.2	31	31	31	31	31	19.2	19.2	19.2	19.2	27

1.分析及结论	2.改进办法
（1）本部门平均每月流失率为2%。通过分析，我们认为此结论合理 （2）本部门平均入职率为7%。通过分析，我们认为此结论合理 （3）本部门平均工龄为27个月。通过分析，我们认为此结论不合理	（1）与新员工每半个月、与老员工每一个月进行一次沟通，了解其心理动态 （2）给予每人每月平均4小时的培训，让其有更多的学习与发展空间 （3）每个月培养储备人才，确保人员流失后立即有人替代

（2）质量分析

（略）

2.物力分析

（略）

3.流程分析

（1）现有流程分析如表2所示。

表 2　现有流程分析

序号	流程名称	表单	执行情况
1	研发打样（印刷烫金组装）作业流程	工程变更流程	印刷油墨方面没执行
2	研发资料改善措施流程	—	还未执行
3	工程变更流程	定单变更单，生产异常单	

（2）缺失流程分析如表3所示。

表3　缺失流程分析

序号	流程名称	表单	推行计划
1	试模打样流程	试模打样单 试模打样用料标准	2月完成
2	外发加工流程	样品加工明细表	2月完成
3	BOM 表制作流程	物料登记表	1月完成
4	模具验收制度		1月完成
5	标准资料修订流程		1月完成
6	出货包装标准		2月完成
7	新项目产品设计流程		3月完成
8	新项产品设计审核制度		3月完成
9	新项目开发流程		3月完成
10	新员工培训流程		3月完成

4. 外部环境分析

（略）

三、部门目标分解

1. 部门总目标

研发部 ×× 年部门总目标如表4所示。

表4　研发部20×× 年部门总目标

关键绩效领域	KPI 指标	单位	目标值
财务方面	旧产品降本	万元	不低于60万元
客户方面	新项目准时达成率	%	不低于95%
	设计完成及时率	%	不低于95%
	样品交付及时率	%	不低于95%
内部流程	BOM 资料准确率	%	100%
学习与成长	培训考核合格率	%	不低于90%

2. 部门目标分解

部门目标分解的具体内容如图3所示。

旧产品降本	新项目准时达成率	设计完成及时率	样品及时率	BOM 资料准确率	培训考核合格率
├ 研发经理 ├ 试模组长 ├ 项目组长 ├ 项目工程师 └ 产品设计师	├ 研发经理 ├ 项目组长 ├ 项目工程师 ├ 助理项目工程师 └ QC①	├ 研发经理 └ 产品设计师	├ 研发经理 ├ 项目组长 ├ 项目工程师 ├ 助理项目工程师 └ QC	├ 研发经理 ├ 项目组长 ├ 项目工程师 ├ 助理项目工程师 └ 文员	├ 研发经理 ├ 项目组长 └ 试模组长

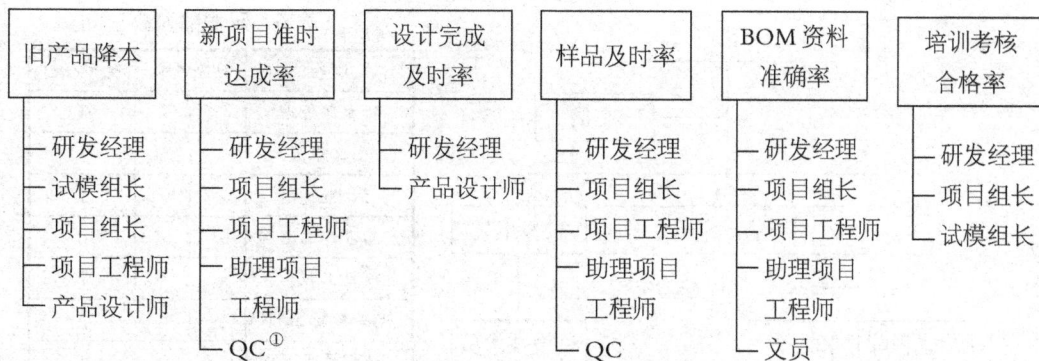

图 3　部门目标分解

3. 研发经理目标

研发经理目标如表 5 所示。

表 5　研发经理目标

指标类别	绩效指标	单位	目标值	配分	数据来源	数据提供
财务方面	旧产品降本	万元	不低于60万元	10分	研发降本统计表	财务部
客户方面	新项目准时达成率	%	不低于95%	20分	新项目准时达成统计表	业务部
	设计完成及时率	%	不低于95%	20分	设计完成及时率统计表	业务部
	样品交付及时率	%	不低于95%	20分	样品登记表	业务部
内部流程	BOM 资料准确率	%	不低于100%	20分	BOM 准确率登记表	PMC②部
学习与成长	培训考核合格率	%	不低于90%	10分	培训考试合格登记表	人力资源部
合计				100分		

4. 其他岗位（项目组长、试模组长试模技术员、项目工程师、助理工程师、研发部文员、研发部 QC）目标

（略）

四、部门组织配置

研发部组织架构和人数分别如图 4 和如表 6 所示。

---

① QC 的英文全称是 Quality Control，意思是品质控制，在工厂里面是指质检员。
② PMC 的英文全称是 Production Material Control，意思是生产计划与生产进度控制。

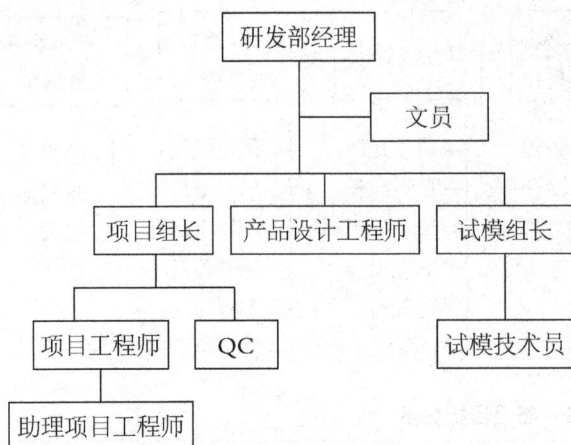

图4 研发部组织架构

注：增加1名试模技术员，增加1名产品设计师。

表6 研发部人数

职务	编制人数	现有人数
研发部经理	1	1
项目组长	1	1
试模组长	1	1
产品设计工程师	1	0
项目工程师	2	2
助理项目工程	1	2
试模技术员	1	1
QC	1	1
文员	1	1
合计	10	10

五、部门培训计划

研发部20××年度教育培训计划如表7所示。

表7 研发部20××年度教育培训计划

序号	培训课程名称	培训部门	培训对象	培训类别		培训方式		考核方式	培训讲师	预计培训次数	培训时数	备注
				在位训练	在职训练	内训	外训					
1	新员工培训	研发部	新入职人员	√		√		实操	研发部负责人	2次/年	1小时	培训作业流程，相关表单表格如何填写
2	组织与职位体系	研发部	新入职人员	√		√		笔试	研发部负责人	2次/年	1小时	
3	职务代理人培训	研发部	职务代理人员	√		√		实操	研发部组长级以上人员	1次/月	1小时	
4	怎么样提升旧产品降本	研发部	全体人员	√		√		实操	研发部负责人	1次/月	1小时	

（续表）

序号	培训课程名称	培训部门	培训对象	培训类别		培训方式		考核方式	培训讲师	预计培训次数	培训时数	备注
				在位训练	在职训练	内训	外训					
5	如何提升新项目准时达成率	研发部	全体人员	√		√		实操	项目组长	1次/月	1小时	
6	如何提升设计完成及时率	研发部	产品设计师	√		√		实操	研发部负责人	1次/月	1小时	产品设计要点培训
7	如何提升样品及时率	研发部	助理项目工程师	√		√		实操	项目组长	1次/月	1小时	
8	如何提升BOM资料准确率	研发部	全体人员	√		√		实操	研发部负责人	1次/月	1小时	
9	团队与执行力 团队执行力培训（团建）	研发部	全体人员	√	√	√	√	心得报告	总经理 外部讲师	1次/年	2小时 60小时	三天两夜
10	化妆品常用测试要求和方法培训	研发部	助理项目工程师、新入职人员	√		√		笔试	项目组长	4次/年	2小时	化妆品结构功能测试要求
11	资料制作流程和标准培训	研发部	同上	√		√		笔试	研发部负责人	4次/年	2小时	
12	模具结构知识讲解	研发部	同上	√		√		笔试	模具部负责人	4次/年	2小时	水杯、化妆品模具结构知识讲解
13	二次加工（印刷、烫金）知识讲解	研发部	同上	√		√		笔试	组装车间负责人	1次/季度	2小时	

138 •

（续表）

序号	培训课程名称	培训部门	培训对象	培训类别		培训方式		考核方式	培训讲师	预计培训次数	培训时数	备注
				在位训练	在职训练	内训	外训					
14	二次加工（电镀、喷涂）知识讲解	研发部	同上	√		√		笔试	研发部负责人	1次/季度	2小时	
15	研发部5S管理培训	研发部	全体人员	√		√		实操	研发部负责人	4次/年	1小时	5S制度培训

六、执行计划总表

（略）

【范本05】▶▶▶ --

采购部20××年度经营计划书

一、部门年度检讨

1. 来料合格率目标检讨

来料合格率1月至12月的情况分析如图1所示。

项目	1月	2月	3月	4月	5月	6月	7月	8月	9月	10月	11月	12月	平均值
目标值	90%	90%	90%	90%	90%	90%	90%	90%	90%	90%	90%	90%	90%
实际值	53.06%	100%	82.08%	64.17%	65.66%	61.67%	69.05%	72.88%	66.88%	55.66%	67.6%	37.64%	66.36%
达成率	62.71%	111.11%	91.2%	71.3%	72.95%	68.52%	76.72%	80.98%	74.31%	61.84%	75.11%	41.82%	76.63%
是否达成	否	是	否	否	否	否	否	否	否	否	否	否	否

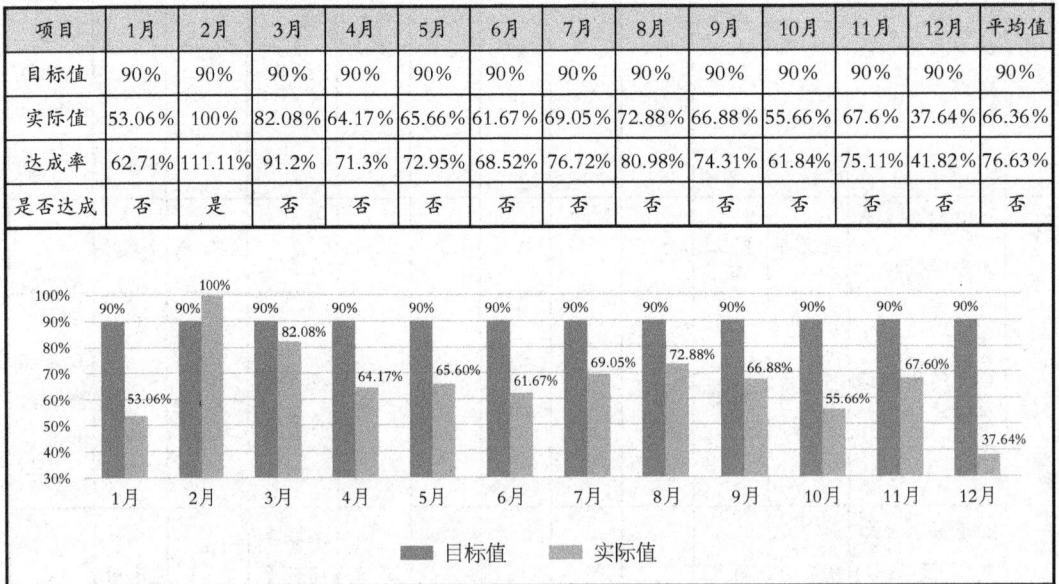

图1　来料合格率1月至12月的情况分析

（1）得

① 采购员对品质的重视程度提高。

② 对来料产品加工工艺有所了解。

③ 来料进度的掌握意识有所提高。

④ 部门内部协调配合度有所提高。

（2）失

来料合格率问题点如表 1 所示。

表 1　来料合格率问题点

问题点	问题点分析	改善措施
内部品质意识不强	没有建立培训辅导标准	开展内部品质培训
	没有统计每周合格率	通过数据分析，提高品质意识
	员工积极性不高	制定激励措施
对供应商的评估、辅导未做到位	没有成立供应商评估小组	每季度对供应商进行评估
		对连续两周排在后三名的进行重点辅导
	没有建立评估标准	供应商的评级评分
		定期走访供应商
供应商的开发数量不足，导致过于依赖现有供应商	没有制定供应商开发流程	对于新供应商开发不够重视
	没有建立供应商审核标准	连续三周排名倒数第一的，且经培训、辅导无改善的予以淘汰
	没有制订供应商开发计划	对于每种物料开发两家以上供应商
		每季度开发三家以上供应商
内部人员对外发物料质量、限度及相关要求评估不够	成型作业外观限度版不完整	做好生产前相关标准准备工作培训
	没有建立巡检制度	巡检人员按时巡检对版
		准时提供限度版给供应商
异常反馈不及时，沟通不到位	没有建立反馈机制	来料异常报告及时向供应商反馈
	没有整理供应商负责人联系方式	与供方深入沟通不良原因
	没有进行异常数据分析	汇总不良原因
	没有及时改善	与供应商沟通改善时间
异常改进跟进不到位	没有来料处理流程	及时反馈异常情况
	供应商没有提供改善报告	跟进落实供应商改善报告
	没有跟进后续改善情况	建立异常跟踪表

（3）瓶颈分析与措施

来料合格率瓶颈分析与措施如图2所示。

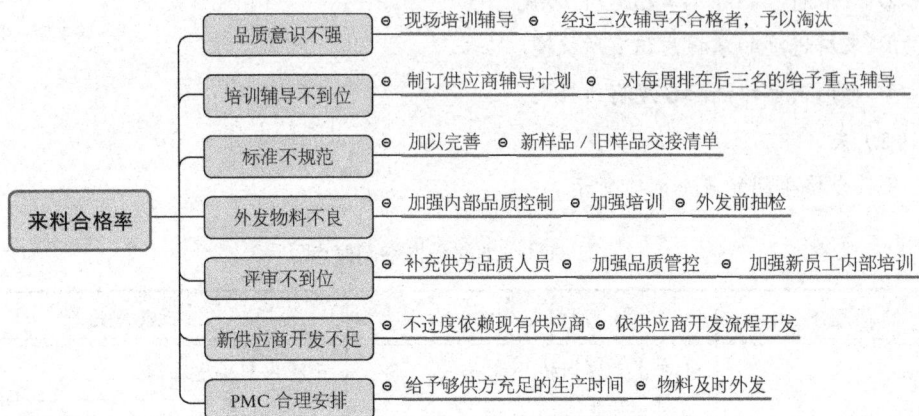

图2 来料合格率瓶颈分析与措施

2. 来料准交率目标检讨

来料准交率1月至12月的情况分析如图3所示。

项目	1月	2月	3月	4月	5月	6月	7月	8月	9月	10月	11月	12月	平均值
目标值	98%	98%	98%	98%	98%	98%	98%	98%	98%	98%	98%	98%	98%
实际值	84.66%	94.17%	95.9%	97.6%	93.6%	96.97%	98.33%	98.5%	76.8%	44.45%	90.9%	94.5%	88.86%
达成率	86.38%	96.9%	97.86%	97.96%	95.51%	98.95%	100.33%	100.51%	78.36%	45.36%	92.76%	96.43%	90.67%
是否达成	否	是	否	否	否	否	否	否	否	否	否	否	否

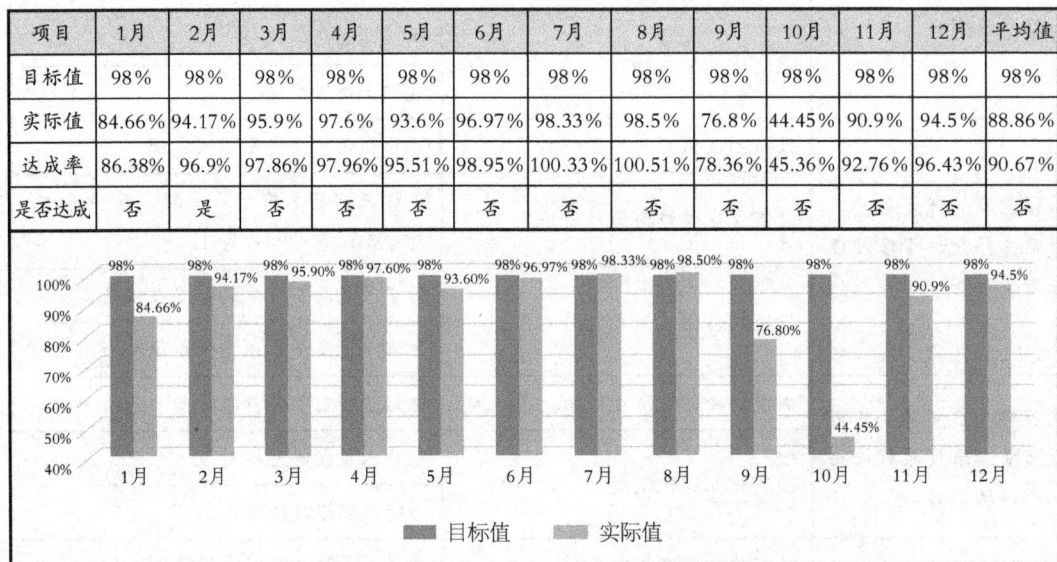

图3 来料准交率1月至12月的情况分析

（1）得

① 采购员的催货意识及方式方法有所提高。

② 对供应商的供货能力有更多的了解。

③ 重新评估并及时开发新供应商。

④ 对供应商的产品加工工艺有一定的了解。

（2）失

来料准交率目标问题点如表 2 所示。

表 2　来料准交率目标问题点

问题点	问题点分析	改善措施
产能或制造能力不足	没有建立评估标准	加强对供应商产能的评估
		与供应商沟通，了解供方实际情况
	没有建立预防措施	评估预防措施，提出改善方案
		评估转单
缺乏责任感	没有监督下属工作	建立催货计划表
	绩效考核责任心不够强	建立绩效机制
	没有制定奖励措施	提高工资待遇
制造过程品质不良	对外发素材没有进行质量控制	按标准执行
	工艺缺陷没有改善	制定改善方案
	外发没有使用无污染包材	按委外清单发料
	对操作员没有进行岗前培训	每 2 小时巡检检查
材料/人员欠缺	没有合理安排生产计划	确保准时外发物料
	没有评估供应商产能	一次性上线，减少换线时间
	没有进行产前人员评估	人员储备及聘用临时工
催货不及时	没有更新当日来料清单	每天更新清单
	没有建立 3 日来料计划	每天确定供应商交期
	催货方式没有改进	每日通电话外，晚上加催电话；特急货到供方驻厂催货

（3）瓶颈分析与措施

来料准交率瓶颈分析与措施如图 4 所示。

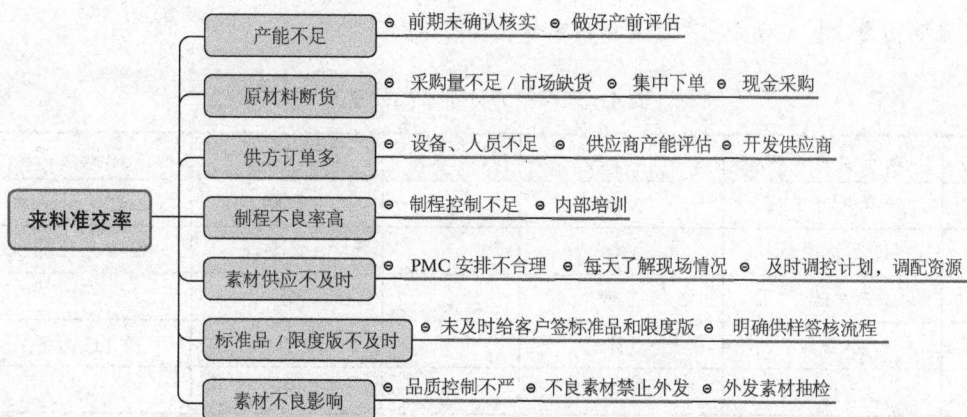

图 4　来料准交率瓶颈分析与措施

二、部门现状分析

1.人力分析

（1）数量分析

数量分析的具体内容如表3所示。

表3 数量分析

项目	1月	2月	3月	4月	5月	6月	7月	8月	9月	10月	11月	12月	年度平均
编制数量	3	3	3	3	3	3	3	3	3	3	3	3	3
平均在职人数	3	3	3	3	3	3	3	3	3	3	3	3	3
入职人数	0	0	0	0	0	0	0	1	0	0	0	0	0.08
入职率	0	0	0	0	0	0	0	33%	0	0	0	0	3%
离职人数	0	0	0	0	0	0	0	1	0	0	0	0	0.08
离职率	0	0	0	0	0	0	0	33%	0	0	0	0	3%
平均工龄（月）	35	35	35	35	35	35	35	35	35	35	35	35	35

分析及结论：	改进办法：
（1）本部门平均每月流失率为3%。通过分析，我们认为此结论合理 （2）本部门平均入职率为3%。通过分析，我们认为此结论合理 （3）本部门平均工龄为35个月。通过分析，我们认为此结论合理	（1）与新员工每半个月、与老员工每一个月进行一次沟通，了解其心理动态 （2）给予每人每月平均4小时的培训，让其有更多的学习与发展空间 （3）每个月培养储备人才，确保人员流失后立即有人替代

（2）质量分析

（略）

2.采购物力分析

采购物力分析（办公室）的具体内容如表4所示。

表4 采购物力分析（办公室）

序号	固定资产名称	配置	现有数量	是否需增加	原因说明
1	计算机显示器	3台	2	需要	经理无计算机
2	计算机主机	3台	2	需要	经理无计算机
3	电话	2部	2	否	
4	办公桌	3张	3	否	
5	办公椅	3张	3	否	
6	储物柜	3个	3	否	

3. 流程分析

（1）现有流程分析的具体内容如表 5 所示。

表 5　现有流程分析

序号	流程名称	表单	执行情况
1	供应商管理办法	合格供应商名录	在执行
		供应商调查表	在执行
		供应商交期评分表	未执行
		供应商品质评分表	未执行
		供应商服务评分表	未执行
		供应商价格评分表	未执行
		供应商定期评估汇总表	在执行
		新增供应商申请表	在执行
2	采购作业流程	物料申购单	在执行
		采购进料管制表	在执行
		来料检验报告	在执行
		退料通知单	在执行
		进料日报表	在执行

（2）缺失流程：无。

4. 外部环境分析

近年来××行业发展迅速，中国××市场保持着平稳的增长，消费持续升级，高端化产品日益凸显，整体市场主要由消费升级所推动。

（1）了解产品，多做一些比较。无论购买任何一种产品，都应该进行详细的了解，如了解各种化工、金属的价格，了解供应商生产原料供应价格，以在询价或谈判中更有把握。

（2）选择适合自己企业的供应商。供应商的选择，应该从质量、价格、服务、技术、信贷和测试等方面考量。一家好的供应商可以提供一些生产信息，同时也能满足我方需求，并给出更好的建议。

（3）规划购买数量。做购买计划之前，要先考虑公司的需求量，同时分析购买多少使得摊销费用较低。如果订单量太小，就难以找到合适的供应商。

（4）学会谈判。要先对市场有更好的了解，再运用一些谈判技巧，使采购成本降到最低。

（5）收集各种信息。收集市场中相关材料的价格，分析价格走势。

三、部门目标分解

1. 部门总目标

20××年采购部的总目标如表 6 所示。

表6 20××年采购部的总目标

关键绩效领域	KPI 指标	单位	目标值
财务方面	采购成本下降率	%	不低于5%
客户方面	来料合格率	%	不低于98%
	来料准交率	%	不低于98%
内部流程	开发新供应商数	家	不低于12家
学习与成长	培训考核合格率	%	不低于90%

2. 部门目标分解

采购部目标分解如图5所示。

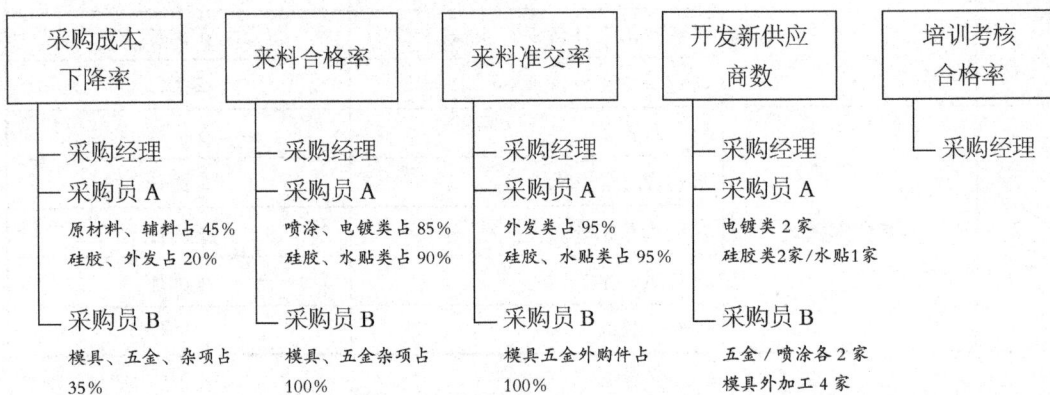

图5 采购部目标分析

3. 采购经理绩效目标

采购经理绩效目标如表7所示。

表7 采购经理绩效目标

指标类别	绩效指标	目标值	配分	数据来源	数据提供
财务方面	采购成本下降率	不低于2%	10分	材料降价统计表	财务部
客户方面	来料合格率	不低于70%	40分	来料检验批次与异常批次统计表	品质部
	来料准交率	不低于95%	40分	准交率统计表	PMC 部
学习与成长	培训考核合格率	不低于90%	10分	培训计划统计表	人力资源部
合计			100分	—	—

4. 采购员绩效目标

采购员绩效目标如表8所示。

表8　采购员绩效目标

指标类别	绩效指标	单位	目标值	配分	数据来源	数据提供
财务方面	采购成本下降率	%	不低于5%	10分	材料降价统计表	财务部
客户方面	来料合格率	%	不低于98%	40分	来料检验批次与异常批次统计表	品质部
	来料准交率	%	不低于98%	40分	准交率统计表	PMC 部
内部流程	开发新供应商数	家	每季度3家	10分	供应商评审表	财务部
合计				100分	—	—

四、部门组织配置

采购部组织架构和人数分别如图6和如表9所示。

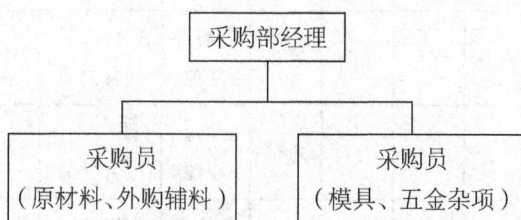

图6　采购部组织架构

表9　采购部人数

职务	编制人数	现有人数
采购部经理	1	1
采购员	2	2
合计	3	3

五、部门培训计划

采购部20××年度教育训练计划如表10所示。

表10　采购部20××年度教育训练计划

序号	培训课程名称	培训部门	培训对象	培训类别		培训方式		考核方式	培训讲师	预计日期	培训时数
				在位训练	在职训练	内训	外训				
1	供应商管理办法	采购部	新入职人员	√		√		笔试	采购部经理	新人进厂第二周内	2小时
			采购员							2月25日、8月4日	
2	采购作业流程	采购部	新入职人员	√		√		笔试	采购部经理	每个新人进厂第二周内	2小时
			采购员							1月16日、7月21日	

（续表）

序号	培训课程名称	培训部门	培训对象	培训类别		培训方式		考核方式	培训讲师	预计日期	培训时数
				在位训练	在职训练	内训	外训				
3	供应商开发	采购部	采购员	√		√		笔试	采购部经理	3月3日、9月22日、11月24日	2小时
4	采购基础知识	采购部	采购员	√		√		笔试	采购部经理	3月17日、7月7日	2小时
5	采购谈判技巧	采购部	采购员	√		√		口试	采购部经理	4月7日、8月18日	2小时
6	采购合同管理	采购部	采购员	√		√		笔试	采购部经理	4月21日、9月8日	2小时
7	供应商质量管理	采购部	采购员	√		√		笔试	采购部经理	5月5日、10月23日	2小时
8	采购价格分析与控制	采购部	采购员	√		√		笔试	采购部经理	5月19日、12月22日	2小时
9	供应商等级评估	采购部	采购员	√		√		笔试	采购部经理	6月2日、10月27日	2小时
10	供应商关系管理	采购部	采购员	√		√		笔试	采购部经理	6月23日、12月8日	2小时
11	供应链管理	采购部	采购员	√		√		笔试	采购部经理	11月10日	2小时

六、执行计划总表

（略）

【范本06】▶▶

PMC部20××年度经营计划书

一、部门年度检讨

1. 物料齐套率目标检讨

PMC部物料齐套率10月至12月情况分析如图1所示。

项目	1月	2月	3月	4月	5月	6月	7月	8月	9月	10月	11月	12月	合计
目标值										95%	95%	95%	
实际值										97.7%	94.8%	96.2%	
达成率										102%	99.7%	101%	
是否达成										是	否	是	

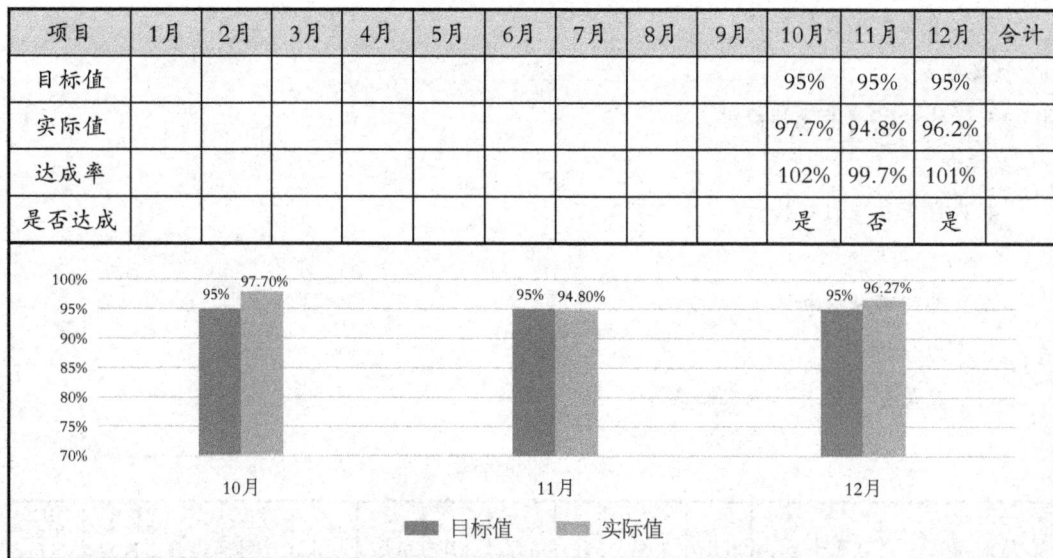

图 1　PMC 部物料齐套率 10 月至 12 月情况分析

（1）得

① 解决计划的顺利排产。

② 订单准交率有所提升。

③ 生产的进度得到控制。

（2）失

① 账物卡不准确，需要人力找料件。

② 漏买。

③ 物料齐套前期准备工作不到位。

（3）瓶颈分析与措施

物料齐套率瓶颈分析与措施如图 2 所示。

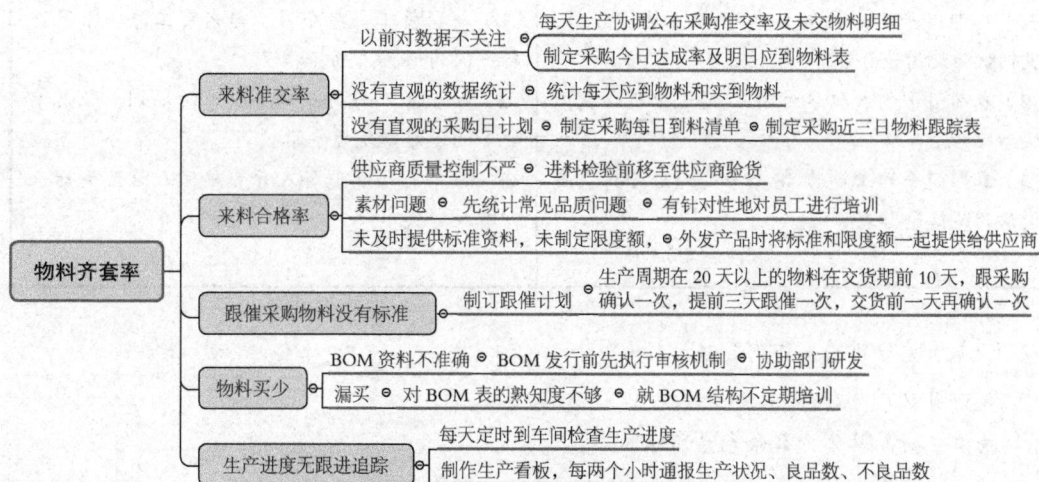

图 2　物料齐套率瓶颈分析与措施

2.订单准交率目标检讨

（略）

3.账物卡准确率目标检讨

（略）

4.库存周转率目标检讨

（略）

二、部门现状分析

1.人力分析

（1）数量分析的具体内容如表1所示。

表1　数量分析

项目	1月	2月	3月	4月	5月	6月	7月	8月	9月	10月	11月	12月	年度平均
编制数量	2	2	2	2	2	2	2	2	7	9	9	9	4
平均在职人数（月初与月末平均值）	2	2	2	2	2	2	2	2	7	10	9	8	4
入职人数	0	0	0	0	0	0	0	0	0	3	0	2	0.42
入职率	0	0	0	0	0	0	0	0	0	33%	0	22%	5%
离职人数	0	0	0	0	0	0	0	0	0	3	2	1	0.50
离职率	0	0	0	0	0	0	0	0	0	33%	22%	11%	6%
平均工龄（月）													

分析及结论：	改进办法：
（1）本部门平均每月流失率为6%。通过分析，我们认为此结论合理 （2）本部门平均入职率为5%。通过分析，我们认为此结论合理 （3）本部门平均工龄为48个月。通过分析，我们认为此结论合理	（1）与新员工每半个月、与老员工每一个月进行一次沟通，了解其心理动态 （2）给予每人每月平均4小时的培训，让其有更多的学习与发展空间 （3）每个月培养储备人才，确保人员流失后立即有人替代

（2）质量分析的具体内容略。

2.物力分析

物力分析的具体内容如表2所示。

表2　物力分析

序号	固定资产名称	配置	现有数量	是否需增加	原因说明
1	计算机显示器	4台	4台	否	
2	计算机主机	4台	4台	否	
3	办公桌	3张	3张	否	
4	办公椅	3把	3把	否	
5	储物柜	4个	4个	否	
6	饮水机	2个	2个	否	
7	叉车	2台	2台	否	
8	电动叉车	1台	1台	否	

3. 流程分析

（1）现有流程分析如表3所示。

表3　现有流程分析

序号	流程名称	表单	执行情况
1	订单评审管理办法	订单评审表	执行
		订单交期预排单	未执行
		订单变更单	有时执行，有时未执行
		生产受理单	执行
2	生产异常处理流程	生产异常联络单	执行
		品质异常处理单	执行
3	领发料作业流程	领料单	执行
		生产任务单	执行
		生产日计划	执行
		备料单	执行
		补料申请单	执行
4	物料请购流程	物料申购单	执行
		物料采购周期表	执行
		委外申购单	执行
		采购未交明细表	执行
		来料准交率统计表	执行

150

（续表）

序号	流程名称	表单	执行情况
4	物料请购流程	物料需求单	未执行
		辅料月用量统计表	未执行
5	退补料作业流程	退料申请单	未执行
		补料申请单	执行
		品质检验报告	未执行
6	仓库管理制度	送检单	执行
		领料单	执行
		材料退库单	执行
		超领单	执行
		来料质量控制检验报告单	执行
		出货单	执行
		供应商退货单	执行
		消防器材检查点检表	执行

（2）缺失流程：无。

4.外部环境分析

（略）

三、部门目标分解

1.部门总目标

部门总目标的具体内容如表4所示。

表4 部门总目标

关键绩效领域	KPI指标	单位	目标值
财务方面	库存周转率	次	不少于9次
客户方面	订单准交率	%	不低于98%
内部流程	账物卡准确率	%	不低于99%
	物料齐套率	%	100%
学习与成长	培训考核合格率	%	不低于90%

2.部门目标分解

部门目标分解的具体内容如图3所示。

```
┌─────────┐   ┌─────────┐   ┌─────────┐   ┌─────────┐   ┌─────────┐
│ 库存周转率 │   │ 订单准交率 │   │ 账物卡准确率│   │ 物料齐套率 │   │ 培训考核  │
│         │   │         │   │         │   │         │   │ 合格率   │
└─────────┘   └─────────┘   └─────────┘   └─────────┘   └─────────┘
  ├ PMC 部主管    ├ PMC 部主管    ├ PMC 部主管    ├ PMC 部主管    ├ PMC 部主管
  ├ 计划员       └ 计划员       ├ 仓库组长      └ 物控员       └ 仓库组长
  └ 物控员                    └ 仓管员
```

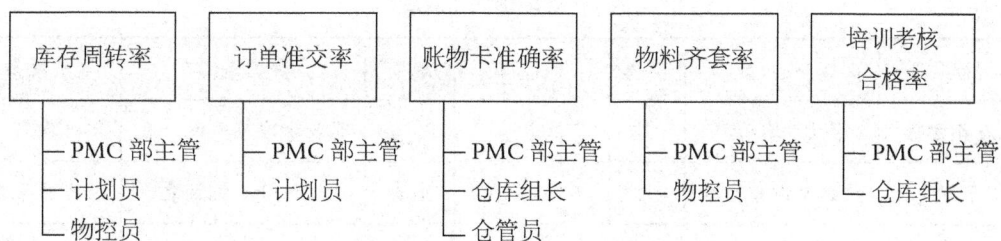

图 3　部门目标分解

3.PMC 部主管绩效目标

PMC 部主管绩效目标如表 5 所示。

表 5　PMC 部主管绩效目标

指标类别	绩效指标	单位	目标值	配分	数据来源	数据提供
财务方面	库存周转率	次	不少于 8 次	10 分	库存周转率汇总表	财务部
客户方面	订单准交率	%	不低于 90%	40 分	订单登记表	业务部
内部流程	物料齐套率	%	不低于 97%	30 分	冷冻滚动日生产计划	生产部
	账物卡准确率	%	不低于 90%	10 分	账物卡准确率统计表	财务部
学习与成长	培训考核合格率	%	不低于 80%	10 分	培训计划统计表	人力资源部
合计				100 分		

4.PMC 部物控员绩效目标

PMC 部物控员绩效目标如表 6 所示。

表 6　PMC 部物控员绩效目标

指标类别	绩效指标	单位	目标值	配分	数据来源	数据提供
财务方面	库存周转率	次	不少于 5 次	10 分	库存周转率汇总表	财务部
客户方面	物料齐套率	%	不低于 97%	90 分	冷冻滚动日生产计划	成型车间 组装车间
合计				100 分		

5.仓库组长绩效目标

仓库组长绩效目标如表 7 所示。

152 •

表7　仓库组长绩效目标

指标类别	绩效指标	单位	目标值	配分	数据来源	数据提供
财务方面	账物卡准确率	%	不低于60%	80分	账物卡准确率统计表	财务部
学习与成长	培训考核合格率	%	不低于90%	20分	培训计划统计表	人力资源部
合计				100分		

四、部门组织配置

PMC部组织架构和人数分别如图4和如表8所示。

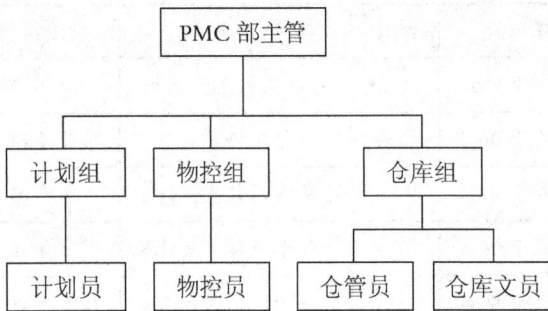

图4　PMC部组织架构

表8　PMC部人数

职务	编制人数	现有人数
PMC部主管	1	1
计划员	1	1
物控员	1	1
仓库组长	1	1
仓库文员	1	1
成品仓管员	0	0
半成品仓管员	1	1
外购/原料仓管员	1	1
委外/包材仓管员	1	1
合计	8	8

五、部门培训计划

PMC部××年度教育培训计划如表9所示。

表9　PMC部××年度教育培训计划

序号	培训课程名称	培训部门	培训对象	培训类别		培训方式		考核方式	培训讲师	培训次数	培训时数
				在位训练	在职训练	内训	外训				
1	新员工培训	PMC部	新入职人员	√		√		实操	PMC部负责人	1次/年	4小时
2	组织与职位体系	PMC部	新入职人员	√		√		笔试	PMC部负责人	1次/年	2小时

（续表）

序号	培训课程名称	培训部门	培训对象	培训类别		培训方式		考核方式	培训讲师	培训次数	培训时数
				在位训练	在职训练	内训	外训				
3	职务代理人培训	PMC部	职务代理人员	√		√		笔试	PMC部主管级及以上人员	2次/月	2小时
4	如何提升账物卡相符率	PMC部	仓管员	√		√		笔试	PMC部仓库组长	6次/年	2小时
5	如何减少库存及提高库存周转率	PMC部	全体人员	√		√		笔试	PMC部主管级及以上人员	1次/月	2小时
6	如何提升订单准交率	PMC部	生产计划员、物控员	√		√		笔试	PMC部主管级及以上人员	6次/年	2小时
7	订单评审及主导产销协调会	PMC部	生产计划员	√		√		实操	PMC部主管级及以上人员	1次/季度	2小时
8	呆滞料控制及处理	PMC部	物控员及仓管员	√		√		笔试	PMC部主管级及以上人员	1次/季度	2小时
9	产品知识讲解	PMC部	新入职人员		√	√		口试	PMC部负责人	1次/年	2小时
10	物料进度跟踪及信息反馈作业	PMC部	物控员		√	√		实操	PMC部负责人	1次/季度	2小时
11	沟通、协调能力培训	PMC部	全体人员		√	√		心得报告	PMC部负责人	1次/年	2小时
12	ERP系统操作规范培训	PMC部	全体人员		√	√		实操	PMC部负责人	1次/季度	2小时
13	仓库5S管理培训	PMC部	仓管员		√	√		笔试	PMC部仓库组长	6次/年	2小时
14	跨部门生产进度控制培训	PMC部	生产计划员		√	√		实操	PMC部负责人	1次/季度	2小时

（续表）

序号	培训课程名称	培训部门	培训对象	培训类别		培训方式		考核方式	培训讲师	培训次数	培训时数
				在位训练	在职训练	内训	外训				
15	PMC工作方法与生产排单、急插单的技巧	PMC部	生产计划员、物控员		√	√		笔试	PMC部负责人	1次/季度	2小时
16	制度文件	PMC部	新入职人员		√	√		笔试	PMC部负责人	1次/年	2小时
17	订单评审管理办法	PMC部	生产计划员		√	√		笔试	PMC部负责人	1次/月	2小时
18	领发料作业流程文件	PMC部	新入职人员		√	√		笔试	PMC部负责人	1次/年	2小时
19	手工台账书写培训	PMC部	新入职人员		√	√		实操	PMC部负责人	1次/年	2小时
20	货物入库培训	PMC部	新入职人员		√	√		笔试	PMC部负责人	1次/年	2小时
21	盘点管理知识	PMC部	新入职人员		√	√		笔试	PMC部负责人	1次/年	2小时
22	委外单书写培训（针对新员工）	PMC部	新入职人员		√	√		笔试	PMC部负责人	1次/年	2小时

六、执行计划总表

（略）

【范本07】▶▶▶

生产车间20××年度经营计划书

一、部门年度检讨

1. 计划达成率

生产车间计划达成率9月至12月情况分析如图1所示。

项目	9 月	10 月	11 月	12 月	平均值
目标值	不低于 95%	不低于 95%	不低于 95%	不低于 95%	不低于 95%
实际值		77.66%	78%	67%	74.22%
达成率		81.75%	82.11%	70.53%	78.13%
是否达成	否	否	否	否	否

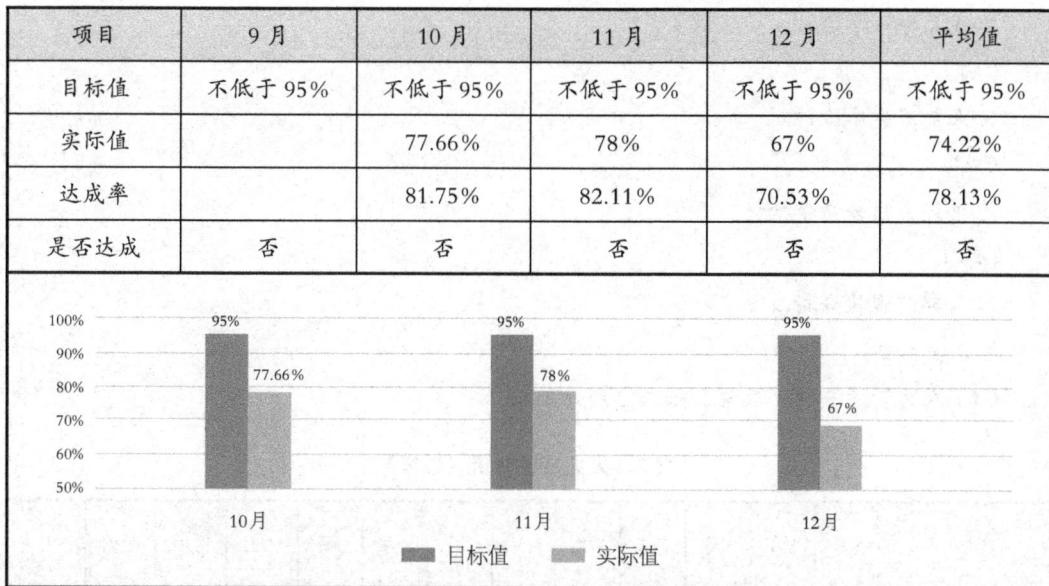

图 1　生产车间计划达成率 9 月至 12 情况分析

（1）得

① 成品合格率有所提升。

② 首件合格率有所提升。

③ 计划达成率有所提升。

④ 团队建立逐步完善。

（2）失

计划达成率问题点如表 1 所示。

表 1　计划达成率问题点

问题点	问题点分析
异常过多，处理不及时	（1）未按流程处理异常：未培训考核、不重视流程、没有专人跟进流程 （2）异常处理方案不及时：没有专人跟进、部门沟通不及时、执行结果有偏差 （3）异常总结分析：异常报告未收集、异常数据未建立、异常分析未执行
设备维护保养	（1）设备的点检：无设备维护表，设备维护要点、设备维护周期不明确 （2）设备参数：未阅读参数说明书、未操作培训、未按设备操作说明书执行
人员分析	（1）人员质量分析：未建立效率差异表、未建立人员差异数据、未进行人员培训考核 （2）人员素养：未制订培训计划、未制定培训内容、未考核上岗
作业计划	（1）物料齐套：产前未点检、来料有异常 （2）产前首件：产前未点检、资料不准确、未提前做首件
团队执行力	车间制度：制度不完善；奖惩不分明；工作氛围缺失

2. 成品合格率检讨

（略）

3. 人员流失率检讨

（略）

4. 培训考核合格率检讨

（略）

二、部门现状分析

1. 人力分析

（1）人力资源分析（数量）如表2所示。

表2　人力资源分析（数量）

项目	1月	2月	3月	4月	5月	6月	7月	8月	9月	10月	11月	12月	年度平均
编制数量	70	70	70	70	70	70	70	70	70	70	70	70	70
平均在职人数	43	27	55	58	65	68	73	77	67	72	65	66	61
入职人数													0
入职率													0
离职人数													0
离职率	0	0	0	0	0	0	0	0	0	0	0	0	0
平均工龄（月）													
分析及结论： （1）本部门平均每月流失率为3%。通过分析，我们认为此结论合理 （2）本部门平均入职率为5%。通过分析，我们认为此结论合理 （3）本部门平均工龄为48个月。通过分析，我们认为此结论合理						改进办法： （1）与新员工每半个月、与老员工每一个月进行一次沟通，了解其心理动态 （2）给予每人每月平均4小时的培训，让其有更多的学习与发展空间 （3）每个月培养储备人才，确保人员流失后立即有人替代							

（2）人力资源分析表（质量）

（略）

2. 物力分析

（1）车间物力分析（生产部）如表3所示。

表3　车间物力分析（生产部）

序号	固定资产名称	配置	现有数量	是否需增加	原因说明
1	注塑机		30台	否	
2	吹瓶机		1台	否	

（续表）

序号	固定资产名称	配置	现有数量	是否需增加	原因说明
3	模温机		6 台	否	
4	碎料机		9 台	否	
5	机械手		28 台	否	

（2）车间物力分析（办公室）如表 4 所示。

表 4　车间物力分析（办公室）

序号	固定资产名称	配置	现有数量	是否需增加	原因说明
1	计算机显示器		2 台	否	
2	计算机主机		2 台	否	
3	电话		2 部	否	
4	办公桌		2 张	否	
5	办公椅		3 把	否	
6	储物柜		1 个	否	
7	物品台		2 个	否	

3. 信息力分析

信息力分析如表 5 所示。

表 5　信息力分析

序号	流程名称	表单	执行情况
1	生产流程	生产任务单	是
2	产品入库以及出库流程	生产入库单	是
3	首件送检流程	首件确认单	是
4	异常提报流程	生产异常联络单	是
5	模具维修以及保养流程	模具维修单	是
6	生产产能统计流程	车间日报表	是
7	达成率分析流程	成型冷冻滚动生产计划	是
8	异常分析流程	当班异常统计表	是
9	上下模工作流程	上下模记录表	是
10	拌料工作流程	拌料记录表	是
11	碎料工作流程	碎料记录表	是
12	设备点检流程	每日设备点检表	是

4. 外部环境分析

（1）产品涉及范围越来越广，对人力资源特别是高素质的技术人才需求日趋增加。

（2）从事注塑加工的技术人员大多没有经过专业的技术训练，分析问题与动手解决问题的能力比较弱，生产管理比较落后。

（3）行业产能过剩，同质化竞争激烈。

三、部门目标分解

1. 部门年度总目标

生产车间20××年部门总目标如表6所示。

表6 生产车间20××年部门总目标

关键绩效领域	KPI指标	单位	目标值
财务方面	物料损耗率	%	不超过2%
客户方面	生产计划达成率	%	不低于95%
	品质合格率	%	不低于98%
内部流程	人均小时产量	件	不少于300件
学习与成长	培训考核合格率	%	不低于90%

2. 部门目标分解

部门目标分解如图2所示。

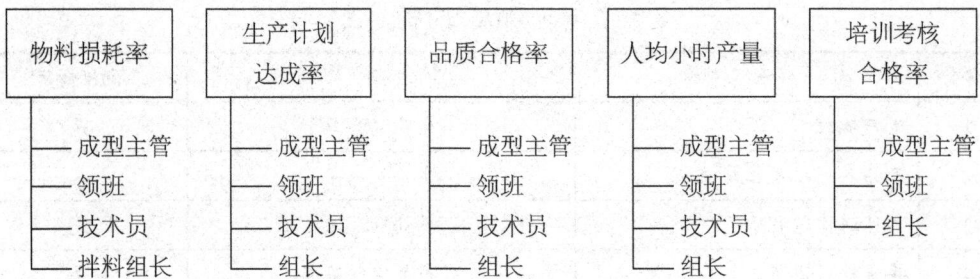

图2 部门目标分析

3. 部门骨干绩效目标（领班）

部门骨干绩效目标（领班）如表7所示。

表7 部门骨干绩效目标（领班）

指标类别	绩效指标	目标值	配分	数据来源	数据提供
财务方面	物料损耗率	不超过10%	10分	成型物料损耗统计表	财务部
客户方面	生产计划达成率	不低于65%	40分	计划达成统计表	PMC部

（续表）

指标类别	绩效指标	目标值	配分	数据来源	数据提供
内部流程	品质抽检合格率	不低于95%	30分	制程检验统计表	品质部
	人均小时产量	不少于300件	20分	人均小时产量统计表	财务部
合计			100分		

4.部门骨干绩效目标（技术员）

部门骨干绩效目标（技术员）如表8所示。

表8　部门骨干绩效目标（技术员）

指标类别	绩效指标	目标值	配分	数据来源	数据提供
财务方面	物料损耗率	不超过10%	10分	成型物料超损统计表	财务部
客户方面	生产计划达成率	不低于65%	40分	计划达成统计表	PMC部
内部流程	品质抽检合格率	不低于95%	30分	制程检验统计表	品质部
	人均小时产量	不少于300件	20分	人均小时产量统计表	财务部
合计			100分		

四、部门组织配置

生产车间组织架构和人数分别如图3和如表9所示。

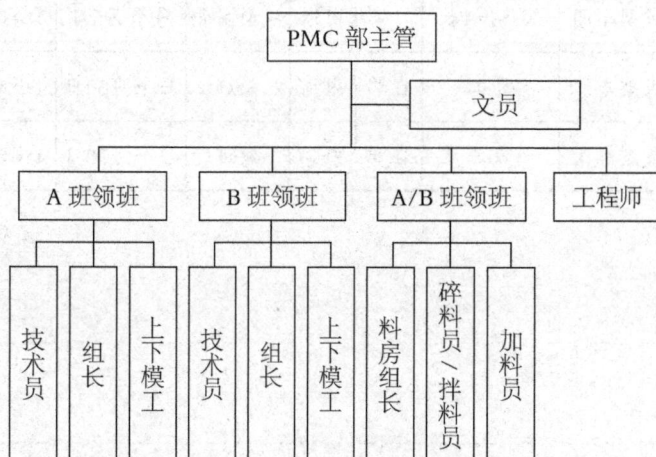

图3　生产车间组织架构

表9　车间人数

职务	编制人数	现有人数
PMC部主管	1	1
领班	2	2
工程师	2	2
技术员	4	4
组长	3	3
碎料员	2	2
加料员	2	1
上下模工	1	1
合计	17	14

五、部门培训计划

车间20××年度教育培训计划如表10所示。

表10　车间20××年度教育培训计划

部门：成型车间

序号	培训课程名称	培训部门	培训对象	培训类别	培训方式	培训讲师	预计日期	培训时数
1	岗前培训：现场管理制度、设备操作指导、品质判断标准、消防安全培训／员工安全手册、各工序作业指导	成型车间	新入职人员	在职	内训	成型主管	新入职人员入职两周内	1小时
2	车间生产管理制度培训	成型车间	领班、员工	在职	内训	成型主管	每个月10日	1小时
3	车间生产报表规范填写	成型车间	员工	在职	内训	成型领班	每个月15日	1小时
4	车间各工序作业指导	成型车间	员工	在职	内训	成型领班	每个月15日	1小时
5	5S知识培训	成型车间	全员	在职	内训	成型主管	每个月5日	1小时
6	生产管理制度培训	成型车间	领班、员工	在职	内训	成型主管	每个月10日	1小时
7	质量培训	成型车间	领班、员工	在职	内训	品质主管	每月第一个周四	1小时
8	生产现场管理制度	成型车间	领班/组长	在职	内训	成型主管	每个月5日	1小时
9	精益生产管理	成型车间	领班/组长	在职	内训	成型主管	每个月5日	1小时
10	现场操作技能	成型车间	员工	在职	内训	领班	每个月30日	1小时
11	各班组生产安全	成型车间	员工	在职	内训	领班	每个月30日	1小时

六、执行计划总表

（略）

【范本08】▶▶

稽核部20××年度经营计划书

一、部门年度检讨

1.项目任务书完成率检讨

项目任务书完成率9月至12月情况分析如图1所示。

项目	9 月	10 月	11 月	12 月
目标值	不低于 98%	不低于 98%	不低于 98%	不低于 98%
实际值	76.11%	49.43%	87.69%	66.06%
是否达成	否	否	否	否

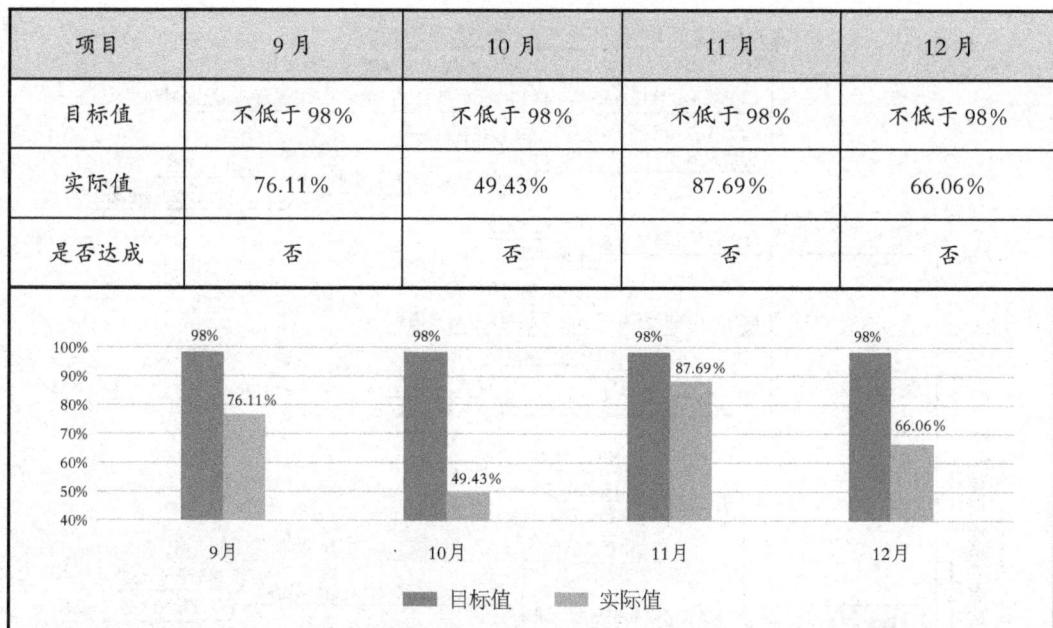

图 1　项目任务书完成率 9 月至 12 月情况分析

（1）得

① 接到项目任务书后第一时间对任务进行记录分解。

② 按时完成稽核任务，并且在微信群中公布当天稽核结果。

（2）失

① 项目任务书完成率目标值为 98%，实际达成平均值为 69.82%。

② 未进行工作上的沟通，遇到问题时束手无策。

③ 对责任人处罚不够果断，有时不能坚持原则。

（3）改善措施

① 及时告知跟催责任人。

② 自我学习提高，自我约束。

③ 主动沟通检查任务，听取意见。

④ 每天下班前更新未完成项目。

⑤ 调整心态，做好职责内工作。

⑥ 坚持"四不放过"原则，做好本职工作。

⑦ 每天定时发布信息。

⑧ 制订培训计划，学习各方面专业知识。

（4）瓶颈分析

项目任务书完成率瓶颈分析如图 2 所示。

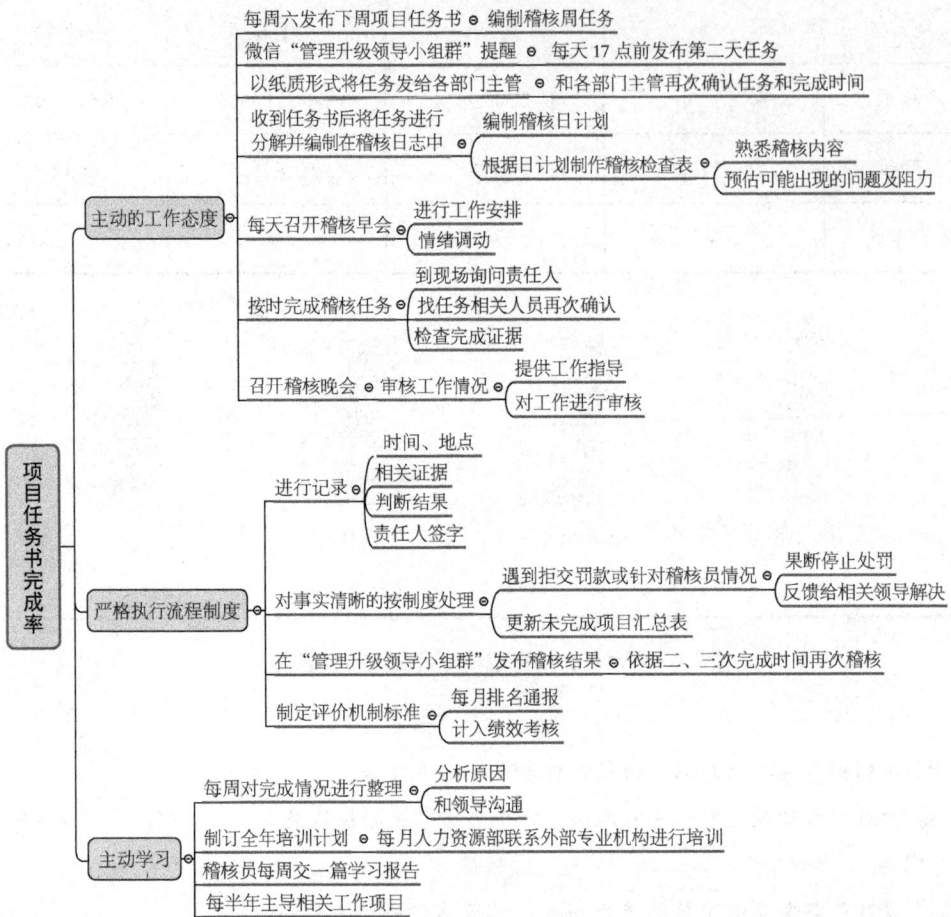

图2 项目任务书完成率瓶颈分析

2.会议决议完成率检讨

（略）

3.流程制度执行率检讨

（略）

4.稽核案例分析会检讨

（略）

5.输送后备管理人才检讨

（略）

二、部门现状分析

1.人力分析

（1）数量分析的具体内容如表1所示。

表 1　数量分析

项目	1月	2月	3月	4月	5月	6月	7月	8月	9月	10月	11月	12月	年度平均
编制数量									3	3	3	3	1
平均在职人数									3	1	1	1	1
入职人数									3	0	0	0	0.25
入职率									100%	0	0	0	8%
离职人数									0	0	0	0	0
离职率									0	0	0	0	0
平均工龄（月）										21	22	23	22

分析及结论：	改进办法：
（1）本部门平均每月年度流失率为 0。通过分析，我们认为此结论合理 （2）本部门平均入职率为 8%。通过分析，我们认为此结论合理 （3）本部门平均工龄为 22 个月。通过分析，我们认为此结论合理	（1）不定时进行招聘，确保人员流失或晋升后立即有人替代 （2）给予平均每月人均 2 小时的培训，让其有更多的学习与发展空间 （3）每天定时召开内部会议，相互沟通学习

（2）质量分析的具体内容略。

2. 物力分析

（略）

3. 流程分析

（1）现有流程分析如表 2 所示。

表 2　现有流程分析

序号	流程名称	表单	执行情况
1	稽核管理制度	稽核周任务书	未执行
		稽核员下周稽核时间安排表	未执行
		稽核日志	执行
		奖罚汇总表	执行
		稽核不符合汇报表	未执行
		整改通知书	执行
		稽核成长单	执行
		稽核案例表	未执行
		稽核申诉单	执行
		稽核申请单	未执行

（续表）

序号	流程名称	表单	执行情况
2	会议管理制度	签到表	执行
		会议决议	执行

（2）缺失流程：无。

4.外部环境分析

（略）

三、部门目标分解

1.部门总目标

稽核部20××年部门总目标如表3所示。

表3　稽核部20××年部门总目标

关键绩效领域	KPI指标	单位	目标值
客户方面	流程制度执行率	%	不低于90%
	会议决议完成率	%	不低于98%
	项目任务书完成率	%	不低于98%
内部流程	稽核案例分析会	次	不少于12次
学习与成长	输送管理人才	人	不少于2人

2.部门目标分解

部门目标分析如图3所示。

图3　部门目标分解

3.稽核员绩效目标

稽核员绩效目标如表4所示。

表 4　稽核员绩效目标

指标类别	绩效指标	目标值	配分	数据来源	数据提供
客户方面	项目任务书完成率	不低于88%	30分	稽核检查表／稽核日志	稽核部
	会议决议完成率	不低于93%	30分	稽核检查表／稽核日志	稽核部
	流程制度执行率	不低于80%	30分	稽核检查表／稽核日志	稽核部
内部流程	稽核案例分析会	每月1次	10分	会议签到表／会议记录	稽核部
合计			100分	—	—

四、部门组织配置

稽核部组织架构和人数分别如图4和如表5所示。

图 4　稽核部组织架构

表 5　稽核部人数

职务	编制人数	现有人数
稽核经理	1	0
稽核员	2	1
合计	3	1

注：目前只有1名稽核员，还需增补1～2名稽核员。

五、部门培训计划

稽核部年度教育培训计划如表6所示。

表 6　稽核部年度教育培训计划

序号	培训课程名称	培训部门	培训对象	培训类别		培训方式		考核方式	培训讲师	预计日期	培训时数	备注
				在位训练	在职训练	内训	外训					
1	稽核管理制度	稽核部	新入职人员	√		√		笔试	稽核部负责人	每个新人进部门第二周内	1.5小时	
2	会议管理制度	稽核部	新入职人员	√		√		笔试	稽核部负责人	每个新人进部门第二周内	1小时	
3	人力资源规划	稽核部	全体人员		√	√		笔试		2月25日、8月5日	2小时	人力资源部调配
4	5S现场管理	稽核部	全体人员		√	√		笔试		3月3日、9月8日	2小时	人力资源部调配

（续表）

序号	培训课程名称	培训部门	培训对象	培训类别		培训方式		考核方式	培训讲师	预计日期	培训时数	备注
				在位训练	在职训练	内训	外训					
5	招聘与配置	稽核部	全体人员		√	√		笔试		3月11日、8月12日	2小时	人力资源部调配
6	企业安全培训	稽核部	全体人员		√	√		笔试		3月17日、9月1日	2小时	人力资源部调配
7	生产计划的编制与控制	稽核部	全体人员		√	√		笔试		3月24日、9月15日	2小时	人力资源部调配
8	团队建设与管理	稽核部	全体人员		√	√		笔试		4月1日、10月14日	2小时	人力资源部调配
9	沟通、协调能力培训	稽核部	全体人员		√	√		笔试		4月8日、10月7日	2小时	人力资源部调配
10	如何做一个好的管理者	稽核部	全体人员		√	√		笔试		4月15日、10月21日	2小时	人力资源部调配
11	成本控制与质量管理	稽核部	全体人员		√	√		笔试		4月22日、10月28日	2小时	人力资源部调配
12	执行力培训	稽核部	全体人员		√	√		笔试		5月6日、11月4日	2小时	人力资源部调配
13	培训与开发	稽核部	全体人员		√	√		笔试		5月13日、11月18日	2小时	人力资源部调配
14	绩效管理	稽核部	全体人员		√	√		笔试		5月20日、11月11日	2小时	人力资源部调配
15	薪酬福利管理	稽核部	全体人员		√	√		笔试		6月3日、12月2日	2小时	人力资源部调配
16	如何与客户沟通	稽核部	全体人员		√	√		笔试		6月10日、12月9日	2小时	人力资源部调配
17	服务意识培训	稽核部	全体人员		√	√		笔试		6月17日、12月16日	2小时	人力资源部调配
18	IE手法培训	稽核部	全体人员		√	√		笔试		7月1日、12月23日	2小时	人力资源部调配
19	ISO9001培训	稽核部	全体人员		√		√	心得报告		7月16日	2小时	人力资源部调配
20	各部门流程制度	稽核部	全体人员	√		√		笔试	稽核部负责人	每月10日和20日	1小时	分部门按计划培训

六、执行计划总表

（略）

第 4 章

全面预算

★ ★ ★ ★ ★

　　预算促进了企业计划工作的开展与完善，降低了企业的经营风险与财务风险。企业进行全面预算管理就是以企业战略目标为出发点，以市场需求为导向，建立起涉及企业生产经营各个方面的预算管理体系。全面预算包括经营预算和财务预算，它将企业的经营目标具体化和细分化，对实现经营目标所消耗的资源进行合理的配置，指导企业生产经营活动，是一种集控制、激励、评价等功能为一体的贯彻企业经营战略并对企业进行内部控制的管理机制。

4.1　全面预算的内容

全面预算包括两个方面的内容：第一，业务预算，如销售预算、生产预算、采购预算、生产成本预算等；第二，财务预算，如资本预算、现金预算、预计报表等。没有业务预算就没有财务预算。

全面预算需要各部门共同编制，财务部发挥支持与辅导作用。

4.1.1　业务预算

业务预算是与企业基本生产经营活动相关的预算，主要包括表 4-1 所示的项目。

表 4-1　业务预算的项目

序号	项目	说明
1	销售预算	销售预算是指在销售预测的基础上编制的，用于规划预算期销售活动的一种业务预算。销售预算是整个预算的编制起点
2	生产预算	生产预算是为规划预算期生产规模而编制的一种业务预算，它是在销售预算的基础上编制的，并可以作为编制直接材料预算和产品成本预算的依据
3	直接材料预算	直接材料预算是为了规划预算期直接材料采购金额的一种业务预算。直接材料预算以生产预算为基础编制，同时要考虑原材料的存货水平
4	直接人工预算	直接人工预算是一种既能够反映预算期内人工工时消耗水平，又能够规划人工成本开支的业务预算
5	制造费用预算	制造费用预算通常分为变动制造费用预算和固定制造费用预算两部分。变动制造费用预算以生产预算为基础编制；固定制造费用需要逐项进行预计
6	产品成本预算	产品成本预算是销售预算、生产预算、直接材料预算、直接人工预算、制造费用预算的汇总，其主要内容是产品的单位成本和总成本
7	销售及管理费用预算	销售费用预算是为了实现销售预算所需支付的费用预算，一般以销售预算为基础编制。管理费用预算一般是以过去的实际开支为基础编制，按预算期的可预见变化来调整

4.1.2 财务预算

财务预算是反映企业在预算期内现金收支、经营成果和财务状况的预算，是量化的财务目标，是企业财务决策的结果。财务预算主要包括图4-1所示的项目。

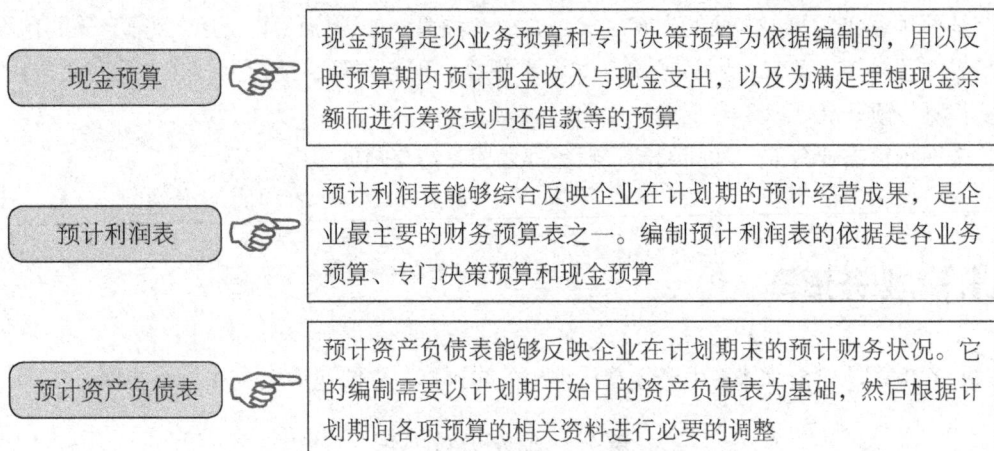

现金预算	☞	现金预算是以业务预算和专门决策预算为依据编制的，用以反映预算期内预计现金收入与现金支出，以及为满足理想现金余额而进行筹资或归还借款等的预算
预计利润表	☞	预计利润表能够综合反映企业在计划期的预计经营成果，是企业最主要的财务预算表之一。编制预计利润表的依据是各业务预算、专门决策预算和现金预算
预计资产负债表	☞	预计资产负债表能够反映企业在计划期末的预计财务状况。它的编制需要以计划期开始日的资产负债表为基础，然后根据计划期间各项预算的相关资料进行必要的调整

图4-1   财务预算的项目

【管理工具 01】 ▶▶▶ --

预算操作指引

1. 目的

为了规范集团、各子公司年度经营预算的合理制定，特制定本预算操作指引。

2. 适用范围

本预算操作指引适用于××集团各部门及下属子公司预算管理范畴。

3. 预算操作指引

预算操作指引的具体内容如表1所示。

表1   预算操作指引

预算项目	预算维度	预算指引说明	责任部门	完成时间
预算准备	准备内容	每年制订集团公司年度预算编制计划，提供近三年预算与实际历史数据，结合预算策略制定预算相关模板及表单，召开预算启动会议，讲解本年度预算问题点、下年度预算策略及要求，并下发预算模板（职能部门做预算时不可改动表单模板）	财务部	10月5日

（续表）

预算项目	预算维度	预算指引说明	责任部门	完成时间
销售收入	预算方法	（1）销售目标量：分公司营销部组织各区域业务人员，结合销售历史数据、市场份额、市场增幅、与客户沟通采购计划；市场竞争，区域分析；产品结构，新旧产品的开发与淘汰；结合五年规划编制（剔除并购）明年各业务员销售目标量（含业务人员、客户名称、产品类别、产品单价、销售数量、销售金额），分公司总经理参与评审，评审完后提交集团营销中心审批	营销部	10 月 15 日
		（2）销售单价：参考原材料价格走势、市场情况、现有销售单价等，预算最新销售单价		
		（3）折扣率：分公司销售部结合市场变化，参照近三年产品类别实际折扣率（实际折扣/折前收入），编制折扣率标准，一般会控制在和去年差不多（原则上折扣力度不超过去年，但实际每年都要高一些）的水平上，折扣中不含赠送料成本，赠送料做单独成本核算，分公司总经理参与评审，评审完后提交集团营销中心审批		
	计算公式	销售收入＝销售目标量 × 销售单价 ×（1−折扣率）		
材料费用	配方成本	产品配方成本：工程中心配方负责人制定并下发配方成本指导意见，各版块负责人根据预算产量和原料单价，结合去年实际和去年预算的配方成本，综合考虑明年的产品质量需求，编制各公司各分类产品的配方成本指导意见	技术部	10 月 20 日
	原材料成本	（1）原材料数量：配方师依据工程中心下发的配方成本指导意见、预算产量、损耗率、原材料采购单价来编制配方使用量。预算的配方使用量仅包含原材料，不含包装物，包装物的费用在包装费用中核算。计算公式：原材料数量＝产品用量 × 预算产量 ×（1＋损耗率）	采购部	10 月 25 日
		（2）原材料单价：采购中心根据现有原材料单价，制定明年原材料采购单价。各公司采购负责人根据明年原材料采购单价，制定原材料成本与收入占比标准并上报采购中心。当原材料采购单价出现大的涨幅时，采购中心需对预算的采购单价做相应调整		
		（3）原材料成本：采购部根据配方师编制的原材料数量，结合原材料单价核算原材料成本。计算公式：原材料成本＝原材料数量 × 原材料单价 ÷ 出品率		

预算项目	预算维度	预算指引说明	责任部门	完成时间
材料费用	降本专案	配方差成本下降专案：配方师结合原材料成本、产品质量制定年度原材料降本专案	技术部	10月30日
	包装成本	（1）包装材料数量：分公司采购部根据营销部的销售目标量、包装材料用量、包装材料损耗率核算包装材料数量。计算公式：包装材料数量=销售目标量×包装用量×（1+包装材料损耗率） （2）包装材料单价：采购中心根据现有包装材料采购单价，制定明年包装材料单价。各公司采购负责人根据明年包装材料采购单价，制定包装材料成本与收入占比标准并上报采购中心。当包装材料采购单价出现大的涨幅时，采购中心需对预算的采购单价做相应调整 （3）包装材料成本：分公司采购部根据包装材料数量、包装材料单价核算包装成本。计算公式：包装材料成本=包装材料数量×包装材料单价×（1+损耗率）	采购部	10月25日
	计算公式	材料费用=原材料成本+包装材料成本		
人工费用	预算方法	（1）预算产量：生产部根据营销部的销售目标量、产品标准工时、产品生产线配置、生产工艺流程及特性，编制公司预算产量（含分公司部分销售目标量、生产中心安排的代加工量）、销售目标量、外协加工量。计算公式：预算产量=销售目标量+代加工量-外协加工量 （2）生产部根据销售目标量、生产预算产量、产品标准工时、生产工艺流程及特性，编制生产部直接人力需求计划	生产部	10月20日
	直接人工费	（1）直接人员基本工资标准：根据去年直接人员基本工资、工资预算提升幅度政策，核算直接人员基本工资。计算公式：直接人员基本工资标准=去年直接人员基本工资×（1+工资预算提升比） （2）直接人员基本工资=直接人员基本工资标准×直接人员人数 （3）直接人员浮动性工资=总产量×每件产品的加工费 （4）直接人员奖金=总产量×每件产品的奖金金额 （5）超产量奖金=（总产量-预算产量）×每件产品的超产量奖金×直接人工提成比 （6）品质提升奖金=总产量×（质量提升比-去年质量比）×每一百分比奖金金额×直接人工提成比	生产部	11月5日

（续表）

预算项目	预算维度	预算指引说明	责任部门	完成时间
人工费用	直接人工费	（7）成本下降奖金＝总产量×（去年每件产品的制造费用－本年每件产品的制造费用）×奖金提成比×直接人工提成比	生产部	11月5日
	计算公式	直接人员工费＝直接人员基本工资＋浮动性工资＋奖金＋超产量奖金＋品质提升奖金＋成本下降奖金		
制造费用	固定费用	（1）生产、仓库、品质部门根据销售目标量、生产预算产量、产品标准工时、生产工艺流程及特性，编制生产部间接人力需求计划	生产部	11月5日
		（2）间接人员工资：根据生产薪酬方案、间接人员固定工资、工资预算提升幅度政策、加班工资，核算间接人员工资。计算公式：间接人员工资＝去年间接人员固定工资×（1＋工资预算提升比）×间接人员（含生产、仓库、品质人员）人数＋加班工资		
		（3）保险福利费用＝去年历史保险福利标准×制造部门（含生产、仓库、品质人员）人数		
		（4）办公费用＝去年办公费用×（预算产量÷去年产量）		
		（5）邮电通信费用＝通信费用标准×人数		
		（6）固定资产折旧费用：参照上年度每件产品折旧费用、本年度新增折旧费用核算固定资产折旧费用。计算公式：固定资产折旧费用＝上年度折旧总费用÷上年度总生产量×本年度预算总产量＋本年度新增折旧费用		
		（7）差旅费用、汽车使用费用、会务费用、交际应酬费用、财产保险费用、检验检测费用（设备）：参照去年历史费用		
	计算公式	固定费用＝间接人员工资费用＋保险福利费用＋办公费用＋邮电通信费用＋差旅费用＋汽车使用费用＋会务费用＋交际应酬费用＋固定资产折旧费用＋财产保险费用＋检验检测费用（设备）		
制造费用	变动费用	（1）间接人员奖金＝预算产量×间接人员奖金金额	生产部	11月5日
		（2）超产量奖金＝（总产量－预算产量）×每件产品的超产量奖金金额×间接人工提成比		
		（3）品质提升奖金＝总产量×（质量提升比－去年质量比）×每一百分比奖金金额×间接人工提成比		

（续表）

预算项目	预算维度	预算指引说明	责任部门	完成时间
制造费用	变动费用	（4）成本下降奖金＝总产量×（去年每件产品的制造费用－本年每件产品的制造费用）×奖金提成比×间接人工提成比	生产部	11月5日
		（5）劳保用品费用＝去年历史费用×（预算产量÷上年产量）		
		（6）一般性备品配件费用＝去年历史费用×（预算产量÷去年产量）		
		（7）高价格备品配件费用＝去年历史费用×（预算产量÷去年产量）		
		（8）维修费用＝去年维修历史费用×（预算产量÷去年产量）		
		（9）技术改造费用＝去年维修历史费用×（预算产量÷去年产量）		
		（10）排污费用＝去年排污历史费用×（预算产量÷去年产量）		
		（11）装卸费用＝去年历史费用×（预算产量÷去年产量）		
		（12）物料损耗费用＝每件产品的耗油费×预算产量		
		（13）材料差异费用可参照去年历史费用		
		（14）柴油费用＝每件产品的耗油费×预算产量		
		（15）其他费用＝每件产品的其他费用×预算总产量		
		（16）各产品线制造费用按产品线核算产品制造费用		
		① 各产品线用水费用＝每件产品的耗水费×产品线预算产量		
		② 各产品线用电费用＝每件产品的耗电费×产品线预算产量		
		③ 各产品线用蒸汽费用＝每件产品的耗蒸汽费×产品线预算产量		
		④ 各产品线制造费用＝产品线用水费用＋产品线用电费用＋产品线用蒸汽费用		
		变动费用＝间接人员奖金费用＋超产量奖金工资费用＋品质提升奖工资费用＋成本下降奖费用＋劳保用品费用＋一般性备品配件费用＋高价格备品配件费用＋物料损耗费用＋维修费用＋技术改造费用＋材料差异费用＋排污费用＋柴油费用＋装卸费用＋其他费用＋各产品线制造费用		

（续表）

预算项目	预算维度	预算指引说明	责任部门	完成时间
制造费用	计算公式	制造费用＝固定费用＋变动费用	生产部	10月30日
	降本专案	制造费用降本专案：制造部根据能耗费用制定年度制造费用降本专案		
销售费用	销售费用	（1）职能部门根据销售目标量，编制营销部间接人力需求计划	营销部	11月5日
		（2）固定工资：根据去年员工基础工资、工资预算提升幅度政策核算员工工资。计算公式：员工工资费用＝去年员工基础工资×（1＋工资预算提升比）×员工人数		
		（3）业绩奖金：参照销售提成方案、结合销售业绩完成量核算销售提成费用。计算公式：业绩奖金费用＝（销售业绩－基础业绩）×业绩奖提成比（超销售基础业绩才有业绩奖金）		
		（4）成长分享奖金：参照销售提成方案、结合超销售目标业绩核算成长分享奖金费用。计算公式：成长分享奖金费用＝（销售业绩－目标业绩）×成长分享提成比		
		（5）折扣奖金：参照销售提成方案、结合折扣完成情况核算折扣奖金费用。计算公式：折扣奖金费用＝折扣完成量×折扣奖金提成比		
		（6）账款回收奖金：参照销售提成方案、结合账款回收情况核算账款回收奖金费用。计算公式：账款回收奖金费用＝账款回收金额×账款回收奖金提成比		
		（7）保险福利费用＝去年历史保险福利标准×营销部门人数		
		（8）通信费用＝去年历史通信费用标准×人数		
		（9）服装费用：根据服装费用标准、新员工人数，预算服装费用。计算公式：服装费用＝服装费用标准×新员工人数		
		（10）差旅费用、交际应酬费用：根据去年保有量及新增量对应报销标准进行计算，预算差旅费、交际应酬费用。计算公式：差旅费、交际应酬费用＝新增量标准×新增数量＋老客户保有量标准×老客户保有量		

（续表）

预算项目	预算维度	预算指引说明	责任部门	完成时间
销售费用	销售费用	（11）运输费用：根据区域运输费用标准、区域运输次数，核算运输费用。计算公式：运输费用＝区域运输费用标准 × 区域运输次数	营销部	11月5日
		（12）装卸费用：根据历史上的每吨装卸费用标准和装卸吨数，核算装卸费用。计算公式：装卸费用＝每吨装卸费用标准 × 装卸吨数		
		（13）办公费用、修理费用、会议费用、仓库租赁费用、广告宣传费用、广告宣传费用、办事处费用可参照去年历史费用		
		（14）技术服务费用：根据去年产品技术服务费用标准、产品区域推广策略，预算技术服务费用		
	计算公式	销售费用＝固定工资＋业绩奖金＋成长分享奖金＋折扣奖金＋账款回收奖金＋保险福利费用＋办公费用＋修理费用＋通信费用＋差旅费用＋服装费用＋交际应酬费用＋会议费用＋仓库租赁费用＋运输费用＋装卸费用＋广告宣传费用＋技术服务费用＋办事处费用		
管理费用	管理费用	（1）总经办、人力资源部、技术部、采购部根据销售目标量、生产预算产量、产品标准工时、生产工艺流程及特性，编制各部门人力需求计划	总经办、财务部、采购部、人力资源部、技术部	11月5日
		（2）人工工资费用：根据去年人工工资、工资预算提升幅度政策，核算人工工资。计算公式：人工工资费用＝去年人工工资 ×（1＋工资预算提升比）× 人工（含总经办、人力资源部、技术部、采购部人员）人数		
		（3）人工奖金费用按人工奖金方案计算		
		（4）保险福利费用＝去年历史保险福利标准 × 部门（含总经办、财务部、人力资源部、技术部、采购部人员）人数		
		（5）服装费用：根据服装费用标准、新员工人数，预算服装费用。计算公式：服装费用＝服装费用标准 × 新员工人数		
		（6）通信费用可参照人员通信费用标准		
		（7）工会费用、办公费用、修理费用、水电费用、汽车使用费用、年审年检费用、绿化环保排污费用可参照去年历史费用计算		

（续表）

预算项目	预算维度	预算指引说明	责任部门	完成时间
管理费用	计算公式	管理费用＝间接人员工资费用＋间接人员奖金费用＋工会费用＋保险福利费用＋办公费用＋修理费用＋服装费用＋通信费用＋水电费用＋汽车使用费用＋年审年检费用＋绿化环保排污费用		
	降本专案	管理费用降本专案：人力资源部结合公司目标、管理花销费用，制定年度管理费用降本专案	人力资源部	10月30日
财务费用	财务费用	（1）利息收入＝存款额度×利率	财务部	11月15日
		（2）利息支出＝贷款额度×利率		
		（3）汇兑损益：汇兑损益又称为汇兑差额，即由于汇率的浮动所产生的结果。企业在发生外币交易、兑换业务和期末账户调整及外币报表换算时，由于采用不同货币，或同一货币不同比价的汇率核算时产生的、按记账本位币折算的差额。简单地说，汇兑损益是在各种外币业务的会计处理过程中，因采用不同的汇率而产生的会计记账本位币金额的差异		
		（4）手续费是支付给银行的电汇、承兑、贴现手续费，可参照去年的历史费用计算		
	计算公式	财务费用＝利息收入－利息支出－汇兑损益－手续费		

附：预算参照比值表

预算参照比值表如表 2 所示。

表 2　预算参照比值表

类别		科目	2019 年		2020 年		2021 年预算数据	
			保有量	新增量	保有量	新增量	保有量	新增量
基础数据	营业收入	销售量						
		1.×产品						
		2.×产品						
		3.×产品						
		4.其他						
		动保销售量（万元）						

（续表）

类别	科目		2019 年		2020 年		2021 年预算数据	
			保有量	新增量	保有量	新增量	保有量	新增量
基础数据	营业收入	种苗销售量						
	生产	生产量						
		小料生产量						
预算标准	销售费用	单吨销售费用						
		差旅费用（万元）						
		交际应酬费用（万元）						
		销售人员奖金费用（万元）						
	原材料	出品率						
	包装材料	损耗率						
	制造费用	A 产品制造费用						
		A 产品制造费用：煤油汽						
		A 产品制造费用：电耗						
		A 产品制造费用：物耗						
		A 产品制造费用：人工						
		B 产品制造费用						
		B 产品制造费用：煤油汽						
		B 产品制造费用：电耗						
		B 产品制造费用：物耗						
		B 产品制造费用：人工						
		……						

4.2　全面预算的编制程序

4.2.1　准备阶段

1. 召开预算启动会议

为了凝聚共识，每年企业在编制预算时应召开预算启动会议，使各部门明确预算编制的原因以及预算的目标、方针和思想等。

简单地说，预算启动就是为预算的正式开始而做的准备，目的是为了使预算能够顺利地实施，为预算工作的全面展开提供保障。

（1）预算启动的范围

企业各部门是预算启动的责任人。各部门负责人要按照预算启动会议规定的时间，收集和汇总各部门提交的下年度初步预测报告与相关资料，对企业年度财务预算进行数据分析并提出建议，提交总经理办公会商议，以确定企业年度战略目标与方案。预算管理委员会应在各部门组建预算小组后，责成财务部或预算部对预算小组进行年度预算编制工作的培训，并下发全套预算表格和编制说明。

（2）预算启动的内容

通常，为编制下一年度的预算，企业需要在每年的第四季度启动预算动员工作。预算的启动日期一般根据企业自身情况来定。启动预算动员工作可以让各部门了解企业的下年度经营目标，为下年度制定预算做好准备工作，一般由总裁办公会（预算管理委员会）组织分解年度经营指标，落实预算编制部门的具体工作，并且规定各部门正式开始编制预算的日期。

预算启动会议以标准化的程序确定了战略发展规划的下达、年度经营指标的分解和下达、各预算编制部门责任的落实、全面预算全套文件的下发和全面预算编制的培训等具体内容。

① 确定制定预算的时间

通过预算启动会议约定企业从预算启动到制定预算的时间，这样能使企业各部门及其负责人了解预算编制期间的工作要领和约束条件，防止预算工作的盲目性和主观性。

② 确定预算控制目标

a.确保预算启动之前各预算编制部门能在充分理解企业下年度战略目标的基础上，就年度财务和经营目标以及各项分解指标达成共识，并致力于通过全面预算的编制达成企业的年度战略目标。

b.确保全面预算的工作要求和预算表格能够及时下发到各预算编制部门，并保证关于年度预算工作的指导性要求能够从上往下得到有效传达。

c.确保各预算编制部门在企业全面预算工作中的职责得到合理的划分和落实。

③ 确定预算的主要控制点

a.每年在规定日期之前，预算管理委员会（总裁办公会）召集副总裁、各部门负责人召开预算启动会议，讨论确定企业年度经营计划及经营目标值，并落实各预算单位在实现经营目标值中的责任。

b.总裁秘书在预算启动会议后将企业年度经营计划整理成文，待各部门负责人进行会签后，由总经理正式批准下发。

c.各预算编制部门负责人必须向本部门人员传达预算编制的内容和要求。

d.通过预算启动会议使企业各部门掌握预算管理办公室对预算编制人员的培训时间和内容。

e.编制并下发全面预算全套文件。

④ 约定预算启动会议的规则

企业预算管理委员会应要求各部门负责人在规定的日期前提交初步预测报告，经审核后再召开预算会议。

企业董事长、董事会董事、总经理、副总经理及各部门负责人应参加预算启动会议，会议期间参加者如需请假，副总经理及部门负责人请假须获得总经理和董事长的批准，总经理和执行董事请假须获得董事长的批准。财务行政主管副总在预算启动会议开始时汇报本年度财务状况及预算执行情况。会议必须确定企业年度经营目标，目标中需包括各部门费用制定依据和调整幅度。

表 4-2 为 ×× 公司预算启动的工作内容。

表 4-2　××公司预算启动的工作内容

步骤	工作内容	说明
1	预算管理委员会召开预算启动会议	每年在规定日期之前，按照董事会审批的公司战略发展规划，预算管理委员会召集副总裁、各部门总监召开预算启动会议。在会议上，总裁向与会人员传达董事会下达的公司战略发展规划
2	预算管理委员会讨论各事业部经营计划	预算启动会议与会人员根据公司战略目标，讨论确定事业部年度预算编制时间，并落实各预算编制部门在实现经营目标值中的职责
3	总裁秘书整理会议内容，形成预算启动会议纪要	预算启动会议之后，总裁秘书整理会议内容并形成预算启动会议纪要。会议纪要的内容具体包括： （1）事业部战略发展规划的下达 （2）事业部的年度经营目标，包括事业部总体销售收入目标和事业部总体利润 （3）事业部的年度工作重点 （4）各预算编制部门的职责

（续表）

步骤	工作内容	说明
3	总裁秘书整理会议内容，形成预算启动会议纪要	（5）预算编制的时间要求：预算管理委员会与会成员会签会议纪要，在规定日之前由总裁秘书下发到各预算编制部门，包括集团采购中心和集团研发中心
4	财务部测算营销费用率和现金流量	（1）财务部根据总裁办公会确定的事业部总体销售收入目标和事业部总体利润目标及以前年度的业务数据，测算事业部总体营销费用率和事业部总体现金流量 （2）在规定日之前，财务部总监将各项指标递交总裁秘书做汇总处理
5	市场部测算铺货率、产品渗透率和新产品销售量比	（1）市场部根据预算管理委员会确定的事业部总体销售收入目标和事业部总体目标利润，并依据以前年度业务数据测算各项产品铺货率、各项产品渗透率和新产品销量比 （2）在规定日之前，市场部总监将各项指标递交总裁秘书做汇总处理
6	销售部测算销售人员人均销售量、订单满足率	（1）销售部根据预算管理委员会确定的事业部总体销售收入目标和事业部总体利润目标测算销售人员人均销售量与订单满足率 （2）在规定日之前，市场部总监将各项指标递交总裁秘书做汇总处理
7	总裁秘书汇总指标并上报预算管理委员会	在规定日之前，总裁秘书汇总财务部、市场部和销售部所测算的年度经营指标，递交给预算管理委员会
8	预算管理委员会讨论确定指标	（1）预算管理委员会讨论并审核财务部、市场部和销售部测算的年度经营指标，如果审核不通过，预算管理委员会提出修改意见，要求各部门修改后重新审核 （2）审核通过后，由总裁秘书汇总，于规定日之前形成会议纪要，并经总裁办公会成员会签后由总裁秘书下发至各相关部门
9	年度经营指标的分解	（1）销售部对年度收入和费用指标进行分解，包括对销售收入指标的分解（分解到各区域）和管理费用（营业费用）的分解（分解到各区域） （2）财务部对费用指标进行分解 （3）市场部对市场管理指标进行分解，包括对铺货率（分解到各区域）、产品渗透率（分解到各区域）、新产品销量比率（分解到各区域）和各区域市场费用的分解 （4）重点客户部对重点客户相关销售指标进行分解，包括对重点客户部销售收入指标的分解（分解到各城市门店）和各区域重点客户市场费用的分解
10	总裁秘书汇总年度经营指标，并提交预算管理委员会	总裁秘书对销售部、市场部、财务部和重点客户部分解的相关年度经营指标进行汇总，在规定日前上报预算管理委员会

（续表）

步骤	工作内容	说明
11	预算管理委员会审核年度经营指标的分解	（1）预算管理委员会审核销售部、市场部、财务部和重点客户部分解的相关年度经营指标，若审核没有通过，预算管理委员会应提出修改意见并要求该部门修改，修改完成后重新审核 （2）审核通过后，在规定日期之前由总裁秘书将其下发至各相关部门
12	各预算编制部门召开本部门预算工作会	（1）各预算编制部门总监在预算启动会议结束后，及时召开本部门内部预算工作会 （2）各预算编制部门总监需将公司预算启动会议精神传达至部门内部员工，并提前考虑部门内部预算编制和执行过程中可能遇到的问题
13	预算管理办公室组织预算编制人员进行培训	预算管理办公室应及时对各部门预算编制人员进行年度预算编制的培训，对预算编制流程、各项数据的预测方法、计划表填制方法以及年度预算工作重点等内容进行讲解，确保预算编制人员掌握预算编制方法
14	预算管理办公室下发计划表	预算编制培训结束后，预算管理办公室下发全面预算指导文件，其中包括事业部全面预算目标、全面预算表格、全面预算编制手册和编制进度要求
15	各预算编制部门开始预算编制	各预算编制部门的预算编制人员按规定日正式开始全面预算的编制工作，编制依据主要是公司年度经营目标、预算启动会议纪要以及全面预算指导文件，具体编制方法与步骤参照各部门预算编制流程

【 管理工具 02 】 ▶▶▶ --

全面预算启动作业指引

1. 目的

1.1 确保企业预算启动会议按时顺利召开，确保预算委员会成员均参加年度预算会议。

1.2 确保各部门、各子公司（以下除非特指各部门）在事先充分准备的基础上参加会议。

1.3 确保根据企业评估结果来修正企业的战略目标和战略规划，进而确定下一预算年度的总体经营目标和预算目标，并将其分解落实到相关部门。

1.4 确保在预算编制开始之前，各部门和人员能够在充分理解企业战略目标的基础上，就预算年度经营目标和各项分解指标达成共识，并致力于通过年度预算的编制达成企业年度目标。

1.5 确保预算工作要求和预算表格能及时下发至各预算编制部门，并保证年度预算编制的原则和预算委员会指导性要求能够从上往下得到有效传达。

1.6 确保年度预算各项工作的职责得到合理的划分和落实。

2. 依据及范围

2.1 本指引根据《企业财务通则》《内部控制基本规范》《内部控制应用指引第 15 号——全面预算》《××集团财务管理制度》《××集团全面预算管理制度》等制定。

2.2 本指引适用于集团全面预算的准备和启动工作，各子公司可以参照执行，子公司业务与集团主业差别较大的应单独制定作业指引。

2.3 本指引所述流程是全面预算管理流程的开始，上接企业战略管理流程，下接全面预算编制作业指引（编制流程）。

3. 术语及定义

3.1 预算启动会议是根据企业中长期发展战略对下一年度的经营目标要求，在各部门事先对内外环境和本部门下一年度工作进行充分预测的基础上召开的，由公司董事长、董事、总裁、副总裁以及各部门总监、经理级人员等参加的会议，以确定下一年预算年度的中长期战略调整计划、年度经营规划和经营目标，并将目标分解到各部门。

3.2 预算管理委员会：总裁任预算委员会主任，常务副总裁、业务副总裁和财务副总裁任预算委员会副主任，成员包括各部门总监和经理等其他相关人员。

3.3 预算常务小组：财务总监任预算常务小组组长，财务管理部经理、企管信息部经理任副组长，各部门经理、预算协调员任组员。

3.4 部门负责人是指一个部门的总监或经理，或其他对某一部门负责的人员，他对本部门业务计划和预算承担最终责任。

4. 前提和假设

4.1 预算启动会议应于每年 9 月的第二周或第三周的周五召开，一般时间为 3 天，如不能完成，则可延长会议议程，直至完成年度目标的设定。

4.2 根据中长期发展战略和本年战略实施情况以及对未来的预测确定预算年度的战略与经营规划。

4.3 预算委员会成员及各级预算协调员应提前安排自身工作以保证参加会议，中途不能借故离开；确实不能参加会议的，总监及以上级别人员需得到总裁的同意，总监以下级别人员需得到副总裁的同意。

5. 职责

5.1 董事会：确定预算年度的战略规划和年度经营目标。

5.2 预算委员会：审批年度预算，签发各项会议通知。

5.3 预算小组：准备会议资料，安排会议议程，预定会议场所，拟定会议通知，装订上述会议资料并下发至参会人员。

5.4 人力资源及企业管理中心：统筹战略规划和年度经营分析及预测。

5.5 财务中心负责：拟定年度预算编制原则，制作和完善全面预算报表。

5.6 各部门负责人：组织本部门进行经营分析和预测。

5.7 子公司负责人：按本指引和集团董事会的要求组织本企业年度预算启动会议。

6. 主要文档及编制部门／人员

主要文档及编制部门／人员内容如表 1 所示。

表 1　主要文档及编制部门／人员

序号	文档名称	编制部门／人员	主要内容	提交时限
1	预算启动会议准备通知	人力资源及企管中心	初步确定会议时间、所需准备资料、时间节点等	启动会前30天
2	预算启动会议通知	人力资源及企管中心	召开会议的时间、地点、出席人员、讨论事项等	启动会前10天
3	历年考核指标完成情况	人力资源及企管中心	历年预算考核指标和实际完成情况及分析（平衡计分卡维度）	启动会前1周
4	预算编制指导要求	财务管理中心	编制原则等	启动会前1周
5	历年财务报表及分析	财务管理中心	历年资产负债表、利润表、资本性支出预算完成情况表等	启动会前1周
6	全套预算表格	财务管理中心	由各部门和各子公司编制完成的下年度预算全套表格	启动会前1周
7	企业评估和部门评估报告	人力资源及企管中心	人力资源盘点情况，人员需求，素质要求与工资待遇匹配情况，培训计划执行情况，公司、部门与个人业绩评价与薪酬制度调整情况，公司战略执行和实现情况，公司及各部门管理体系、制度流程指引完成情况，管理费用支出情况，资产管理情况，第四季度和下一年度人力资源管理任务列表等	启动会前1周
		财务管理中心	本年投资执行情况、本年融资及利息费用支出情况、资金计划执行情况分析、金融市场政策及利率预测报告、资金需求初步预测等	启动会前10天
		营销策划部	销售分析及市场反馈、销售预测报告、存货情况、营销行动计划、销售费用基础数据等	
		开发管理部	本年度开发计划完成报告、项目拓展情况、具体项目规划报建验收情况、第四季度和下一年度开发部任务列表	
		工程管理部	施工计划完成情况报告、施工面积、安全文明质量管理情况、工艺流程改进报告、第四季度和下一年度工程部任务列表	

（续表）

序号	文档名称	编制部门/人员	主要内容	提交时限
7	企业评估和部门评估报告	设计管理部	设计计划完成情况报告、设计变更管理情况、第四季度和下一年度设计任务列表、新产品研发情况	启动会前10天
			各项目目标成本执行情况、各项目动态成本报表、各项目预结算工作情况、各项目采购供应商及合同管理情况报告、第四季度和下一年度成本管理工作任务	
			可租物业清单、已出租部分清单和租赁合同台账、租赁市场预测等	

7. 流程及控制要点

流程及控制要点（时间节点每年根据实际情况可以微调）如表 2 所示。

表 2　流程及控制要点

步骤	说明	责任人 / 部门	方式
1. 确定会议时间（8月底9月初）	（1）财务总监通知人力资源总监与企管总监，确认预算启动会议召开时间及前期工作准备要求	财务总监	电子邮件或 OA 联系函
	（2）人力资源部及企管中心通知各部门经理及以上人员准备预算会议资料，确定会议时间，分发会议所需资料清单	人力资源总监	会议通知、签收记录等
2. 总经理组织企业评估（9月1日至9月20日）	（1）部门经营分析及预测	各部门、各子公司	资源盘点报告、任务盘点报告、经营分析报告；根据企业战略规划要求，结合市场预测、历年销售情况、开发能力、生产能力、人力资源、资金状况等，编制预测报告
	（2）财务及预算分析	财务管理中心	财务及预算分析报告、现金流及融资分析报告
	（3）公司年度经营分析及预测，根据评估结果提出下一年度战略规划调整方案、年度经营目标和计划	总经理、人力资源部及企管中心	经营分析及预测报告、战略规划调整草案、经营目标和计划草案

（续表）

步骤	说明	责任人／部门	方式
3. 制定经营目标和考核指标（9 月 20 日至 9 月 30 日）	（1）董事会审阅总经理提交的资源盘点报告、任务盘点报告、年度经营分析及预测报告、财务及预算分析报告、现金流及融资分析报告 （2）董事会审议下年度战略规划调整草案、经营目标和计划草案 （3）董事会明确并下达下年度经营指标和各级考核指标	董事会（或授权预算委员会）	正式战略规划调整方案、经营目标和考核指标
4. 制定下年度预算编制原则	（1）财务管理中心整理历年数据和相关财务报表作为预算编制参考，具体包括相关的财务报表、历年预算执行对比表和其他相关报表 （2）结合董事会下达的经营、考核指标和相应规划以及上级单位（集团公司）下发的具体考核要求，制定下年度预算编制指导要求，具体包括预算编制的原则和方针、经营目标以及其他要求 （3）将预算编制原则报送预算管理委员会审批	财务管理中心	历年财务报表、历年预算执行对比表和分析、预算编制原则、预算编制指引或大纲
5. 准备下年度预算编制全套表格	（1）财务管理中心在听取其他各部门及子公司意见的基础上，应当以往年的预算表格为基础，结合经审批的预算原则，修改并制定下年度预算编制的全套表格 （2）财务经理审核全套预算表格并组织修改	财务管理中心	预算表格
6. 召开预算启动会议	（1）预算管理委员会于每年的 10 月组织召开预算启动会议	预算管理委员会	—
	（2）预算管理委员会准备会议资料，安排会议议程，预定会议场所，拟定会议通知，装订上述会议资料并下发参会人员	预算常务小组	会议通知、资料签收记录
	（3）各部门、各子公司负责人及其他关键人员必须按时参加预算启动会议，出席率将影响业绩考核	预算常务小组	出席记录
	（4）阐述董事会的战略目标要求	总裁	发言报告、会议记录
	（5）预算管理委员会在会上应明确下达下年度预算编制的原则、战略规划调整和年度经营目标以及预算工作时间表	预算常务小组	—

（续表）

步骤	说明	责任人／部门	方式
6. 召开预算启动会议	（6）阐述开发、设计、工程、成本、资金投资、财务、审计等预测报告和预测依据	各部门总监	发言报告、会议记录
	（7）经理和相关总监、部门经理结合目标成本协调企业资源，确定企业年度经营目标，并分解至各部门	总经理	会议记录
	（8）下发预算表格，对预算表格的填制进行说明	财务经理	—
7. 会议决议的整理和下发	（1）整理会议记录	预算常务小组	会议记录
	（2）财务总监组织将协调后的经营目标值与各部门提交的预测报告进行对比，分析差异，评估预测准确度，填写各部门预测目标值比较分析，存入人力资源部员工考核档案，纳入预算考核和年终考核	预算常务小组	预测准确度分析
	（3）董事长、总裁签发预算会议纪要和各部门年度经营目标值	预算常务小组、董事长、总裁	签发通知
	（4）预算常务小组将会议纪要和年度经营目标值下发至参加预算会议人员，将各部门预算预测目标值比较分析交人力资源部	预算常务小组	签收记录
	（5）相关部门签收会议纪要和年度经营目标	预算常务小组、各部门经理	签收记录
8. 准备编制年度计划和年度预算	各部门、各子公司阅读全套预算编制表格和相应的预算编制原则	各预算部门负责人、预算协调人员	—

8. 预算工作组织及考核

8.1 人力资源部及企管中心应通过会议通知、督促检查等办法对预算启动工作进行宣贯，确保企业领导和业务部门管理人员高度重视此项工作。

8.1.1 预算启动会议准备及召开当月，相关工作考核占部门考核的比例应设定为 5%～10%。

8.1.2 预算编制期间（启动会议结束至预算报告获得董事会审批），相关工作考核占部门考核的比例应设定为 20%～30%。

8.1.3 必须坚决贯彻预算管理思想，以"不换思想就换人"的决心推进战略管理、经营计划管理和全面预算管理；不能按预算委员会要求提交企业评估、经营计划、预算资料的部门和个人，应报预算委员会审批取消部门和部门负责人年度评优资格。

8.1.4 其他重大责任，根据公司问责管理办法处理。

8.2 各部门负责人应该在预算启动会议结束后向本部门全体人员传达预算工作的原则和工作安排，督促所有人员理解、参与和完成预算编制工作。

8.3 预算表格填报培训工作由预算常务小组在启动会议结束5天内组织各部门负责人、预算协调人和其他人员参加并完成。

8.4 根据需要，安排全面预算编制培训，培训形式可以是预算管理人员参加外部培训、外聘专家进行全面预算管理内训、财务部门进行内训等。

9. 附则

9.1 本指引由集团财务管理中心制定和解释，报董事会审批后发布。

9.2 本指引未明确事项参见全面预算管理制度及其他相关指引。

10. 相关文件及表单

10.1 财务管理制度

10.2 全面预算管理制度

10.3 企业战略管理制度

10.4 全面计划管理制度

10.5 考核管理办法

10.6 经营计划编制作业指引

10.7 全面预算编制作业指引

10.8 预算分析作业指引

10.9 预算考核作业指引

10.10 全面预算表格

10.11 其他相关文件

【管理工具03】▶▶▶

预算启动会议作业指引

1. 参会人员

预算启动会议的参会人员有董事长、董事、总经理、副总经理以及各部门经理级人员。

2. 会议目标

2.1 各部门在事先充分准备的基础上参加会议。

2.2 根据各部门的预测平衡公司的战略目标，确定下一预算年度的总体经营目标值，并且将其分解落实到相关部门。

3. 会议内容

3.1 将协调后的经营目标值与各部门经理提交的预测报告进行对比，将各部门预测目标值的比较分析存入人力资源部员工考核档案，纳入干部年终考核。

3.2 董事长、总经理签发预算会议纪要和各部门年度经营目标值。

4. 注意事项

4.1 9 月 10 日前，各部门经理提交初步预测报告，在 9 月中旬第 1 个周末召开预算会议。

4.2 会议期间参会者如需请假，副总经理以及部门经理须有总经理和董事长的批准，总经理和执行董事须有董事长的批准。

4.3 财务行政主管副总需在预算启动会议开始时汇报本年度财务状况和预算执行情况。

4.4 会议必须确定公司的年度经营目标，目标应包括各部门费用制定依据及调整幅度。

5. 预算启动会议流程说明

预算启动会议流程说明如表 1 所示。

表 1　预算启动会议流程说明

步骤	涉及人员 / 部门	步骤说明
1	董办秘书、办公室秘书	8 月中旬，董办秘书通知办公室秘书，确认预算启动会议召开时间
2	办公室秘书	9 月 1 日，办公室秘书通知各部门经理及以上级别人员准备预算启动会议资料，确定召开日期并分发会议召开所需资料清单
3	各部门经理	9 月 10 日，各部门经理根据下年度战略规划，并结合市场预测、历年销售情况、销售能力、研发能力、生产仓储能力、人力资源、资金状况等情况编制预测报告，并预测本部门下年度的收入和费用。财务行政主管副总准备下年度的预算表格、1～8 月预算执行情况分析、四个季度预算调整申请等
4	办公室秘书	办公室秘书汇总各部门提交的初步预测报告，并将财务行政主管副总递交的预算表格、本年度 1～8 月预算执行情况分析、四个季度预算调整申请作为预算会议初步审议内容纳入会议资料；也可将战略行动计划纳入会议资料
		办公室秘书做好会议准备，安排会议议程，预定开会场所
5	财务行政主管副总	财务行政主管副总准备下年度预算表格、本年度 1～8 月预算执行情况分析以及四个季度预算调整申请，交给办公室秘书，纳入会议资料
6	办公室秘书	拟定会议通知，复印上述会议资料并且装订，将其和会议通知一并分发给参会人员
7	董事长、董事会董事、总经理、副总经理、各部门经理级人员	在 9 月中旬的第 1 个周末召开预算启动会议，确定公司年度经营目标值
	董事长	阐述董事会的战略目标要求

（续表）

步骤	涉及人员／部门	步骤说明
7	各部门经理	阐述市场营销、生产研发、销售服务、采购物流、人事培训、投资、行政等预测报告和预测依据
	总经理	与相关副总和部门经理结合目标成本、公司资源确定公司年度经营目标值，并将其分解至各部门
	财务行政主管副总	对预算表格的填制进行说明
	财务部经理	财务部经理将协调后的经营目标值与各部门经理提交的预测报告进行对比，分析差异，评估预测准确度，填写各部门预测目标值并比较分析，存入人力资源部员工考核档案，纳入干部年终考核
8	办公室秘书、董事长、总经理	办公室秘书整理会议纪要，董事长、总经理签发预算会议纪要和各部门年度经营目标值
9	办公室秘书、人力资源部	办公室秘书将会议纪要和年度经营目标值下发至参加预算会议人员，并将各部门预算预测目标值进行比较分析，然后将其交至人力资源部
10	董办秘书、各部门经理	董办秘书、各部门经理签收会议纪要和年度经营目标值

2. 确定预算编制大纲

企业的年度经营目标确定之后，预算管理委员会出台全面预算的编制大纲。企业规模较大时，一定要有全面预算编制大纲，企业规模较小时则可以简化。通常而言，全面预算编制大纲包括以下内容。

（1）总纲

总纲是预算编制大纲的基本原则，一般包括预算要达到的目标、企业年度经营方针和预算编制的指导思想等内容。

（2）预算编制的组织领导

明确企业预算编制的组织机构和组织领导，要将责任落实到机构和个人。

（3）预算编制的方法与要求

当企业编制全面预算时，必须在预算的编制大纲中明确每一模块采用的方法，使预算编制大纲更具指导性，让各部门都知道编制什么和如何编制。例如，某部门应该采用增量预算还是零基预算，应在编制大纲中明确。

（4）预算和审批程序

明确预算编制的每一步做什么，以及每步对应的时间节点和审批环境。

（5）预算编制的时间安排与要求

不要泛泛而谈，如"10月下旬"，一定要有一个具体的时间节点。

（6）预算表的填写说明与要求

企业应对如何填写预算表格进行详细的说明。

（7）附件

附件一般包含两项内容：一是预算编制的相关政策，如基本前提及其他相关资料；二是编制预算表格的格式。

【管理工具04】▶▶ --

××公司全面预算编制大纲

第一节　预算的目的和意义

预算是对未来的预测和计算，也就是对未来的计划。这种计划用特定的预算概念、规则、规范和指标体系对一个组织在未来预算期的行为进行货币化的定量描述与规定。

1. 目的：企业的经营目的是实现利润最大化，而企业可使用的人力、物力和财力等资源总是有一定限度的。为了用较少的经济资源去实现尽可能多的经济效益，增强企业的竞争力，实现企业的战略目标，就必须事先编制预算，这是企业实现经营目标的重要手段。

2. 作用：预算是用货币形式来表示的企业经营计划，是具体化的企业经营目标。企业可以通过编制预算制订一个能够协调企业内部各部门工作的全面计划，以控制企业的经营活动，分析和考核企业内部各部门的工作业绩，保证经营目标的实现。利用预算来控制未来的行动和业绩就是预算控制。预算的作用主要体现在以下几个方面。

（1）明确目标。预算就是为整个企业和多个职能部门在计划期间的工作分别制定目标，它不仅有助于全体员工更好地了解整个企业的经营目标，而且有助于他们了解自己在实现企业整体经营目标中的地位、作用和责任，从而使他们充分发挥主观能动性，为完成经营目标而努力。

（2）协调工作。预算围绕着企业的经营目标将整个企业各方面的工作严密地组织起来。由于预算是从基层开始自下而上逐级综合并经过上下反复磋商而制定的，因此其能调动广大员工的积极性，促使企业顺利完成经营目标。

（3）全面控制。预算的全面控制作用主要体现在三个方面：事前控制、事中控制和事后控制。预算的事前控制主要是控制预算单位的业务范围和规模以及可用资金的限额。由于企业资金是有一定限度的，因此预算可促使企业合理安排资金，使有限的资金充分发挥作用。预算的事中控制主要是按预算确定的目标，对预算的收入和支出进行监督，保证预算的执行。预算的事后控制主要是进行预算和实际执行结果的比较，分析差异产生的原因，以便及时采取有效措施，消除薄弱环节，保证更好地完成预定目标。

（4）评价业绩。预算是评价企业生产经营活动工作成果的基本尺度。科学、合理的预算既能促使管理人员用计划检验工作，从而发现一些平时注意不到的无效劳动，又能提醒管理人员新机遇可能产生的收入、成本和利润。

第二节　预算的范围

集团各部门以及公司所属全资、控股、参股子公司。

第三节　预算管理组织

预算管理组织是负责企业集团预算编制、审定、监督、协调、控制与信息反馈、业绩考核的组织机构。为保障日常预算管理工作的实施，企业应在预算委员会下设置日常工作机构，具体如下。

1. 母公司董事会

母公司董事会负责集团各项预算的终审以及涉及资本性支出、企业并购等重大资本预算的最后审批工作，对集团预算的日常执行情况和执行结果拥有监督权与检查权，是公司预算的决策机构。

2. 预算委员会

预算委员会由董事长和各部门负责人组成，董事长为组长。预算委员会负责提出集团年度预算总目标、总方针和预算编制基本要求，报母公司董事会批准；审查集团资本性投资项目预算；审议集团年度总预算，报董事会批准；提出集团预算组织、规划、控制工作的改进意见；协调、裁定集团重大预算冲突；批准预算工作小组审议提交的预算调整、修正方案；听取集团预算工作小组关于预算的执行情况和分析报告，并发表意见；审议集团财务部提交的年度决算；审议集团预算工作小组提出的预算奖惩办法和方案，报母公司董事会批准。

3. 预算工作小组

预算工作小组由财务副总经理任组长，组织日常工作；财务管理部为该小组的常设机构。预算工作小组在预算委员会领导下主要负责集团预算编制、预算监控、预算协调、预算信息反馈等日常管理工作。

4. 预算执行机构

公司各部门、子公司负责全面预算的组织、指标分解、编制、执行、分析、反馈、报告、调整、内部考核和整改等工作。

为保证预算编制工作的顺利进行，各单位指定了具体的联系人和负责人。

第四节　经营计划和预算项目

预算按其适用的时间长短可分为长期预算和短期预算。本次预算是预算期在一定时期内（一般不超过一年或一个经营周期）的预算，即短期预算，一般指全面预算，是指以公司的经营目标为出发点，通过对市场需求的研究和预测，以销售为主导，进而延伸到生产、成本和资金收支等方面，最后编制财务报表的一种预算体系。全面预算主要是用来规划计划期内企业的全部经济活动及其成果。全面预算的内容一般包括业务预算、专项预算和财务预算三个部分。

（1）业务预算是指企业在计划期内日常发生的实质性的基本活动的预算。业务预算主要包括销售预算、生产预算、直接材料预算、直接人工预算、费用预算、库存预算和人力资源预算等。

（2）专项预算是指针对企业重大决策所编制的预算，如购建固定资产预算、改建扩建预算等。与业务预算和财务预算不同，专项预算一般为长期或不定期预算，针对性较强。专项预算又可分为资本支出预算和一次性专项预算。资本支出预算是根据经过审批后的各个长期投资决策所编制的预算。一次性专项预算是财务部门为提高资金的使用效果而进行的筹措资金和投放资金的预算。由于需要进行专项预算的具体情况各不相同，因而它没有统一的格式和内容，可按需要自行设计。

（3）财务预算是企业在计划期内关于经营成果和财务状况的预算。各种业务预算和专项预算都会反映在财务预算中，因此财务预算就成了各项经营业务和专门决策的整体计划，又被称总预算。财务预算主要包括现金预算、预计损益表、预计资产负债表和预计现金流量表等。

4.2.2　编制阶段

编制预算时，每一阶段、每一节点的衔接合理与否决定着预算执行效果的好坏。在全面预算过程中，编制时间虽然占的比例很小，但能决定预算编制的准确性。在预算编制阶段，可以设计一些固定的表格下发至各个部门，以保证表格形式的统一并为统计数据提供方便，如下所示管理工具供读者参考。

【管理工具 05】▶▶▶

×× 费用预算工作底稿

科目	编号	所需理由及重点说明	月份	金额（元）
合计				

说明：依费用科目来编制，一个科目填写一张（部门经常性的支出）。

【管理工具 06】▶▶▶

×× 费用预算表（1）

科目	
编号	

（续表）

月份	所需理由及重点说明	金额（元）
合计		

说明：资本支出有发生的月份才填写（总务统筹采购）（属于资产类）。

【管理工具07】▶▶▶

×× 费用预算表（2）

科目	业务活动费												
编号													合计
月份	1	2	3	4	5	6	7	8	9	10	11	12	—
所需理由及重点说明													—
金额（元）													

【管理工具08】▶▶▶

费用预算分月汇总表

单位：元　　　　　　　　　　　制表日期：

序号	费用名称	月份			合计
		1月	……	12月	
1	工资				
	其中：非主管工资				
	主管工资				
	奖励支出				
2	福利费				

（续表）

序号	费用名称	月份			合计
		1 月	……	12 月	
	其他福利				
	业务奖励经费				
	伙食费(食品)				
	煤气柴油				
	文娱开支				
	医疗开支				
	团队建设费用				
3	劳保费				
	其中：工装				
	其他劳保用品				
4	折旧费				
5	保险费				
	其中：社保				
	意外险				
	其他保险				
6	办公费				
	其中：印刷表单类				
	办公文具类				
7	通信费				
	其中：电话补助				
	座机话费				
	其他通信费				
8	水电费				
	其中：电费				
	水费				
9	差旅费				
10	租赁费				
11	物料消耗费				
12	维修费				
13	摊销费				

（续表）

序号	费用名称	月份			合计
		1月	……	12月	
14	汽车费				
	其中：加油费				
	路桥费				
	维修费				
	保险费				
15	运输费				
	其中：吊车费				
	叉车费				
	租车费				
	其他运输费				
16	包装费(包装材料)				
17	展览费（参展费）				
	其中：展位费				
	差旅杂费				
	特装费				
	运输费				
	其他				
18	广告费				
	其中：网络广告				
	杂志广告				
	印刷品支出				
19	业务提成				
20	业务诚信金				
21	业务招待费				
22	应酬费				
	行销费用				
	策划费用				
23	培训费				
24	招聘费				
25	环卫费（清洁卫生用品）				

（续表）

序号	费用名称	月份			合计
		1 月	……	12 月	
26	快递费				
27	外发加工费				
28	财务费用				
	银行手续费				
	汇兑损益				
	利息支出				
29	营业外支出				
30	低值易耗品				
	其中：刀模类				
	量具类				
	其他工具				
31	其他费用				
32	直接投入（能源材料费）				
33	直接投入（仪器设备费）				
34	设计费用				
	SA8000体现认证费用				
35	装备调试费				
36	委外研发费				
37	专利费用				
	合计				

【管理工具09】▶▶▶

部门人员配置预算表

编制部门：   预算年份：

岗位	上年度月均人数	月份			合计
		1 月	……	12 月	
总经理级					
副总经理级					

（续表）

岗位	上年度月均人数	月份			合计
		1月	……	12月	
总监级					
经理级					
主管级					
职员					
合计					

【管理工具10】▸▸▸

部门月人均费用标准

岗位	工资	过节费	奖金	员工食堂经营补贴	补贴及津贴	员工关怀费用	其他职工福利	社会保险费	住房公积金	办公费	车辆及交通费	通信费	员工活动费
总经理级													
副总经理级													
总监级													
经理级													
主管级													
职员													

【管理工具11】▸▸▸

部门人员费用预算表

编制部门：　　　　　　　　　　　　　预算年份：

岗位	人员配置数量	月费用标准	月份			合计
			1月	……	12月	
总经理级						
副总经理级						

（续表）

岗位	人员配置数量	月费用标准	月份			合计
			1 月	……	12 月	
总监级						
经理级						
主管级						
职员						

【管理工具 12】▶▶▶

部门专项费用月度预算明细表

编制部门：　　　　　　　　　　　　　预算年份：

费用名称	1 月	……	12 月	预算年度合计	同比变动	预算说明
过节费						
培训费用						
人力资源招聘费						
会议费						
咨询中介费						
审计费						
诉讼费						
环境费						
上市公司费						
运营管理费						
体系运行费用						
营销推广费						
公关费						
……						

【管理工具 13】▶▶▶ --

部门固定资产采购计划及预算表

编制部门：　　　　　　　　　　　预算年份：

资产类别	采购内容	单位	采购数量	月份			合计
				1 月	……	12 月	
合计							

【管理工具 14】▶▶▶ --

部门其他费用预算明细表

编制部门：　　　　　　　　　　　预算年份：

项目	月份			预算年度合计	预算说明
	1 月	……	12 月		
加班费					
商业保险费					
工会经费					
职工教育费					
其他人工费用					
水电气暖费					
差旅费					
车辆及交通费					
业务招待费					
报刊费用					
其他行政费用					
折旧费					
财产保险费					

（续表）

项目	月份			预算年度合计	预算说明
	1 月	……	12 月		
资产摊销费					
租赁费					
修理费					
税金					
其他财产费用					
其他费用					

4.2.3 初审阶段

各部门提交预算草案后，预算管理委员或预算管理部要对预算草案进行初审，查看其是否符合预算的编制规范。例如，预算表中应该填写"销售收入"，有些部门却填写成"销售量"。预算管理委员或者预算管理部需要将不符合预算编制规范的预算草案退给原部门重新编制。

4.2.4 讨论阶段

全面预算的讨论由财务部或预算管理部主导，相关部门参加，对各部门预算的可执行性提出质疑。由于很多预算在编制时都是粗略的想法，如果在执行阶段不认真审查，就会导致执行结果产生隐患。

4.2.5 决策下发

预算审核通过后就可以下发，通常在每年的 12 月底之前完成。企业要明确各部门的工作要求与工作职责，并严格执行。

4.2.6 签订业绩合同

全面预算的决策下发之后，企业应将预算指标和各项预算数据结合起来形成一份业绩合同，这份业绩合同需要逐级签订，如总经理与部门经理签、部门经理与员工签，每一级的工作开展都围绕着业绩合同进行，让所有人对业绩合同负责。此时，业绩合同便成了绩效考核的数据来源。

1. 签订业绩合同的目的

通过签订业绩合同，企业能够建立科学的管理机制，使企业所有员工的利益与股东利益相一致。具体而言，业绩合同的签订要达到以下目的。

（1）保证企业总体战略的实施。

（2）使高层管理者将精力集中在对企业价值最高的经营决策上。

（3）使被考核者将精力放在对企业价值最高的经营决策上。

（4）培育业绩至上的企业文化。

（5）以合同的方式体现达成业绩承诺的严肃性。在企业中，高层管理层与业务单元及职能单元之间通过业绩合同界定彼此的业绩承诺，具体如图4-2所示。

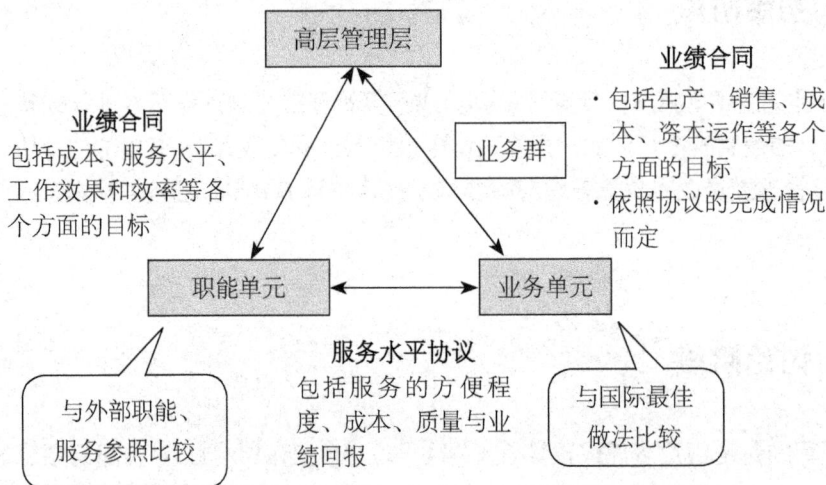

图4-2　高层管理层与业务单元及职能单元之间的业绩承诺

（6）激励集体业绩，明确个人责任，具体如图4-3所示。

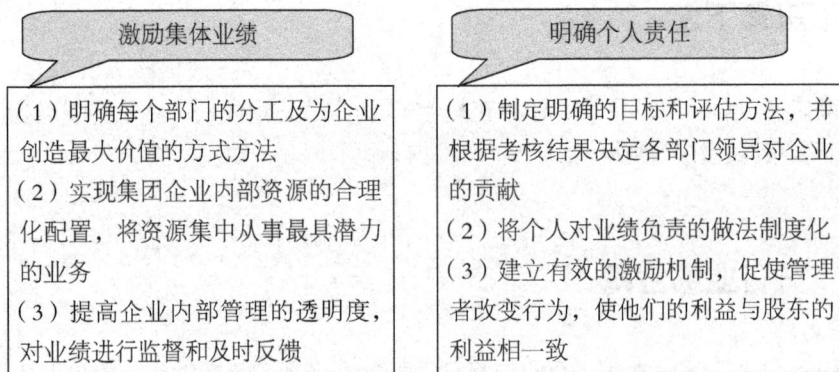

图4-3　签订业绩合同对集体业绩和个人责任的影响

2. 业绩合同的设计

（1）业绩合同的设计原则。在进行业绩合同设计时应遵循四个原则，具体如图 4-4 所示。

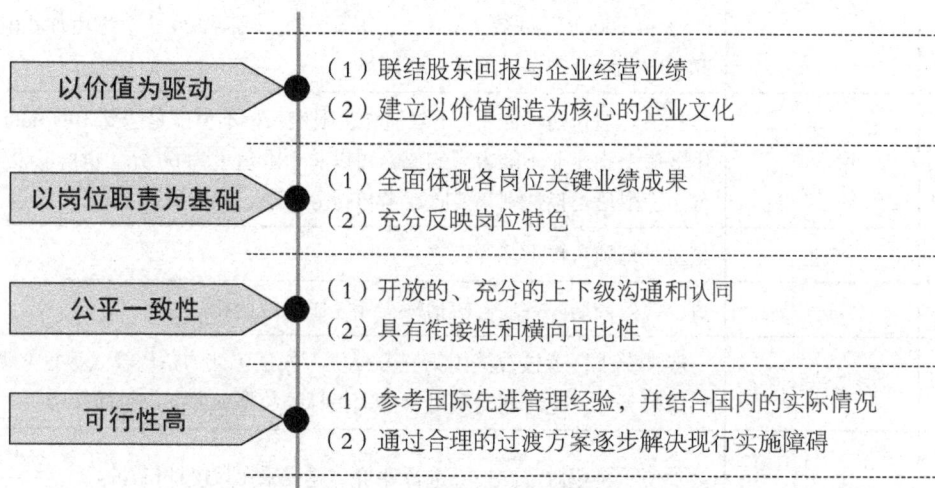

以价值为驱动
- （1）联结股东回报与企业经营业绩
- （2）建立以价值创造为核心的企业文化

以岗位职责为基础
- （1）全面体现各岗位关键业绩成果
- （2）充分反映岗位特色

公平一致性
- （1）开放的、充分的上下级沟通和认同
- （2）具有衔接性和横向可比性

可行性高
- （1）参考国际先进管理经验，并结合国内的实际情况
- （2）通过合理的过渡方案逐步解决现行实施障碍

图 4-4　业绩合同的设计原则

（2）业绩合同的内容。不同企业所使用的业绩合同不一样。大多数业绩合同包括但不限于表 4-3 所示的内容。

表 4-3　业绩合同的内容

序号	内容	具体说明
1	基本信息	基本信息包括考核人姓名、被考核人姓名、考核人职位、被考核人职位、绩效周期等，这些信息都是组织前期梳理的结果。通过组织梳理，能够明确岗位设置和管理汇报关系，以此为基础确定考核关系
2	指标分类	指标分为定量指标和定性指标两种。定量指标是指可以量化的指标，定性指标是指量化难、需要进行定性评价的指标。两类指标的权重加在一起为100%。对于不同的岗位，定量指标和定性指标的权重不一样。例如，业务部门的定量指标权重会高一些，高管的定量指标会高一些，职能部门的定性指标会高一些，中基层的定性指标会高一些
3	指标名称	销售收入、客户满意度、销售计划准确率、利润率等都是指标名称
4	指标定义 / 公式	仅仅明确指标名称，对于如何进行衡量和解释还不是很充分，因此需要进一步解释，例如，"计算销售计划完成率指标的公式为当期实际销售额 ÷ 计划销售额 ×100%"。这样既易于双方理解，又可以避免双方在考核时发生不必要的争执
5	单位	单位是指考核指标的衡量单位，如万元、个、家等

（续表）

序号	内容	具体说明
6	评分标准	评分标准是指当考核指标的最终结果和目标值发生差异的时候，加分如何加、减分如何减的规则。例如，"原材料消耗定额的评分标准：达到0.3%得100分；每减少0.01%，加6.7分，最高120分；每增加0.01%，扣13.3分，0.33%以上为60分"
7	目标值	目标值一般包括标准值、下限值和上限值。标准值就是达到100分的值；下限值是指企业不能容忍的值，可以将下限值设为60分，也可以设为0分；上限值是指达到该值时，考核得分封顶，通常设为120分
8	权重	权重是每项考核指标的权重
9	实际完成	每个绩效周期内各项考核指标实际完成的数据和信息
10	数据来源部门	一般情况下，考核数据由第三方提供，如销售部的销售收入数据来源部门是财务部，生产部的质量合格率指标的数据来源部门是质检部
11	定性指标衡量标准	为了便于企业对定性指标进行评价，建议采用尺度评价法

3. 业绩合同的签订

（1）业绩合同的签订范围。

并不是所有的员工都要签订业绩合同。企业在确定签订范围时应考虑以下因素。

① 对企业业务发展的把握。按照既定战略与员工签订有针对性的业绩合同，可以确保企业的发展方向。

② 对员工的评估激励效果。合适的业绩合同可以有效地考核和识别人才。

③ 损益责任。业绩合同的签订对象主要是对损益结果有重大影响的管理人员，其下属人员可不必签订业绩合同。受约人可以将自己的业绩合同分解成不同职责的员工的关键业绩指标，以督促和考核下属人员。业绩合同的签订对象如图4-5所示。

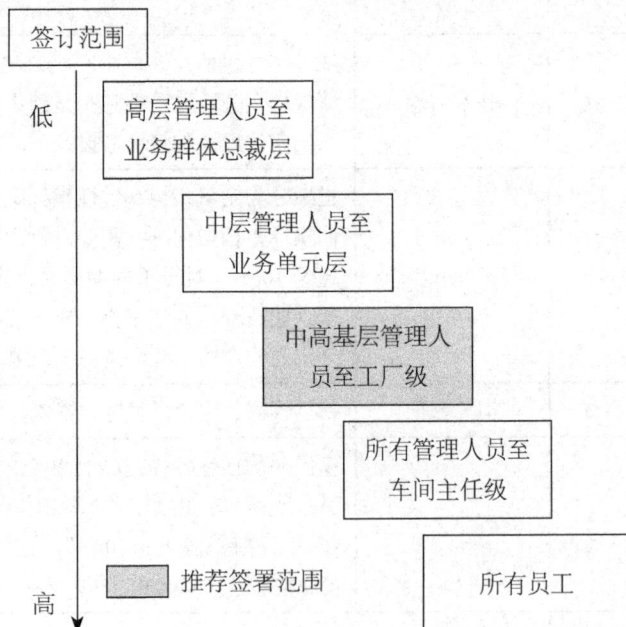

图4-5 业绩合同的签订对象

（2）业绩合同的签订步骤。

业绩合同的签订是按层级进行的，具体步骤如图 4-6 所示。

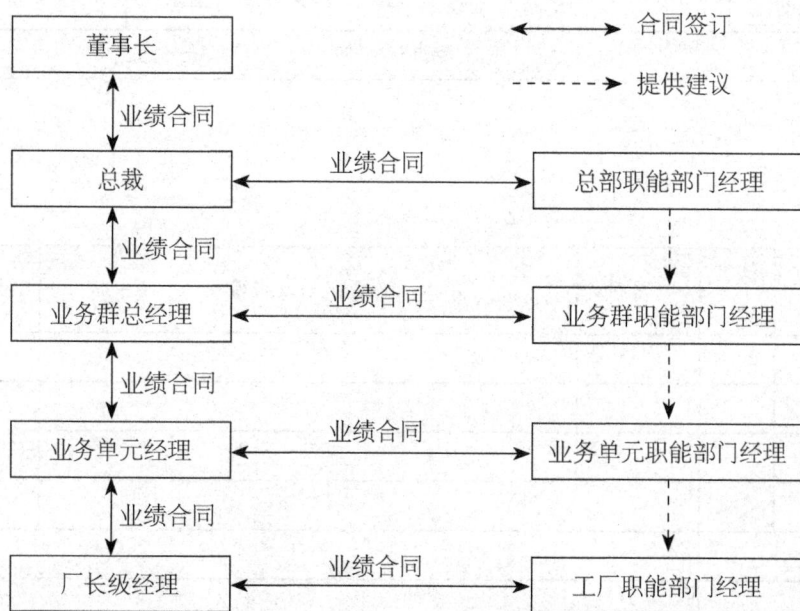

图 4-6　业绩合同的签订步骤

（3）发约人的选择。

发约人选择的原则如下。

① 主发约人应是受约人的直接领导。

② 职能部门可增设副发约人。副发约人通常是与受约人有密切业务联系的其他职能部门中高一级的领导或者非直接领导的从属业务单位的经理。

（4）业绩合同的期限。

业绩合同的有效期一般为一年。

（5）业绩合同的效力。

业绩合同一旦被签订就具有约束效力，在有效期内不得擅自更改。如遇到对企业影响重大的、人力不可控制的极特殊情况（如自然灾害或外部环境的巨大改变），董事会有权酌情予以调整。

【管理工具 15】▶▶▶

业绩合同模板

1. 业绩目标分配、确认表

业绩目标分析、确认如表 1 所示。

表1　业绩目标分配、确认

受约人职位		发约人职位		合同期限	
受约人姓名		发约人姓名		年薪	
主要岗位职责					
KPI	权重(%)	目标值	评分规则及标准		数据来源
分数合计					
指标分配签字确认	发约人： 时间：			受约人： 时间：	
结果沟通签字确认	发约人： 时间：			受约人： 时间：	

2. 奖惩条款

2.1 以业绩合同考核得分除以100作为考核系数计算实际应发年薪。

年薪制的工资结构：年薪制收入＝月固定工资＋年底补足

其中，月固定工资＝年薪×60%÷12；年底补足＝年度收入－月固定工资×12；年度收入＝年薪×考核得分÷100。

2.2 只有总分在90分以上的受约人才有资格参与年终特殊贡献奖的分配。

2.3 受约人总分大于等于90分，第二年工资上调一级。

受约人总分未达到90分，但连续三年在80分以上，工资上调一级。工资上调后重新开始计算连续时间。

2.4 分数合计大于等于100分计2点，分数合计大于等于80分但小于100分计1点。累计点数满10点，可以选择价值_____万元的出境旅游一次，或分期报销同等价值的正规发票。累计点数满6点，可以选择价值_____万元的境内旅游一次，或分期报销同等价值的正规发票。发票的鉴定、确认和具体的报销时间及手续由财务部确定。享受旅游或报销奖励后点数重新开始累计。

2.5 受约人总分低于70分，工资下调一级。

2.6 受约人总分低于 60 分，经董事会决议解聘。

2.7 受约人出现重大失误，经董事会决议降级使用或解聘，给公司造成损失的，公司依法追究其经济责任。

2.8 受约人因渎职给公司造成损失的，公司依法追究其刑事责任和经济责任。

2.9 受约人单独或伙同他人谋取私利、损害公司利益的，公司依法追究其刑事责任和经济责任。

4.3 各预算单位的业务预算

4.3.1 销售预算编制

销售预算一般是企业生产经营全面预算的编制起点，生产、材料采购、仓储费用等方面的预算都要以销售预算为基础。

销售预算以销售预测为基础，以各种产品历史销售量为主要依据，结合产品发展前景等资料，先按产品、地区、客户和其他项目分别编制，然后汇总成为销售预算。

1. 编制人员

编制销售预算时，一般由销售部门主导，财务部、生产部、研发部等部门辅助。

2. 注意事项

编制销售预算时要注意表 4-4 所示的几点事项。

表 4-4 编制销售预算的注意事项

序号	注意事项	内容
1	销售政策	编制销售预算时，企业应先评估自己的销售政策是否合理，如发现不合理之处，就要做出相应调整
2	信用政策	企业的信用政策一般有两项内容：一是信用期限，例如，如果上一年度企业给客户的信用期限是 30 天，就要考虑未来年度是缩短信用期限还是延长，缩短或延长的理由是什么；二是信用额度，例如，企业上一年度给某客户的额度是 30 万元，那么未来年度是给 30 万元还是给 40 万元取决于对方的信用。这两个环节会影响企业应收账款的回收管控，所以在编制销售预算前要特别注意

（续表）

序号	注意事项	内容
3	定价机制	关注竞争对手的产品价格的变化，即企业所属行业的产品价格的变化
4	客户政策	明确企业应该优化哪些客户、保留哪些客户
5	渠道政策	在编制销售预算前，企业应明确渠道拓展的重点。例如，企业现在所处的市场为一级市场，是否需要拓展二级、三级市场，拓展会带来什么好处等
6	广告促销政策	广告促销可以影响销售额度和销售费用，企业应关注广告促销的策略，如上一年度在哪些方面投入了广告，广告效果如何等
7	销售人员与业绩提成策略	销售人员是否需要优化，薪酬如何改变，激励政策是否需要修正等，这些策略的改变会影响产品销量和销售成本

3. 销售预算的具体内容

销售预算的内容包括销量预算、销售价格预算、销售收入预算、回款预算、销售费用预算、成品期末库存预算等。

4. 销售收入预算的编制

编制销售收入预算时，应根据预计销售量和预计销售单价计算出预计的销售收入，具体计算公式如下。

$$预计销售收入＝预计销售量 \times 预计销售单价$$

销售预算一方面为其他预算提供基础，另一方面，它本身就具有约束和控制企业销售活动的功能。

（1）销售收入预算的编制步骤。

销售收入预算的编制步骤如图 4-7 所示。

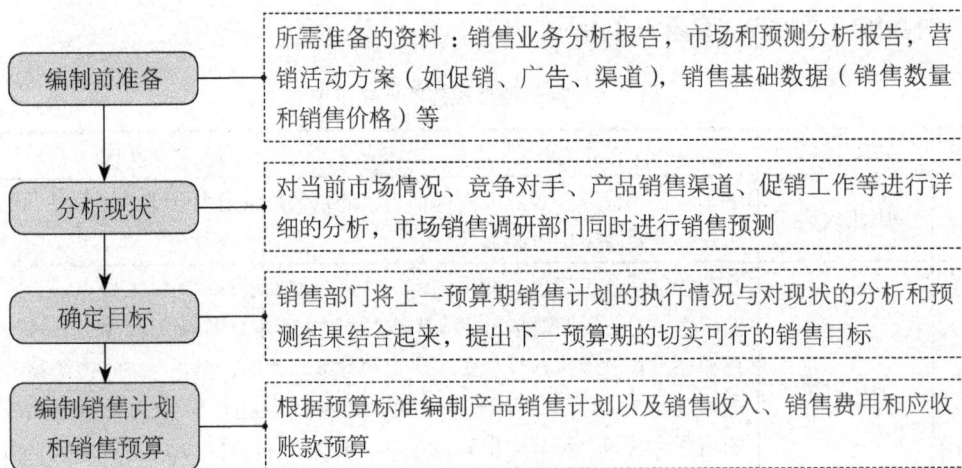

图 4-7 销售收入预算的编制步骤

（2）预算表格

编制销售收入预算时，可能用到的表格有销售收入预算表（按年份、季度和品种、客户、地区编制）、应收账款预算表（现金收支预算的依据）、销售收入预算及应收账款预算汇总表。

【管理工具16】▶▶▶--

销售收入预算表

项目	第一季度	第二季度	第三季度	第四季度	全年
产品1销售量（件）					
产品1销售单价（元）					
产品1销售收入（元）					
产品2销售量（件）					
产品2销售单价（元）					
产品2销售收入（元）					
……					
销售收入合计（元）					

【管理工具17】▶▶▶--

应收账款预算表

内容	年初账面余额（万元）	预算回收（万元）	本年新增金额（万元）	期末余额（万元）	回收率（%）
一、应收账款小计					
1.一年以内（含一年）					
2.一至三年（含三年）					
3.三年以上					
二、其他应收款小计					
1.一年以内（含一年）					
2.一至三年（含三年）					
3.三年以上					
三、应收票据					

（续表）

内容	年初账面余额（万元）	预算回收（万元）	本年新增金额（万元）	期末余额（万元）	回收率（%）
四、预付账款					
1. 一年以内（含一年）					
2. 一至三年（含三年）					
3. 三年以上					

【管理工具 18】▶▶

销售收入预算及应收账款预算汇总表

项目	第一季度	第二季度	第三季度	第四季度	全年
产品 1 销售量（件） 产品 1 销售单价（元） 产品 1 销售收入（元）					
产品 2 销售量（件） 产品 2 销售单价（元） 产品 2 销售收入（元）					
……					
销售收入合计（元）					
年初应收账款金额（元）					
上期销售本期收款数（元）					
本期销售本期收款数（元）					
现金收入合计（元）					

（3）销售数量的预测方法。

① 根据目标利润指标确定销售数量。

根据目标利润指标，已知单位变动成本、固定成本和销售单价，即可确定销售数量，具体计算公式如下。

$$预测年度销售数量 = \frac{目标利润 + 固定成本}{销售单价 - 单位变动成本}$$

某公司投资额为6 000万元，预算年度的投资收益率要求达到10%。已知公司产品的销售变动成本率为60%，固定成本为1 500万元，销售单价为5万元，试计算销售数量。

解析：公司的目标利润＝6 000×10%＝600（万元）

$$销售数量=\frac{目标利润+固定成本}{销售单价-单位变动成本}$$

$$=\frac{600+1\ 500}{5-（5×60\%）}$$

$$=2\ 100÷2$$

$$=1\ 050（件）$$

销售收入＝1 050×5＝5 250（万元）

② 趋势分析确定销售数量。

根据趋势比率中的销售增长率和市场占有率确定销售数量。

预算年度销售数量＝本年实际销售数量×（1＋销售增长率）

或

预算年度销售数量＝预算年度市场需求量×（1＋市场占有率）

某公司去年实际销售额为8 000万元，本年增长率为15%的可能性为40%，增长率为5%的可能性为30%，不增长的可能性为20%，增长率为-10%的可能性为10%。试计算本年预计销售数量为多少。

解析：销售数量＝[（15%×40%＋5%×30%-10%×10%）+1]×8 000＝8 520（件）

③ 使用定性分析法确定销售数量。

a.主管集体判断法。企业所有主管利用他们的经验和知识，以集体意见代替预测。

b.推销员判断法：又称意见汇集法，是由企业熟悉市场情况和相关信息的管理人员对由推销人员调查得来的结果进行综合分析，从而做出预测的方法。

c.专家意见法：专家根据他们的经验和判断对特定产品的未来销售数量进行判断与预测的方法。

d.产品寿命周期分析法：根据产品销售量在不同寿命周期阶段的变化趋势进行销售预测的方法。一般来说，产品销量在萌芽期增长率不稳定，在成长期增长率最高，在成熟期增长率稳定，在衰退期增长率为负数。

综上，销售数量的预测可以从多个方面入手，企业可以先利用趋势分析方法预测销售数量，然后同主管或销售人员的判断进行比较，如有较大差异，再进行定性分析确定。

（4）销售收入预算的编制实例如下。

📖 **实例**

某公司去年实际销售额（含税）为500万元，销售数量为7 000件，销售单价为500元；本年增长率为15%的可能性为40%，增长率为5%的可能性为30%，不增长的可能性为20%，增长率为-10%的可能性为10%。试计算本年预计销售数量为多少。

解析：年度预计销售收入＝（15%×40%＋5%×30%＋0×20%－10%×10%）×

$$500＋500$$
$$＝6.5\%×500＋500$$
$$＝532.5（万元）$$

销售数量＝5 325 000÷500＝10 650（件）

【接上例】第一季度销售2 500件、第二季度销售2 750件、第三季度销售2 850件、第四季度销售2 550件，销售当季度收现60%，下一季度收完，试编制销售收入预算。

解析：第一季度收现＝2 500×500×60%＝750 000（元）

期末应收账款＝1 250 000－750 000＝500 000（元）

第二季度收现＝2 750×500×60%＋500 000＝1 325 000（元）

期末应收账款＝1 375 000－825 000＝550 000（元）

第三季度收现＝2 850×500×60%＋550 000＝1 405 000（元）

期末应收账款＝1 425 000－855 000＝570 000（元）

第四季度收现＝2 550×500×60%＋570 000＝1 335 000（元）

期末应收账款＝1 275 000－765 000＝510 000（元）

应收账款周转次数＝销售收入÷企业平均应收账款

$$＝5 325 000÷510 000$$
$$＝10.44（次）$$

据此编制销售收入及应收账款预算汇总表，如表1所示。

表1　销售收入及应收账款预算汇总表

项目	第一季度	第二季度	第三季度	第四季度	全年
销售数量（件）	2 500	2 750	2 850	2 550	10 650
销售单价（元）	500	500	500	500	500
销售收入（元）	1 250 000	1 375 000	1 425 000	1 275 000	5 325 000
本期销售收现（元）	750 000	825 000	855 000	765 000	3 195 000
期初应收账款（元）	0	500 000	550 000	570 000	0
本期收回的应收账款（元）	0	500 000	550 000	570 000	1 620 000
本期收现合计（元）	750 000	1 325 000	1 405 000	1 335 000	4 815 000
期末应收账款（元）	500 000	550 000	570 000	510 000	510 000

4.3.2　生产预算编制

1. 编制人员

生产部是生产预算的编制主体,销售部、采购部、工程技术部、仓储部、人力资源部、财务部等部门参与编制。

2. 注意问题

在生产预算编制过程中应注意表 4-5 所示的事项。

表 4-5　编制生产预算的注意事项

序号	注意事项	内容
1	企业现有的产能水平	如果企业现有 1 500 万吨产能,通过内部改造,产能水平能否提升
2	员工政策	例如,员工的薪资水平会对工作效率产生怎样的影响
3	生产现场工艺水平	生产现场的工艺水平是否需要改善
4	库存政策	(1)库存是为大客户准备的,而不是为所有客户准备的,因为大客户需求量大,能够解决企业 60% 的销量问题 (2)库存是为畅销品准备的,而不是为销量小的产品准备的,很多企业认为经常生产销量小的产品会浪费生产成本,因此在库房中存放很多,实际上这种做法反而会导致成本不断上升 (3)库存是为下期销售做准备的,因此预算当期库存要以下期销售为依据进行合理的政策假设

3. 生产预算的具体内容

生产预算的特点是没有金额指标,只有数量指标,所以是企业整个预算过程中比较特殊的部分,需要重点关注。

(1)产量预算。

企业的生产预算通过四个季度来反映,各季度的销量可以从销售预算表中得知,第一季度的期初库存已知,可以由这两个数字计算各季度的期末库存和生产量,并由此计算全年的产量。

(2)产值预算。

产值等于产量乘以对应的生产成本。

4.3.3 采购预算编制

1. 编制人员

采购预算编制由采购部门主导，生产部、财务部、工程技术部等部门参与。

2. 注意事项

编制采购预算时应注意以下事项，具体如表4-6所示。

表4-6　编制采购预算的注意事项

序号	注意事项	内容
1	物料清单的准确性和完整性	编制采购预算之前，企业要知道生产一定产品的直接材料需用量。每种产品都应有一个物料清单，企业可以根据物料清单计算直接材料需用量。随着加工熟练程度的提高，对材料的消耗会越来越低，因此企业应随时关注物料清单的准确性与完整性，做定期修正
2	生产消耗费问题	例如，头尾料变成了废料，企业要把这部分计算在内
3	期末库存	产成品有期末库存，原材料也会有期末库存
4	供应商政策	供应商不同，原材料价格会不同，付款周期也会不同，因此企业应考虑优化哪些供应商、增加哪些供应商
5	采购价格	采购价格决定采购金额，影响资金流出的金额。企业应考虑采购价格的合理性，如果不合理，则需要考虑降低多少
6	付款政策	付款周期影响企业的现金流量，如大多数企业的负债都是信用负债，即应付账款，期限越长，现金周转的时间就越长
7	期末材料的库存	期末库存可以按照生产预算的原理编制

3. 采购预算的具体内容

（1）材料采购预算。

企业编制材料采购预算时可以先利用物料清单算出材料需用量，第一季度的库存是已知的，可以计算得出期末库存。材料的采购单价已知，可以计算出采购金额。采购金额和进项税相加可得出采购总金额。计算出第一季度的采购量和采购总金额之后，就可以推导出其他季度的数值及全年的数值。

【管理工具 19】▶▶▶--

材料采购预算表

项目		第一季度	第二季度	第三季度	第四季度	全年
××	单价（元）					
	数量（件）					
	金额（元）					
××	单价（元）					
	数量（件）					
	金额（元）					
……	……					
合计						

（2）备品备件采购预算。

关于备品备件采购预算，采购部门根据经审核后的备品备件需求计划并结合库存状况制定。

【管理工具 20】▶▶▶--

备品备件采购预算表

项目		第一季度	第二季度	第三季度	第四季度	全年
××	单价（元）					
	数量（件）					
	金额（元）					
××	单价（元）					
	数量（件）					
	金额（元）					
……	……					
合计						

（3）采购费用预算。

采购费用预算根据业务需要采取零基预算方式进行编制。

（4）应付账款预算

企业要向供应商采购商品就要做应付账款预算。通常而言，企业可以根据历史数据约定采购支付率（采购支付率＝付款总额÷采购金额），确定采购金额之后，即可计算出付款总额。此外，还应支付上期的应付账款余额，上期应付账款余额加上期初的应付账款就是本期支付的总额。

【管理工具21】▶▶▶

应付账款预算表

项目	第一季度	第二季度	第三季度	第四季度	全年
原材料采购（件）					
辅助材料采购（件）					
备品备件采购（件）					
采购资金合计（元）					
期初应付账款金额（元）					
上期采购本期付款数（元）					
本期采购本期付款数（元）					
现金支出合计（元）					

4.3.4　生产成本预算编制

1. 编制人员

直接材料预算的编制一般由生产部门主导，采购部、工程技术部、财务部参与。直接人工预算的编制由生产部主导，人力资源部和财务部参与。制造费用预算的编制由生产部门主导，财务部参与。

2. 生产成本的组成

一般来讲，产品的成本由料、工、费三部分组成。料指原材料，工指员工工资，费指制造费用。在编制生产成本预算时，这三项内容各不相同，具体如表4-7所示。

表 4-7　生产成本的组成

序号	组成部分	说明
1	工 （直接人工）	员工工资计算比较容易。如果企业采用计件法，用员工生产产品的数量乘以每件产品的生产成本即可；如果企业采用计时法，就应先确定产品的标准工时和员工在标准工时内的工作率
2	费 （制造费用）	制造费用中有些费用比较容易计算，如厂房的折旧、机器的折旧等，但是机物料的消耗、水电费的计算较难，老企业可以在定额的基础上测算出来，刚刚成立的企业不能采用增量预算，要采用零基预算
3	料 （直接材料）	原材料成本的计算较难，因为实际计算的成本有可能与预算成本存在一定的误差。计算原材料成本时一般都用倒挤法，就是用最后一次入库材料的价格乘以期末材料的库存得出期末材料的库存成本，期初、本期入库、本期期末库存都有了，本期的耗用也就可以计算了。倒挤法最大的问题是会把不正常的成本计算在内

料、工、费的预算做好了，企业的成本预算也就可以编制了。

3. 生产成本预算的具体内容

（1）直接材料预算。

直接材料预算以生产预算为基础编制，显示预算内直接材料数量和金额。直接材料预算要根据生产需要量与预计采购量以及预计原材料存货进行编制，而预计采购量和预计原材料存货的情况要根据企业的生产组织特点、材料采购的方法和渠道进行统一的计划，目的是为了保证生产均衡、有序地进行，避免直接材料存货不足或过多，影响资金运用效率和生产效率。材料预计数量的计算公式如下。

$$\text{材料预计数量} = \text{预计生产量} \times \text{单位产品的材料需用量} + \text{预计期末存货} - \text{预计期初存货直接材料}$$

【管理工具22】▶▶▶--

×× 产品直接材料 A 预算表

项目	第一季度	第二季度	第三季度	第四季度	全年
预计生产量（件） 产品单耗（元）					
预计生产需要量（件） 加：期末库存 减：期初库存					

（续表）

项目	第一季度	第二季度	第三季度	第四季度	全年
预计需要量合计（件） 材料计划单价（元）					
直接材料预算（元）					

【管理工具23】▶▶

直接材料汇总表

项目	第一季度	第二季度	第三季度	第四季度	全年
材料 A 数量（件） 材料 A 单价（元） 材料 A 金额（元）					
材料 B 数量（件） 材料 B 单价（元） 材料 B 金额（元）					
……					
材料金额合计（元）					
年初应付账款金额（元）					
上期采购本期付款数（元）					
本期采购本期付款数（元）					
现金支出合计（元）					

（2）直接人工预算。

直接人工预算以生产预算为基础进行，其基本计算公式如下。

预计所需用的直接人工总工时＝预计产量×单位产品直接人工工时

【管理工具24】▶▶▶ ---

××产品直接人工预算

项目	第一季度	第二季度	第三季度	第四季度	全年
预计生产量（件）					
单位产品直接人工工时（小时）					
需用直接人工工时（小时）					
每小时工资率					
直接人工成本（元）					

（3）制造费用预算。

制造费用是指除了直接材料和直接人工费用，为生产产品而发生的间接费用。

制造费用项目不存在易于辨认的投入产出关系，其预算需要根据生产水平、管理者的意愿、企业长期生产能力、企业制度和国家的税收政策等外部因素进行编制。

考虑到制造费用的复杂性，为简化预算的编制，通常将制造费用分为变动性制造费用（通常包括动力、维修、直接材料、间接材料、人工等费用，计算变动性制造费用的关键在于确认哪些是可变项目）和固定性制造费用（通常包括厂房和机器设备的折旧、租金、财产税和一些车间的管理费用，它们支撑企业总体的生产经营能力，一旦形成，短期内就不会改变）两大类，并采用不同的预算编制方法。

预计制造费用的计算公式如下。

预计制造费用＝预计变动性制造费用＋预计固定性制造费用

＝预计业务量×预计变动性制造费用分配率＋预计固定性制造费用

【管理工具25】▶▶▶ ---

制造费用预算表

单位：元

项目		月份						年度预算	数据来源
		1月	2月	3月	4月	5月	……	12月		
固定性费用	折旧									
	工资									
	无形资产摊销									

（续表）

项目		月份						年度预算	数据来源
		1月	2月	3月	4月	5月	……	12月	
变动性费用	劳保用品								
	物料消耗								
	货运费								
	检测费								
	差旅费								
	修理费								
	工具费								
	取暖费								
	动力费（电费）								
	动力费（天然气）								
	低值易耗品摊销								
	福利费								
	办公费								
	其他费用								
	总计								

4.3.5 运营成本预算编制

运营成本预算包括销售费用预算、财务费用预算和管理费用预算。销售费用预算由销售部编制，财务费用由财务部编制，管理费用由除销售部和生产部门以外的其他部门编制。

在编制运营成本预算时，企业应注意确认哪些费用是现金费用，哪些是非现金费用。

1. 销售费用预算

销售费用预算由销售部门根据目标利润增加或减少的比例确定。

① 企业内部各部门根据企业的生产经营目标，详细讨论计划期内应该发生的费用项目，并对每一费用项目编写一套方案，明确费用开支的目的。

② 销售费用预算分为变动销售费用预算和固定销售费用预算两部分。

a.变动销售费用一般包括销售佣金、运输费用、包装费用等，其计算公式如下。

$$变动销售费用＝销售收入×预算比例$$

b.固定销售费用包括约束性费用、标准化费用、选择性费用和项目费用，具体如图 4-8 所示。

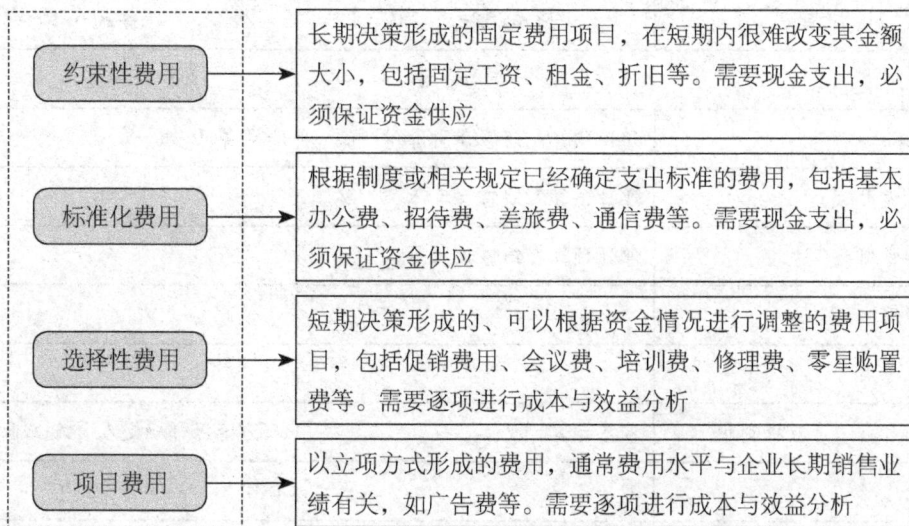

约束性费用	长期决策形成的固定费用项目，在短期内很难改变其金额大小，包括固定工资、租金、折旧等。需要现金支出，必须保证资金供应
标准化费用	根据制度或相关规定已经确定支出标准的费用，包括基本办公费、招待费、差旅费、通信费等。需要现金支出，必须保证资金供应
选择性费用	短期决策形成的、可以根据资金情况进行调整的费用项目，包括促销费用、会议费、培训费、修理费、零星购置费等。需要逐项进行成本与效益分析
项目费用	以立项方式形成的费用，通常费用水平与企业长期销售业绩有关，如广告费等。需要逐项进行成本与效益分析

图 4-8　固定销售费用的具体内容

③ 销售费用预算的编制方法。约束性费用采用增量预算法，标准化费用采用标准法，选择性费用采用零基预算或增量预算法，项目费用根据项目明细和项目可行性分析编制预算。

④ 需要重点控制的销售费用如图 4-9 所示。

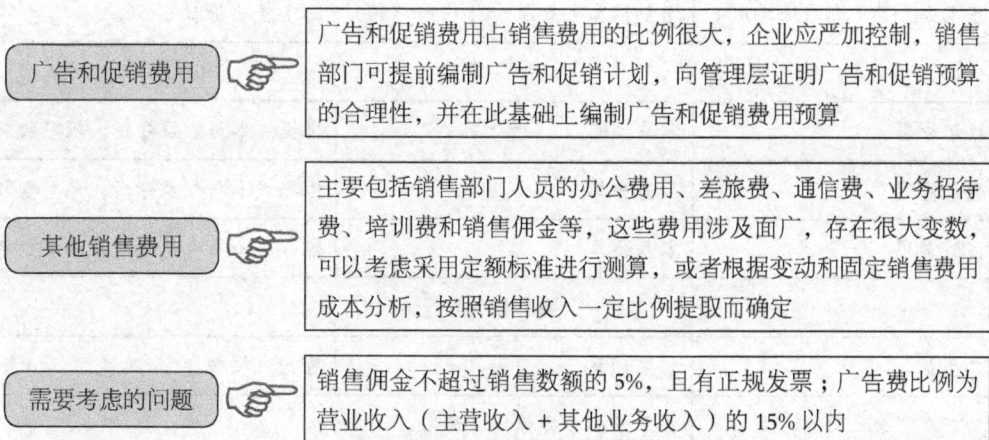

广告和促销费用	广告和促销费用占销售费用的比例很大，企业应严加控制，销售部门可提前编制广告和促销计划，向管理层证明广告和促销预算的合理性，并在此基础上编制广告和促销费用预算
其他销售费用	主要包括销售部门人员的办公费用、差旅费、通信费、业务招待费、培训费和销售佣金等，这些费用涉及面广，存在很大变数，可以考虑采用定额标准进行测算，或者根据变动和固定销售费用成本分析，按照销售收入一定比例提取而确定
需要考虑的问题	销售佣金不超过销售数额的 5%，且有正规发票；广告费比例为营业收入（主营收入＋其他业务收入）的 15% 以内

图 4-9　需要重点控制的销售费用

⑤编制销售费用预算表。销售费用预算表如下所示，供读者参考。

【管理工具26】▶▶

销售费用预算表

金额单位：万元

项目	预算方法 / 标准	备注
变动费用		
销售佣金	弹性预算＼销售合同价×5%	小于等于5%
包装费用	弹性预算＼销售收入×＿＿%	
运杂费用	弹性预算＼销售收入×＿＿%	
固定费用		
约束性费用		
部门人员工资及福利费	零基预算	人力资源部确定人员及工资标准
租金	零基预算	合同
资产折旧	零基预算	根据资产情况和折旧标准
标准化费用		
招待费	零基预算：销售收入×＿＿%	按标准，总量控制
差旅费	增量预算：基期×（1+＿＿%）	按标准，总量控制
通信费	增量预算：基期×（1+＿＿%）	按标准，总量控制
基本办公费（含维修费用）	增量预算：基期×（1+＿＿%）	固定资产折旧
选择性费用		
培训费用	零基预算	根据成本与效益分析，确定数额
会议费用	零基预算	根据成本与效益分析，确定数额
促销费用	零基预算	根据成本与效益分析，确定数额
项目性费用		
广告费	零基预算	可行性报告
合　计	等于或小于目标销售费用	

2. 财务费用预算

财务费用预算是对企业在预算期内筹集生产经营所需资金等发生的费用所进行的预计。

【管理工具27】▶▶▶--

财务费用预算表

编制单位：　　　　　预算期间：_____年1月1日至_____年12月31日　　　金额单位：万元

序号	预算项目	预算科目	1月	2月	3月	…	12月	合计
1	存款利息收入	利息净支出						
2	外购银行承兑汇票利息收入	银行承兑汇票贴现净支出						
3	银行承兑汇票贴现支出	银行承兑汇票贴现净支出						
4	贷款利息支出	利息净支出						
5	拆借利息支出	利息净支出						
6	结算手续费	银行手续费						
7	担保费	担保费						
8	其他	其他						
合计								

单位负责人：　　　　　预算编制人：　　　　　预算期间：

----

3. 管理费用预算

管理费用可视为固定费用，其预算的编制应当采用零基预算的方法，即先由各职能部门编制相关业务计划，然后根据费用列支标准测算编制各部门的预算，最后汇总编制企业的管理费用预算。

（1）编制管理费用预算应注意的问题如下。

a. 管理费用预算数额：根据目标利润增加或减少的比例来确定管理费用预算数额。

b. 一般情况下，管理费用中相对固定的费用均要求有一定的降幅。如果固定费用部分增加，就需要管理者详细解释增加原因。

c. 管理费用可以分为人员经费、业务支出和日常支出。管理费用占营业收入的比例越低，代表企业的费用控制能力越强，行政管理的效率越高。

d. 重点管理费用项目的控制标准如表4-8所示。

表 4-8　重点管理费用项目的控制标准

序号	费用项目	控制标准	
1	招待费	按实际发生额的 60% 且不高于销售收入的 5‰ 报销，超出部分不允许税前扣除。各业务部门的招待费应控制在各部门完成业务收入的 2.5‰ 之内，由部门经理视情况而定；行政职能部门的招待费按照企业分配下达的指标使用，由财务经理视情况而定；分公司的招待费应控制在完成业务收入的 4‰ 之内，由分公司经理视情况而定	
2	差旅费	住宿	副经理及以上级别人员的住宿标准为 ×× 元 / 天；业务主管为 ×× 元 / 天；业务员为 ×× 元 / 天；确因需要住宿标准超过 ×× 元 / 天，报财务总监批准后方可报销
		出差补助	按每天 ×× 元补助，时间为出差起止日期
		市内交通费用	标准为每天 ×× 元，按票据报销
		其他杂费	标准为每天 ×× 元，按票据报销
		车船票	按出差往返地点、里程，凭票据核准报销
3	会务费	需要地点、时间、人员、标准和会议内容等资料；没有标准，据实税前扣除	
4	研发费用	销售收入在 5 000 万元以下，研发费用比例定为 6%；销售收入为 5 000 万元 ~ 2 亿元，研发费用比例定为 4%；销售收入为 2 亿元以上，研发费用比例定为 3%	
5	销售费用总预算	根据目标利润确定增加或减少的比例确定	

（2）管理费用预算的编制步骤。

管理费用预算采用零基预算法编制，具体编制步骤如图 4-10 所示。

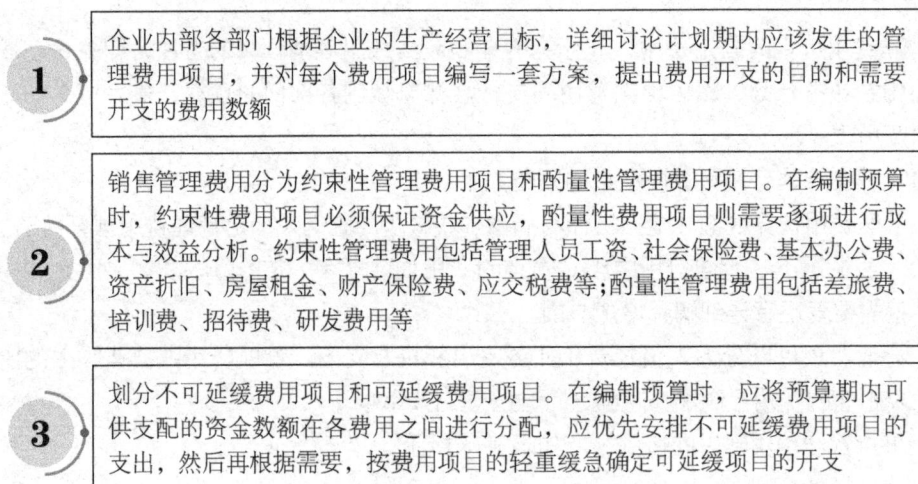

1. 企业内部各部门根据企业的生产经营目标，详细讨论计划期内应该发生的管理费用项目，并对每个费用项目编写一套方案，提出费用开支的目的和需要开支的费用数额

2. 销售管理费用分为约束性管理费用项目和酌量性管理费用项目。在编制预算时，约束性费用项目必须保证资金供应，酌量性费用项目则需要逐项进行成本与效益分析。约束性管理费用包括管理人员工资、社会保险费、基本办公费、资产折旧、房屋租金、财产保险费、应交税费等；酌量性管理费用包括差旅费、培训费、招待费、研发费用等

3. 划分不可延缓费用项目和可延缓费用项目。在编制预算时，应将预算期内可供支配的资金数额在各费用之间进行分配，应优先安排不可延缓费用项目的支出，然后再根据需要，按费用项目的轻重缓急确定可延缓项目的开支

图 4-10　管理费用预算的编制步骤

实例

某公司在预算年度的销售收入为642万元，预算年度管理费用占销售收入的比例为9%。

该公司上年度销售收入为600万元，管理费用占销售收入的比例为10%。其中，管理人员经费为：管理人员工资及福利费为15万元；社会保险费用为工资总额的30%，计4.5万元；教育经费为工资总额的2%，计0.3万元；工会经费为工资总额的2.5%，计0.375万元。日常费用为：基本办公费为6万元，房屋租金为7.5万元，资产折旧为3万元，通信费为1.5万元，交通费为2.25万元，差旅费为3万元。业务费用为：招待费为3.6万元；研发费用为销售收入的6%，实际费用为11.475万元；税费为1.5万元。该企业预算年度销售收入为428万元，非销售人员销售金额为100万元，销售费用占销售收入的比例为9%。请为这家公司编制预算年度销售费用预算。

解析：预算年度管理费用总预算

＝预算年度销售收入×预算年度管理费用占销售收入的比例

＝642×9%

＝57.78（万元）

1.管理费用中约束性费用＝人员经费中的（工资及福利费＋社保费用＋工会经费＋教育经费）＋日常支出中的（基本办公费用＋资产折旧＋房屋租金）＋业务费用中的（税费）＝38.175（万元）

约束性费用必须保证资金供应。

2.酌量性费用需要逐项进行成本与效益分析，根据预算期内可供支配的资金数额在各费用之间进行分配。酌量性费用项目的成本效益比分别为：招待费1:9、研发费用1:7、差旅费1:6、通信费1:5、交通费1:5。

则各费用项目应分摊的比例及金额为：

招待费比例＝9÷（9+7+6+5+5）＝28.125%，招待费＝（57.78−38.175）×28.125%＝5.51（万元），但由于招待费的最高金额只能为3.852万元，所以除招待费外，剩余的费用合计为19.605−3.852＝15.753（万元）

研发费用比例＝7÷（7+6+5+5）＝30.4%，研发费＝15.753×30.4%＝4.789（万元）

差旅费比例＝6÷23＝26.1%，差旅费＝15.753×26.1%＝4.111（万元）

通信费或交通费比例＝5÷23＝21.739%，通信费或交通费＝15.753×21.739＝3.425（万元）

或者根据去年的数额直接按一定比例降低几个百分点即可。

综上所述，管理费用预算如下表所示。

管理费用预算表

金额单位：万元

项目	第一季度	第二季度	第三季度	第四季度	全年
人员经费					20.175
工资及福利费					15
社保费					4.5
教育经费					0.3
工会经费					0.375
日常支出					27.464
基本办公费用					6
资产折旧					3
租金					7.5
交通费用					3.4265
通信费					3.4265
差旅费					4.111
其他					
业务支出					10.141
税金					1.5
招待费					3.852
研发费用					4.789
会务费					
其他					
合　计					

4.3.6 资本支出预算编制

资本支出预算包括内部投资预算、外部投资预算和投资收益预算，其中投资收益预算会影响企业的利润，内部投资预算和外部投资预算会影响现金预算。

【管理工具28】▶▶▶ ---

资本性支出预算表

编制单位：××有限公司   单位：万元

资本性支出项目	1月	2月	3月	4月	5月	6月	7月	8月	9月	10月	11月	12月	全年合计	预算说明（必须写，可另附明细表格）
一、购置土地														
二、购入其他无形资产														
三、新建工程支出														
仓管部														
生产部														
四、工程待摊性支出														
1.工程管理费														
2.征地费用														
3.可行性研究费用														
4.临时设施费														
5.公证费														
6.监理费														
7.有关税费														
8.其他														
五、购买工程物资														
六、购买设备														
1.IT通用设备														
行政部														
财务部														
营销部														
2.专用设备（生产有关设备）														
品管部														
仓管部														

（续表）

资本性支出 项目	1 月	2 月	3 月	4 月	5 月	6 月	7 月	8 月	9 月	10 月	11 月	12 月	全年 合计	预算说明 （必须写， 可另附明 细表格）
生产部														
3. 运输设备														
行政部														
4. 其他设备（空调等办公设备）														
行政部														
品管部														
财务部														
营销部														
七、工程利息资本化														
八、原有工程技术改造														
生产部														
九、研发费用资本化														
十、对外投资														
十一、支付前期资本支出款项														
合计														

4.3.7　现金预算编制

现金预算是反映企业在预算期内现金流转情况的预算，是全部经营活动中现金收支情况的汇总反映。

企业编制现金预算的目的有两个：一是确认预算期的现金期末水平；二是发现异常，提前解决问题。现金预算包括现金收入、现金支出和现金余缺三项内容。

现金收入包括预算期初现金余额和预算期内发生的现金收入，如销售收入、应收账款收回、票据贴现等。

现金支出包括预算期内发生的各项现金支出，如支付材料采购款、支付工资、支付制造费用、支付销售及管理费用、上缴税金、支付股利、资本性支出等。

现金余缺是预算期内每一期可动用现金数与现金支出数的差额。企业可根据现金余缺情况，采用适当的融资方式来调节现金余缺。

【管理工具 29】▶▶ --

现金预算表

项目	第一季度	第二季度	第三季度	第四季度	全年
期初现金余额 加：现金收入					
可动用现金合计					
减：现金支出 采购直接材料 支付直接人工费 支付制造费用 支付销售及管理费 购置固定资产 交纳税金 发放股利					
现金支出合计					
现金结余（短缺）					
借入现金 归还借款 支付利息					
期末现金余额					

4.3.8 预计报表编制

1. 预计损益表

预计损益表反映了预算期内企业的经营成果。汇总后的税后净收益可以与目标利润相比较，如有差距，应进行单一项目或综合性调整，以争取达到或超过目标利润。

预计损益表主要依据销售预算、制造费用预算、单位生产成本预算、期末存货预算、销售及管理费用预算、有关的专门决策预算和现金预算编制。

【管理工具30】▶▶ --

预算损益表

编制单位：××公司 ×× 年度 单位：元

项目	行次	预算年金额
一、营业收入	1	
减：营业成本	2	
营业税费	3	
销售费用	4	
管理费用	5	
财务费用（收益以"—"号填列）	6	
资产减值损失	7	
加：公允价值变动净收益（净损失以"—"号填列）	8	
投资净收益（净损失以"—"号填列）	9	
二、营业利润（亏损以"—"号填列）	10	
加：营业外收入	11	
减：营业外支出	12	
其中：非流动资产处置净损失（净收益以"—"号填列）	13	
三、利润总额（亏损总额以"—"号填列）	14	
减：所得税	15	
四、净利润（净亏损以"—"号填列）	16	
五、每股收益：	17	
（一）基本每股收益	18	
（二）稀释每股收益	19	

制表人：

----

2. 预计资产负债表

由于预计资产负债表编制较为困难，对实际工作的指导意义不大，建议企业根据实际情况编制预计资产负债表。

【管理工具 31】▶▶▶ --

预计资产负债表

编制单位：××公司　　　　　　　　　××年度　　　　　　　　　单位：元

资产	行次	期末余额	负债和所有者权益（或股东权益）	行次	期末余额
流动资产：	1		流动负债：	36	
货币资金	2		短期借款	37	
交易性金融资产	3		交易性金融负债	38	
应收票据	4		应付票据	39	
应收账款	5		应付账款	40	
预付账款	6		预收账款	41	
应收股利	7		应付职工薪酬	42	
应收利息	8		应交税费	43	
其他应收款	9		应付利息	44	
存货	10		应付股利	45	
其中：消耗性生物资产	11		其他应付款	46	
待摊费用	12		预提费用	47	
一年内到期的非流动资产	13		预计负债	48	
其他流动资产	14		一年内到期的非流动负债	49	
流动资产合计	15		其他流动负债	50	
非流动资产：	16		流动负债合计	51	
可供出售金融资产	17		非流动负债：	52	
持有至到期投资	18		长期借款	53	
投资性房地产	19		应付债券	54	
长期股权投资	20		长期应付款	55	
长期应收款	21		专项应付款	56	
固定资产	22		递延所得税负债	57	
在建工程	23		其他非流动负债	58	
工程物资	24		非流动负债合计	59	
固定资产清理	25		负债合计	60	
生产性生物资产	26		所有者权益（或股东权益）：	61	
油气资产	27		实收资本（或股本）	62	
无形资产	28		资本公积	63	

（续表）

资产	行次	期末余额	负债和所有者权益（或股东权益）	行次	期末余额
开发支出	29		盈余公积	64	
商誉	30		未分配利润	65	
长期待摊费用	31		减：库存股	66	
递延所得税资产	32		所有者权益（或股东权益）合计	67	
其他非流动资产	33			68	
非流动资产合计	34			69	
资产总计	35		负债和所有者（或股东权益）合计	70	

制表人：   责任人：

3. 预计现金流量表

预计现金流量表是按照现金流量表的主要项目内容和格式编制的，是反映企业预算期内一切现金收支及其结果的预算。

【管理工具32】▶▶▶

预计现金流量表

编制单位：××公司   ××年度   单位：元

项　目	行次	预算年金额
一、经营活动产生的现金流量：	1	
销售商品、提供劳务收到的现金	2	
收到的税费返还	3	
收到其他与经营活动有关的现金	4	
经营活动现金流入小计	5	
购买商品、接受劳务支付的现金	6	
支付给职工以及为职工支付的现金	7	
支付的各项税费	8	
支付其他与经营活动有关的现金	9	
经营活动现金流出小计	10	
经营活动产生的现金流量净额	11	
二、投资活动产生的现金流量：	12	

（续表）

项　　目	行次	预算年金额
收回投资收到的现金	13	
取得投资收益收到的现金	14	
处置固定资产、无形资产和其他长期资产收回的现金净额	15	
处置子公司及其他营业单位收到的现金净额	16	
收到其他与投资活动有关的现金	17	
投资活动现金流入小计	18	
购建固定资产、无形资产和其他长期资产支付的现金	19	
投资支付的现金	20	
取得子公司及其他营业单位支付的现金净额	21	
支付其他与投资活动有关的现金	22	
投资活动现金流出小计	23	
投资活动产生的现金流量净额	24	
三、筹资活动产生的现金流量：	25	
吸收投资收到的现金	26	
取得借款收到的现金	27	
收到其他与筹资活动有关的现金	28	
筹资活动现金流入小计	29	
偿还债务支付的现金	30	
分配股利、利润或偿付利息支付的现金	31	
支付其他与筹资活动有关的现金	32	
筹资活动现金流出小计	33	
筹资活动产生的现金流量净额	34	
四、汇率变动对现金的影响	35	
五、现金及现金等价物净增加额	36	
期初现金及现金等价物余额	37	
期末现金及现金等价物余额	38	
补充资料	行次	预算年金额
1.将净利润调节为经营活动现金流量：	39	
净利润	40	

（续表）

项　　目	行次	预算年金额
加：资产减值准备	41	
固定资产折旧、油气资产折耗、生产性生物资产折旧	42	
无形资产摊销	43	
长期待摊费用摊销	44	
待摊费用减少（增加以"—"号填列）	45	
预提费用增加（减少以"—"号填列）	46	
处置固定资产、无形资产和其他长期资产的损失（收益以"—"号填列）	47	
固定资产报废损失（收益以"—"号填列）	48	
公允价值变动损失（收益以"—"号填列）	49	
财务费用（收益以"—"号填列）	50	
投资损失（收益以"—"号填列）	51	
递延所得税资产减少（增加以"—"号填列）	52	
递延所得税负债增加（减少以"—"号填列）	53	
存货的减少（增加以"—"号填列）	54	
经营性应收项目的减少（增加以"—"号填列）	55	
经营性应付项目的增加（减少以"—"号填列）	56	
其他	57	
经营活动产生的现金流量净额	58	
2. 不涉及现金收支的重大投资和筹资活动：	59	
债务转为资本	60	
一年内到期的可转换公司债券	61	
融资租入固定资产	62	
3. 现金及现金等价物净变动情况：	63	
现金的期末余额	64	
减：现金的期初余额	65	
加：现金等价物的期末余额	66	
减：现金等价物的期初余额	67	
现金及现金等价物净增加额	68	

制表人：　　　　　　　　　　　　　　　　　　　　　责任人：

4.4　全面预算的执行与考核

4.4.1　预算的实施

全面预算方案一经批准下达，各预算单位就必须认真组织实施，严格执行。同时，为了更好地执行全面预算，各预算单位必须将本部门预算指标分解到内部各单位、各环节和各工作岗位，形成全方位的预算执行责任体系，确保预算目标的完成。

各预算单位应当将全面预算作为预算期内全部业务活动的基本依据，将年度预算细分为季度预算和月预算，以确保年度预算目标的实现。

企业应当强化现金流的预算管理，按时组织预算资金的收入，严格控制预算资金的支付，以保证企业有足够的资金用于必须的支付项目。对于预算内的资金拨付，必须按照授权审批程序执行；对于预算外的项目支出，应当经过特殊的审批程序，具体办法见企业内部控制体系相关文件。对于无合同、无凭证、无手续的项目支出，不予支付。

4.4.2　预算执行情况报告制度

各预算执行单位要定期报告财务预算执行情况，并随时向预算管理工作组和预算管理委员会反映预算执行中发生的新问题，查找形成原因，提出改进措施和建议。

1. 建立责任会计体系

为了便于预算执行结果的统计与考核，企业财务部门在进行正常的会计核算之外，还必须进行责任会计记录。

责任成本核算采取双轨制，责任会计的原始凭证与会计核算凭证共用，责任会计核算时仅记录凭证号。

2. 建立预算报告体系

各预算执行单位可按月、季度和年度分别反馈成本预算、费用预算、利润预算的执行情况。

【管理工具33】▶▶▶

成本预算执行反馈月（季、年）报表

部门：　　　　　　　　　　　　　年　　月　　日　　　　　　　　金额单位：万元

项目		本期预算	本期发生额	预算差异	本季累计额	本年累计额
可控成本						
变动成本	直接材料费					
	直接人工费					
	变动制造费用					
	其他制造费用					
固定成本	固定制造费用					
	其他固定成本					
不可控成本						
成本合计						

【管理工具34】▶▶▶

费用预算执行反馈月（季、年）报表

部门：　　　　　　　　　　　　　年　　月　　日　　　　　　　　金额单位：万元

费用项目	本期预算	本期实际	差异额	预算完成率	备注
工资					
福利费					
办公费					
水电费					
差旅费					
业务招待费					
修理费					
……					
合计					

【管理工具35】▸▸ --

利润预算执行反馈月（季、年）报表

编报部门：　　　　　　　　　　　_____年____月____日　　　　　　金额单位：万元

项目	本期预算	本期实际	差异额	预算完成率	备注
销售净额					
变动成本：					
变动生产成本					
变动销售费用					
变动成本合计					
贡献毛利					
固定成本：					
酌量性固定成本					
约束性固定成本					
固定成本合计					
营业利润					
资产平均占用额					
资产周转率					
销售利润率					
投资报酬率					

　　企业财务部门每月／季度／年度向预算管理组织报送各职能部门的预算执行情况，预算工作组汇总上述资料和报表，并编制企业全面预算执行情况报表，然后将其上报总经理办公会审批。

　　企业每月召开预算工作组会议，讨论预算执行中发生的问题，查找问题形成的原因，提出改进措施和建议。

4.4.3　预算监控体系

1. 建立预算监控体系

　　预算工作组应对企业及各部门的预算执行情况进行监控。

　　企业内部审计部门应定期或不定期地对企业和各部门上报的预算执行报表的真实性与准确性进行审计，并就审计中发现的问题提出处理意见，上报预算管理委员会。

　　监控分为事前监控与事中监控。

　　（1）事前监控的项目与监控部门。

　　事前监控是指在业务活动未发生之前，业务执行人需要根据企业的管理制度和年度经营预算提交业务申请，由上级领导及其所在部门进行审批和审核的过程。事前监控的项目与监控部门如表4-9所示。

表4-9　事前监控的项目与监控部门

监控部门	监控项目
营销部	产品价格、回款政策
人力资源部	人力需求、人力成本
质量管理部	制成检验合格率、来料检验合格率、安装检验合格率、新产品开发质量
财务部	资金支出、投融资业务、采购价格
生产部	工艺标准与工艺定额

（2）事中监控的项目与监控部门。

事中监控是指在业务执行过程中，监控部门以企业的管理制度与年度经营预算为标准，对业务的执行情况进行对比分析。事中监控的项目与监控部门如表4-10所示。

表4-10　事中监控的项目与监控部门

监控部门	监控项目
营销部	销量、产品价格、产品销售结构、部门费用、销售增长率、新产品市场份额、应收账款占销售收入比例、产成品占用资金
生产部	材料消耗定额、部门费用、人均产出、制程检验合格率、材料库存资金占用、产品平均交货期、呆滞材料降低率
采购部	采购资金占用额、采购价格、外协加工费、应付账款占存货金额比例、来料检验合格率
研发部	新产品数量、新技术数量、部门费用
人力资源部	人力需求与人力成本
财务部	净资产收益率、销售净利率、总资产周转率、权益乘数、营运资金占流动资产比例、资产负债率、收现率、应收账款占销售收入比例、应付账款占存货金额比例、销售费用占收入比例、管理费用定额
其他部门	部门费用、非生产材料占用资金

2. 预算外与超预算事项的处理

（1）预算外事项的处理程序。

预算外事项是在期初预算方案中没有预计，而现在即将发生的业务活动。

所有预算外事项都需要经过预算管理委员会审批后才能决定是否执行。预算外事项的处理程序如图4-11所示。

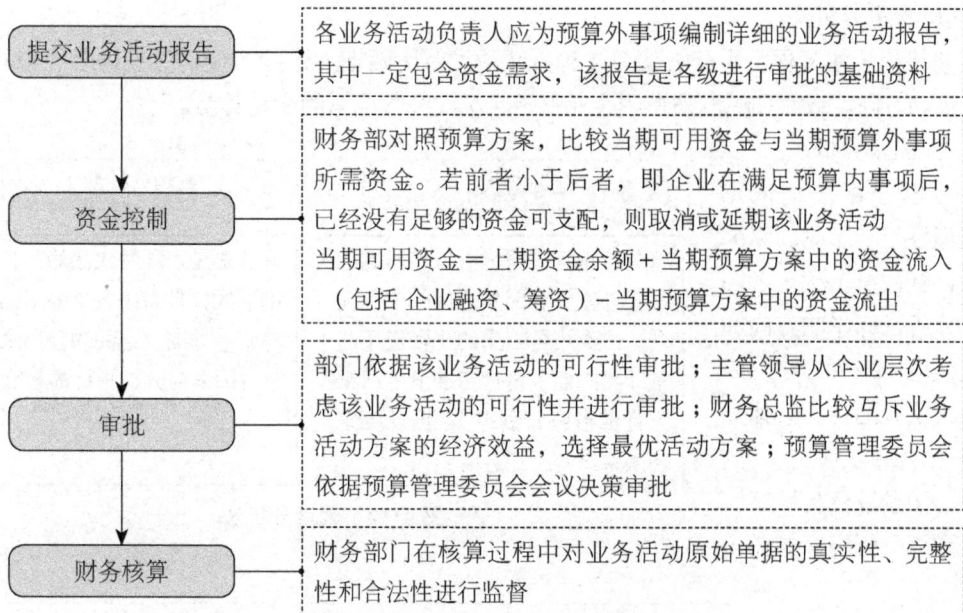

图 4-11　预算外事项的处理程序

流程图内容：

- **提交业务活动报告**：各业务活动负责人应为预算外事项编制详细的业务活动报告，其中一定包含资金需求，该报告是各级进行审批的基础资料
- **资金控制**：财务部对照预算方案，比较当期可用资金与当期预算外事项所需资金。若前者小于后者，即企业在满足预算内事项后，已经没有足够的资金可支配，则取消或延期该业务活动
  当期可用资金＝上期资金余额＋当期预算方案中的资金流入（包括 企业融资、筹资）－当期预算方案中的资金流出
- **审批**：部门依据该业务活动的可行性审批；主管领导从企业层次考虑该业务活动的可行性并进行审批；财务总监比较互斥业务活动方案的经济效益，选择最优活动方案；预算管理委员会依据预算管理委员会会议决策审批
- **财务核算**：财务部门在核算过程中对业务活动原始单据的真实性、完整性和合法性进行监督

（2）超预算事项的内容。

超预算事项是指在实际业务活动中，那些在期初编制预算方案时已经考虑到，但实际发生数超出期初预算额度的事项。

为了保障业务的正常开展，对于那些由于企业生产经营规模扩大而出现的新业务，可对已有预算指标进行追加。根据追加预算的项目性质和金额，可将超预算事项划分为以下三类：

① 部门领导审批通过就可追加的预算；

② 主管领导审批通过并且财务负责人审核后才可追加的预算；

③ 需要预算管理委员会审批通过才可追加的预算。

上述三类超预算情形的具体内容要根据企业实际情况确定。

3. 进行预算分析

（1）预算分析方法。

① 比较分析法。

将某特定监控内容与比较标准进行横向对比，确定不同期间的差异额或差异率，以分析监控内容的变动情况和变动趋势。比较标准可以是预算数据、历史数据、预测数据或其他企业的数据。在进行比较分析时，除了可以研究单个项目的趋势，还可以分析特定项目之间的关系，以揭示隐藏的问题。例如，如果发现销售增长 10%，销售成本却增长了 14%，就说明成本比收入增长得更快，这与我们通常的假设是相悖的。我们通常假设在产品和原材料价格不变时，销售收入和销售成本会同比例增长。出现这种差异一般有三种可能：一是产品价格下降，二是原材料价格上升，三是生产效率降低。要确定具体的原因就需要借助其他方法和资料做进一步的分析。

② 趋势分析法。

趋势分析法又称水平分析法，这种方法通过对比两期或连续数期财务报告中的相同指标的变动方向、数额和幅度来说明企业财务状况或经营成果的变动趋势。

③ 因素分析法。

因素分析法是依据分析指标与其影响因素的关系，从数量上确定各因素对分析指标影响方向和影响程度的一种方法。因素分析法有两种，具体如图 4-12 所示。

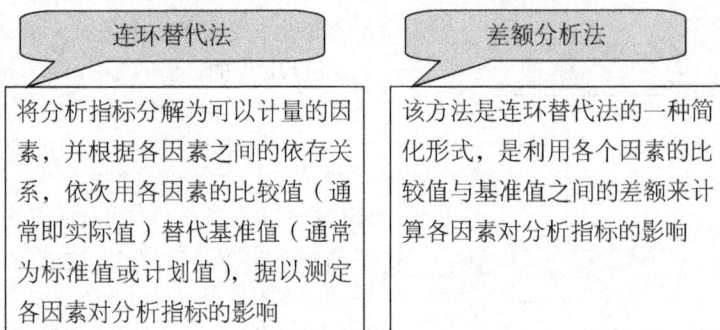

连环替代法

将分析指标分解为可以计量的因素，并根据各因素之间的依存关系，依次用各因素的比较值（通常即实际值）替代基准值（通常为标准值或计划值），据以测定各因素对分析指标的影响

差额分析法

该方法是连环替代法的一种简化形式，是利用各个因素的比较值与基准值之间的差额来计算各因素对分析指标的影响

图 4-12　因素分析法

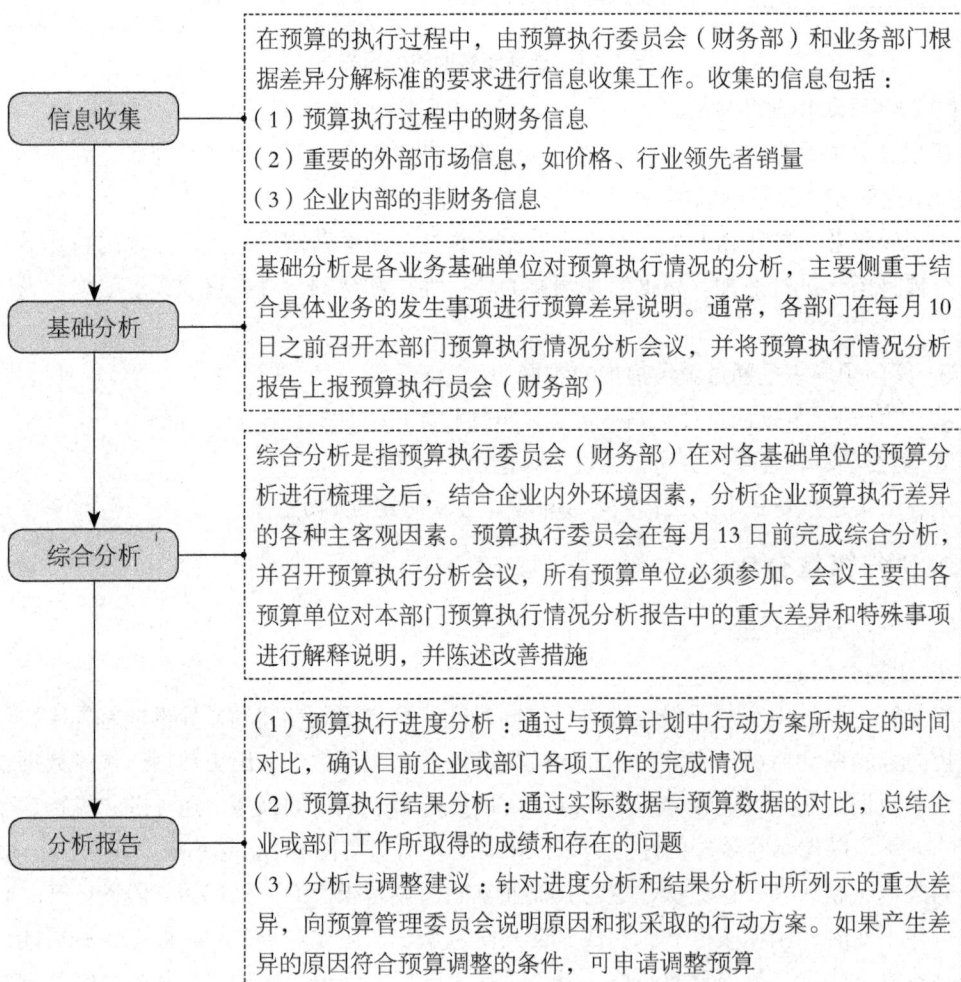

（2）预算分析程序。

预算分析程序如图 4-13 所示。

信息收集

在预算的执行过程中，由预算执行委员会（财务部）和业务部门根据差异分解标准的要求进行信息收集工作。收集的信息包括：
（1）预算执行过程中的财务信息
（2）重要的外部市场信息，如价格、行业领先者销量
（3）企业内部的非财务信息

基础分析

基础分析是各业务基础单位对预算执行情况的分析，主要侧重于结合具体业务的发生事项进行预算差异说明。通常，各部门在每月 10 日之前召开本部门预算执行情况分析会议，并将预算执行情况分析报告上报预算执行员会（财务部）

综合分析

综合分析是指预算执行委员会（财务部）在对各基础单位的预算分析进行梳理之后，结合企业内外环境因素，分析企业预算执行差异的各种主客观因素。预算执行委员会在每月 13 日前完成综合分析，并召开预算执行分析会议，所有预算单位必须参加。会议主要由各预算单位对本部门预算执行情况分析报告中的重大差异和特殊事项进行解释说明，并陈述改善措施

分析报告

（1）预算执行进度分析：通过与预算计划中行动方案所规定的时间对比，确认目前企业或部门各项工作的完成情况
（2）预算执行结果分析：通过实际数据与预算数据的对比，总结企业或部门工作所取得的成绩和存在的问题
（3）分析与调整建议：针对进度分析和结果分析中所列示的重大差异，向预算管理委员会说明原因和拟采取的行动方案。如果产生差异的原因符合预算调整的条件，可申请调整预算

图 4-13　预算分析程序

4.4.4　预算调整

预算调整是指当企业内外环境发生变化，预算出现较大偏差，原有预算不再适宜时所进行的预算修改。

1. 预算调整原因

一方面，在预算执行过程中，由于主观、客观因素的变化，尤其是当外部环境发生重大变化或企业战略发生重大调整的时候，预算调整是协调企业资源使用与企业行动目标保持一致的必不可少的环节。但另一方面，预算调整又必须是一个规范的过程，需要建立严格规范的管理制度。只有规范预算调整制度并严格执行，企业才能实现进行预算调整的真正目的。

当企业内外部环境发生哪些变化，并且该变化对企业带来多大影响的时候才需要进行预算调整？这是各个企业在建立预算调整管理制度时必须考虑的问题。因此，企业必须对预算调整驱动因素进行清晰的区分和定义，并且界定这些驱动因素对企业的影响，明确在哪些情况下可以考虑进行预算调整，以规范预算调整行为。对于不同行业、不同规模的企业，预算调整的条件是不同的。

具体而言，预算调整的驱动因素大致有以下几种。

（1）国家政策和规定发生重大变化。

（2）企业组织变革。

（3）企业外部环境和市场需求环境发生重大变化。

（4）企业经营范围和业务种类发生重大变化。

（5）企业内部运营资源发生变化。

（6）资源临时增补或调整。

2. 预算调整的程序

一般情况下，预算调整需要经过申请、审议和批准三个主要程序。

（1）预算调整的申请。

如果需要调整预算，应先由预算执行人或编制人员提出申请。调整申请应说明调整的理由、调整的初步方案、调整前后的预算指标对比及调整后预算的负责人与执行人等情况。

（2）预算调整的审议。

通常由财务部门或预算工作组负责对提出的调整申请进行审议，并提出审议意见。审议意见应说明审议的参与人和审议过程，以及对申请同意、反对或补充修改等内容。

（3）预算调整的批准。

经审议后的预算调整申请即可报送有关部门批准。批准人应在审阅相关资料后，提出同意或不同意调整的书面意见，包括否定的原因或补充意见等，然后下发给申请人遵照执行。

由于预算调整牵涉面较广，对企业内部各部门都有可能产生影响，通常建议将预算调整特别是将重大预算调整的审批权限交于预算委员会。若企业没有专设预算委员会，则应由企业最高权力机构负责审批。

3. 预算调整方法

预算调整多采用滚动预算法。在编制预算时，先将年度预算分解为季度预算，并将其中第一季度按月划分，建立各月的明细预算，以便监督预算的执行。在第一季度末对第二季度的预算进行调整，然后将第二季度的预算数按月细分，依此类推，具体过程如图 4-14 所示。

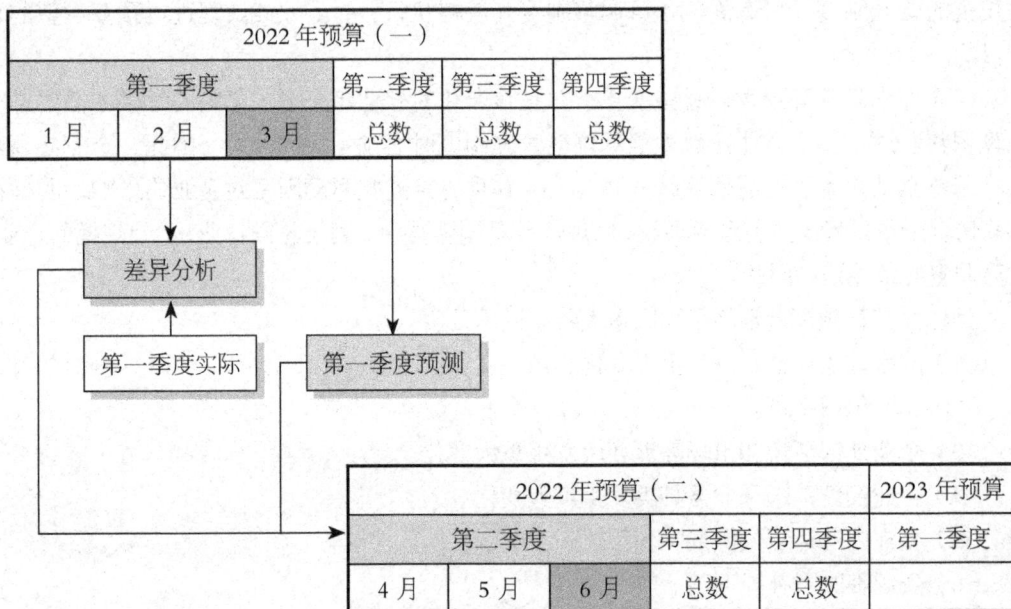

图 4-14　预算调整的过程

4. 例外事项

对预算执行中出现的各种突发事件、不正常的事项应按照例外管理原则调整，此时的预算调整是预算外调整，其调整程序与预算编制程序相同。

4.4.5　预算考核

预算考核是发挥预算约束与激励作用的必要措施，它通过预算目标的细化分解和激励措施的付诸实施，达到引导企业每一位员工向企业战略目标方向努力的效果。

预算考核的目的是对上一考核周期各部门的预算目标完成情况进行考核，及时发现和解决潜在问题，确保预算的完成，或者必要时修正预算，以适应外部环境的变化。

1.预算考核的原则

预算考核的原则如图 4-15 所示。

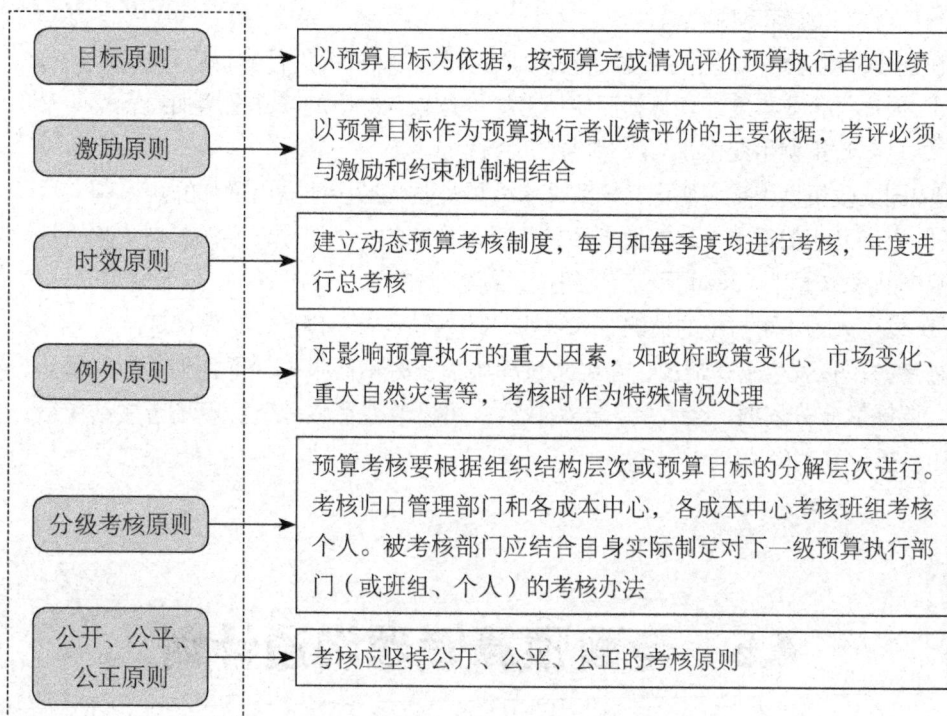

目标原则	→	以预算目标为依据,按预算完成情况评价预算执行者的业绩
激励原则	→	以预算目标作为预算执行者业绩评价的主要依据,考评必须与激励和约束机制相结合
时效原则	→	建立动态预算考核制度,每月和每季度均进行考核,年度进行总考核
例外原则	→	对影响预算执行的重大因素,如政府政策变化、市场变化、重大自然灾害等,考核时作为特殊情况处理
分级考核原则	→	预算考核要根据组织结构层次或预算目标的分解层次进行。考核归口管理部门和各成本中心,各成本中心考核班组考核个人。被考核部门应结合自身实际制定对下一级预算执行部门(或班组、个人)的考核办法
公开、公平、公正原则	→	考核应坚持公开、公平、公正的考核原则

图 4-15　预算考核的原则

2.预算考核的程序

预算考核一般一年两次。半年考核一般以报表考核为主,要重点考核没有按时间进度完成计划任务的部门,确属由于政策变化或非人为控制的因素导致部门无法按进度完成任务的,要调整计划。年终考核一般规模大、时间长,管理者应足够重视。年度预算考核一般按以下几个步骤进行。

(1)成立考核机构。

企业内通常由审计、财务、人力资源等部门联合组成考核组,审计部门作为牵头者。三个部门的考核分工为:审计部门考核财务指标完成情况,财务部门考核财务基础管理工作,人力资源部门考核工资和奖金等消费性基金支出情况。

(2)下发考核通知。

考核组成立后,以企业名义下发考核通知。通知中应包括考核时间、考核要求、需提供的资料和考核人员的分工等内容。

(3)考核重点。

考核人员将考核重点放在以下方面。

① 资产质量检查。如对超过一年未收回的经营性债权,按其金额全额扣除考核利润,

确认无效益的投资全额扣除利润，超过半年的存货（房地产公司除外）全额扣除利润。

② 费用支出检查。检查交际费、差旅费、通信费等经常性费用是否超支。

③ 消费性基金检查。检查工资、奖金、福利等消费性支出是否在控制范围内。

（4）考核的注意事项。

在上述检查考核中，当存在以下情况时必须对具体情况进行分析后再执行考核。

① 因执行企业年度经营计划而使被考核单位收入减少的或支出增加的。

② 总部政策发生变化，与预算口径不可比的。

③ 国家政策发生重大变化，导致被考核单位收入减少或支出增加的。

④ 市场发生的重大变化非被考核单位可以控制的，如上游产品的材料价格上涨，导致中下游产品成本上升、利润下降，且超过了预算范围的。

⑤ 发生人力不可抗拒的情况，如洪水、地震导致企业停产、半停产等。

被考核单位发生上述情况，在经营过程中需及时书面报告，得到相关部门确认。在考核时，要提供充分依据，经考核人员确认后，可以改变考核分值。现场考核结束后，考核结果由各单位签字确认。

4.5　全面预算管理沟通计划

4.5.1　实施沟通的目的

沟通计划的有效实施能够使员工对企业内外部信息达到先认知、再达成共识、最后视为己任的效果，从而主动参与决策并积极实施决策。

4.5.2　沟通成功的关键因素

成功的沟通需要良好的管理，并辅以内容具体、明确的沟通计划。成功沟通的关键因素包括沟通对象、沟通内容、沟通渠道和沟通频率。

1.沟通对象：哪些是需要得到信息的人

根据不同的沟通内容和沟通目的，选择最有效的沟通对象。

2.沟通内容：需要怎样的信息

沟通的内容与传达的信息应该是多层面、多角度的，并且能够正确反映现状。

在沟通过程中，需要考虑人们的接受习惯，传递的信息量应逐渐增加。

3. 沟通渠道：怎样传播这些信息

（1）在组织中建立起沟通渠道，并确保这些渠道的双向性与畅通性，使员工能够有效地表达个人想法，提出建议。

（2）建立并使用口头、书面、电子等多种沟通方式，使员工能够从不同渠道获得所需信息，进而了解企业的各项活动并给予持续支持。

（3）根据不同沟通对象的特点，选择不同的沟通渠道。

4. 沟通频率：何时需要这些信息

根据沟通内容的特征和重要程度，选择进行常规性、经常性与即时性的沟通频率组合。

4.5.3　预算管理沟通计划的主要内容

1. 全面预算管理沟通的目标

沟通工作是企业全面预算管理工作中的重要组成部分。在全面预算管理工作过程中，有效的沟通将有助于企业在预算管理工作中形成全面系统的横纵向沟通机制，有助于员工积极参与公司的预算管理工作，从而推动各项预算工作的顺利开展。

沟通计划将主要对战略、全面预算管理理念与制度，以及预算启动、编制、下达与执行的过程进行沟通。

（1）战略沟通的目的。

对战略进行沟通的目的是帮助企业全体员工了解、接受企业的战略目标，使其在编制部门经营计划和预算时，能够系统地考虑如何通过工作计划和预算来进行资源的有效配置，以实现企业战略。

（2）全面预算管理理念与制度的沟通目的。

对全面预算管理理念与制度进行沟通的目的是帮助企业员工准确了解全面预算管理在企业经营中的作用、重要性及其与其他职能之间的联系，消除现有一些阻碍全面预算管理工作的错误观点，并且通过全面预算管理制度培训，明确各部门和岗位在全面预算管理中的职责，以更有效地进行全面预算管理工作。

（3）预算启动、编制、下达与执行过程的沟通目的。

对预算启动、编制、下达与执行过程进行沟通的目的是与相关部门就经营目标的设定过程、预算数额审批结果、某些预算数额调整的原因进行及时、双向的交流，获得他们的接受和承认。这样做有利于预算下达后的执行，避免员工因不理解预算额的确定过程而在执行过程中产生不良情绪，影响工作的进行。

2.全面预算管理沟通计划实例

以下为某公司的全面预算管理沟通计划，供读者参考。

【范本01】▶▶ --

某公司的全面预算管理沟通计划

沟通目标	沟通渠道	沟通内容	沟通对象	沟通渠道负责人	沟通频率	适用时间
战略沟通	战略研讨会	（1）公司愿景、使命、价值观 （2）公司长期战略规划 （3）宏观经济情况 （4）行业与竞争者分析 （5）SWOT 分析 （6）确定公司战略目标（包括产品、服务和价格的策略；增强网络能力的策略等） （7）公司关键绩效指标	员工骨干	战略规划部门	每年一次	公司战略目标确定之前
	年度员工大会	（1）公司愿景、使命、价值观 （2）公司长期战略规划 （3）去年公司经营情况 （4）宏观经济情况 （5）行业与竞争者分析 （6）本年年度战略目标的内容 （7）本年公司和各部门的绩效目标	全体员工	战略规划部门	每年一次	公司战略目标确定之后
	内部刊物	（1）年度员工大会会议纪要 （2）员工行为与公司战略的联系 （3）如何在变革环境下转变观念 （4）本公司员工对公司战略行动和目标的理解与讨论	全体员工	战略规划部门	按刊物周期	全年适用
预算管理理念与制度的沟通	预算管理培训	（1）全面预算管理理念 （2）预算管理办法（包括预算表格的填写方法，预算表单的流转，预算执行过程中各个部门的工作与职责等）	部门经理财务管理岗位人员	财务部门	每年两次	每年3月与9月的预算管理体系调整之后
	部门内部会议	（1）传达预算管理培训的内容 （2）明确员工在部门预算编制和执行过程中的工作与职责	部门全体员工	部门经理	不定期	预算管理培训之后

（续表）

沟通目标	沟通渠道	沟通内容	沟通对象	沟通渠道负责人	沟通频率	适用时间
预算启动、编制、下达与执行过程中的沟通	预算启动会议	（1）公司战略目标 （2）业务预测目标值和预测依据 （3）各部门初步工作计划 （4）确定的公司年度经营计划 （5）确定的公司年度经营目标值 （6）确定的部门经营目标	部门经理	财务部门	每年一次	每年9月下旬
	预算平衡会议	（1）公司战略目标 （2）公司年度经营计划 （3）部门年度经营计划初稿 （4）全套预算表格初稿 （5）对经营计划或预算数额进行调整的原因及调整建议	部门经理业务骨干	财务部门	每年一次	每年12月上旬
	总经理办公会（预算专题）	（1）下达正式年度预算：集团正式下达的年度经营指标 （2）下达正式年度预算：根据集团正式下达的年度经营指标，对年度经营目标和预算的调整建议 （3）年度预算调整：对预算调整申请的审批结果、决策标准及调整建议 （4）超预算审批：对超预算申请的审批结果、决策标准及调整建议	部门经理业务骨干	财务部门	不定期	参见全面预算管理流程中，各总经理办公会（预算专题）的开会时间
	预算沟通会议	（1）预算编制阶段，财务部门与各预算管理部门就资源需求的确定、预算数据的获取与流转、数据间的勾稽关系、预算表格的完成时间及其在部门间流转等情况进行时时、双向的交流 （2）预算执行阶段，财务部门与各预算管理部门就正式预算下达、预算调整申请或超预算申请的情况（包括最终结果、产生差异的原因、相应的调整建议等）进行时时、双向的交流	部门经理业务骨干	财务部门	不定期	预算编制、执行过程中，各预算部门经理或财务部门经理判断认为有必要时进行
	部门内部会议	（1）将预算启动会议、预算平衡会议、总经理办公会（预算专题）、预算沟通会议的会议精神传达至每位员工 （2）解决部门内部预算编制和执行过程中遇到的问题	部门全体员工	部门经理	不定期	预算沟通会议之后

第5章

年度经营计划与全面预算的落地

★ ★ ★ ★ ★

　　有效的年度经营计划和全面预算方案能够让企业的资源配置实现帕累托最优，以最小的成本获得最大的效益，但是方案若只停留在文件上，对企业而言是没有任何益处的。让年度经营计划和全面预算方案为企业带来可观收益的关键在于其执行与落地，本章将从实践层面来解决经营计划的落地难题。

5.1　制定计划执行措施

5.1.1　运用鱼骨图制定措施

企业可以运用鱼骨图制定措施，并形成行动计划，同时应将措施落实到人，并明确时间节点。

5.1.2　将目标与执行计划分解

如何保证行动计划有效落实且执行到位呢？我们可借助两个工具来做到：一是工作分解表，二是甘特图。在实际工作中，我们可以使用工作分解表将各部门职能分类、分解和细化，然后再使用甘特图将每项工作细化成行动计划，确定完成日期，并跟踪执行情况。

例如，企业可以使用"年度经营计划执行任务分解表"将各部门的目标进行分解，形成若干的部门执行计划。以某企业品牌部为例，"年度经营计划执行任务分解表"如表 5-1所示。

表 5-1　品牌部年度经营计划任务分解表

部门目标及分目标（必要时分解）	执行计划的内容	KPI	负责人	所需支持事项	备注
1.年度销售业绩（线下操作）	（1）每天记录到店购物的顾客，追踪并汇总其使用产品的情况	1 000万元	销售人员		
	（2）将每月的销售任务分解到每天，并在每天晚上 9 点前公布当天销售业绩，同时需说明达标与否及原因		销售人员		
	（3）每周以电话、短信、微信、QQ、电子邮件等方式对新老顾客进行问候（至少1次以上）		客服人员		
	（4）每周六收集各店铺的当周销售业绩，并在下周一例会公布；在每周一例会上总结上周的不足并明确本周的工作安排		部门经理		

（续表）

部门目标及分目标（必要时分解）	执行计划的内容	KPI	负责人	所需支持事项	备注
1.年度销售业绩（线下操作）	（5）每月底总结上月的销售业绩，指出其中的不足，并提出解决方案，同时确定下月的销售任务和执行计划	1 000 万元	部门经理		
	（6）每月确定促销日，提前通知新老顾客，并派送小礼品，以带动消费、提高效益		部门经理		
	（7）每月组织2次（累计4小时）专业知识培训		部门经理		
	（8）整理新老顾客的资料，建立消费群，每天发布2条关于品牌的相关信息，每周至少发送1次向群内所有成员问候的信息，每月至少发布2次品牌促销活动信息或优惠信息		客服人员		
	（9）每季度召集各店铺负责人总结当季销售业绩的不足之处和原因，找出解决方法，配合调整下季度的销售目标和执行方案		部门经理		
	（10）每季度进行一次大型促销活动，线上线下同时进行，线上活动可在各大平台进行推广		部门经理		
	（11）每半年召集全体人员总结上半年的不足与优势，根据市场反应调整营销战略		部门经理		
	（12）每月推出一款新产品，利用线上各大平台推广，增强品牌的连续性效应；每季至少推出3~5组新产品，每组至少包含1~3款，每款至少有2~3种颜色，供体验店铺货之用		部门经理		
2.利润率	（1）按照现有的产品定价，合理保持应有的利润率	大于等于20%	部门经理		
	（2）设计新款产品时，先设定销售价和利润率		部门经理		
	（3）每款产品须通过相关人员的评审后再最终定价		部门经理		
	（4）每月线上的款式按薄利多销的销售模式销售		部门经理		

（续表）

部门目标及分目标 （必要时分解）	执行计划的内容	KPI	负责人	所需支持 事项	备注
3. 账款回收率	货款回收率至少达到 98%	100%	销售	各店铺 负责人	
4. 新开体验店	今年计划新开体验店铺 3 家，分别在 ××市、××市和××市	3 家	部门经理	公司支持	
5. 客户满意度	（1）新顾客使用产品一周后，对其进行 短信问候	95%	客服人员		
	（2）顾客购买产品 1 个月后，应电话回 访产品使用情况并嘱咐顾客回店进行护 理保养（抓住回店机会，促成第二次交易）		客服人员	销售	
	（3）电话回访中，尽量听取顾客的建议 和意见并记录建档，而且要及时跟进回 复，满足顾客需求		客服人员	销售	
	（4）顾客在产品使用过程中有维修需求 或在"三包"范围内需要调换的，需及时 处理		客服人员	销售	
	（5）可按顾客需求定制相关产品		客服人员	销售	
6. 市场分析与调研	每月对各店铺和线上销售的数据进行一 次收集和汇总，并通过总结分析找出顾 客聚焦点	—	部门经理	电商	
	每季度进行一次市场大数据分析与调研 （1 月、4 月、7 月、10 月）		部门经理	电商	
7. 建立并健全销售 管理体系	1 月确立销售人员和团队的提成奖励机制	—	部门经理	咨询顾问	
	3 月完成 ××年度培训资料的编制		部门经理	咨询顾问	
	7 月建立整个部门的管理机制		部门经理	咨询顾问	
8. 培训完成率	制订培训计划并实施，每月人均 6 小时	100%	部门经理		
9. 预算控制率	（1）合理管控采购成本，按市场需求和 销售价位定制相关产品，确保在销售中 保持合理的利润率	100%	部门经理		
	（2）1 月建立与快递公司的合作，签订 网购的运输定价		部门经理		
	（3）减少不必要的开发成本，所有产品 必先讨论款式或销售单价是否适合市场再 决定开发与否		全体人员		

编制： 审核： 日期：

5.2 全员参与

要想让企业的年度经营计划在各部门得到有效执行，有效的沟通是前提和重要手段。有效沟通就是让企业所有成员对年度经营计划有深刻、全面的了解，并且认同计划。最好的方法就是让他们全程参与进来，也就是说，让所有成员都参与到计划制订的过程中。

5.2.1 全程参与的益处

（1）充分挖掘成员的潜力，集思广益，使企业的年度经营计划更加可行。

（2）由于参与了计划的制订，成员自然就会全力以赴地执行和落实。

（3）制订计划的过程本身就是一个最有效的沟通过程，若企业与各部门的沟通都很到位，那么后续的执行工作会非常有效。

5.2.2 全程参与的使用技巧

（1）企业制订年度经营计划之前要有一个清晰的框架，将可预见的困难和解决方法列出来，作为对成员的一种引导，避免他们产生分歧。

（2）慎选参与人员。企业应事先进行调查研究，挑选富有创新意识的部门负责人参加计划制订的第一阶段。该阶段要将主要问题解决。然后，部门经理、业务骨干参加计划制订的第二阶段。这一阶段的主题仍然是制定方案，但主要目的是统一思想、达成共识，这样可以大大增强企业各部门对方案的认同，从而保证执行效果。

5.3 召开总经理四大会议

5.3.1 为什么要召开总经理四大会议

总经理四大会议包括月度经营会、月度营销会、月度产销会、月度财务会。这四大会议对于企业年度经营计划与全面预算管理的真正落地和持续改进有非同一般的作用。

1. 企业年度经营计划与全面预算管理矩形图

企业年度经营计划与全面预算管理的总体关系如图 5-1 所示。

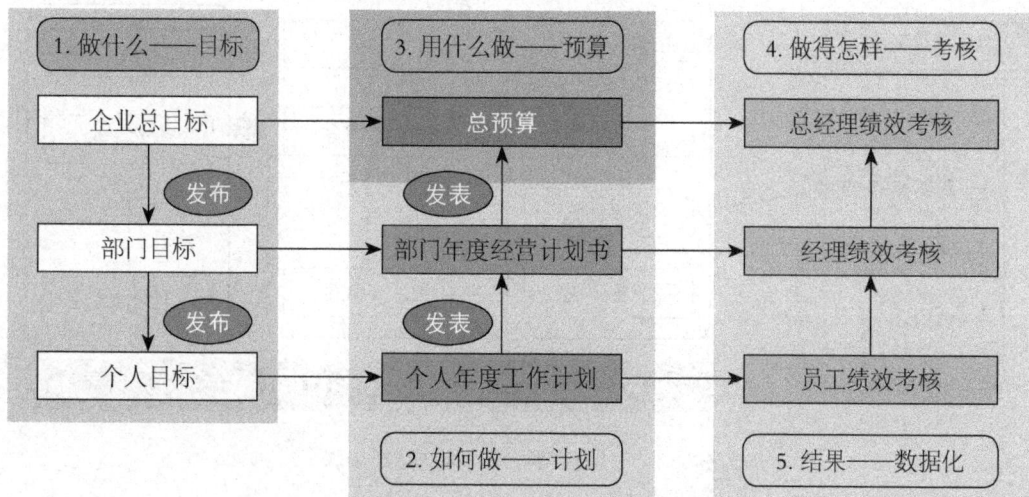

图 5-1　企业年度经营计划与全面预算管理矩形图

企业年度经营计划与预算管理执行得怎样，必须通过考核来实现。

2. 企业年度经营目标与计划、全面预算及执行

某企业的年度经营目标分解如图 5-2 所示。

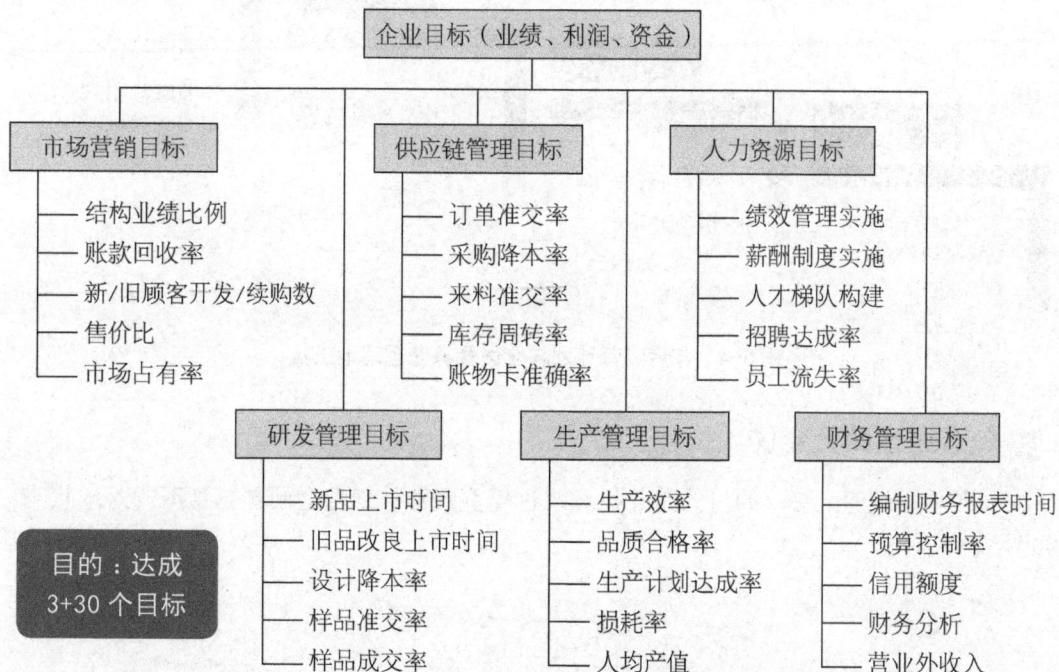

图 5-2　某企业的年度经营目标分解

接下来，我们以市场营销模块中的营销目标的达成为例进行说明，具体如图5-3所示。

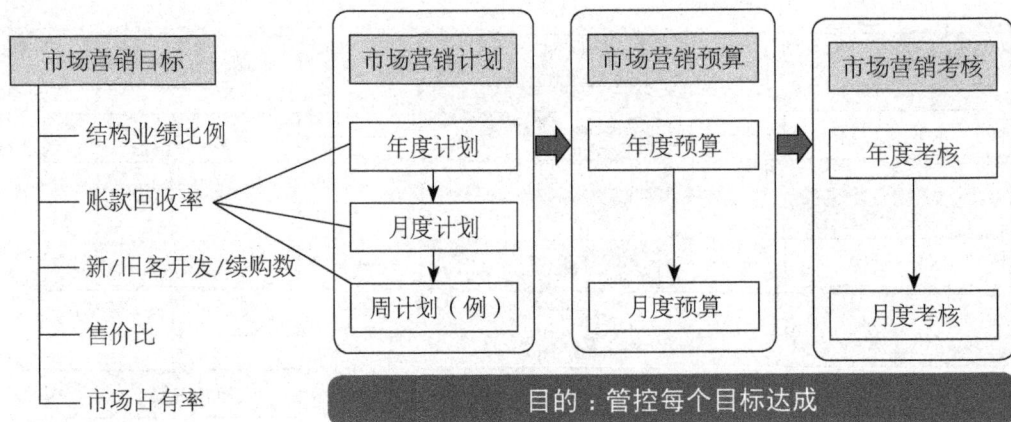

图5-3　市场营销营销目标的达成步骤

3. 年度经营计划与全面预算管理落地工具

年度经营计划与全面预算管理落地工具（即"1234法则"）如图5-4所示。

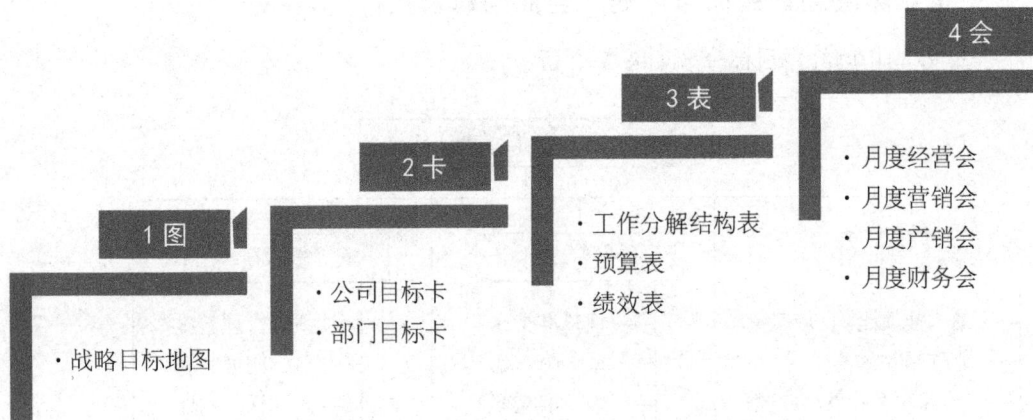

图5-4　年度经营计划与全面预算管理落地工具

4. 总经理四大会议

召开总经理四大会议的目的是分析和改进年度经营计划与全面预算管理的落地状态，如图5-5所示。

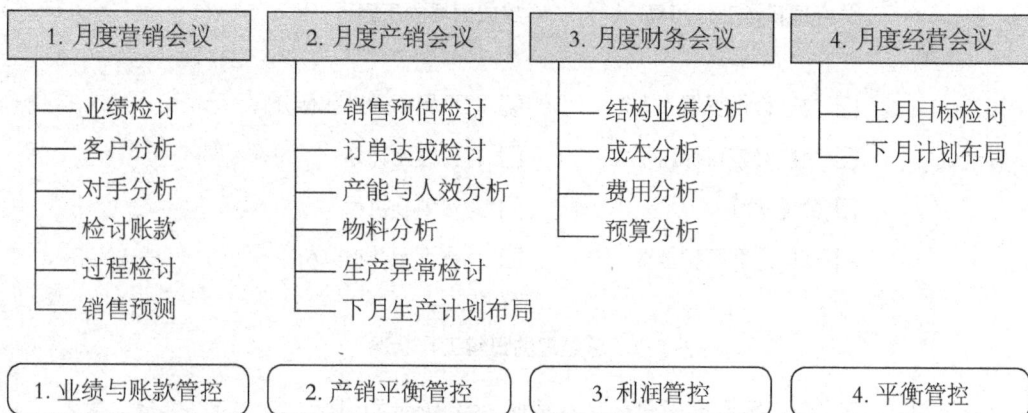

图 5-5 总经理四大会议的内容

5.3.2 月度经营会议

月度经营会议是对组织当月部门目标、执行计划进行检讨、分析并明确下月工作目标、工作计划的一种报告会，是公司经营管理活动的重要组成部分。月度经营会议对上承接部门年度执行计划总表，对下指引部门周工作计划的开展与实施，如图 5-6 所示。

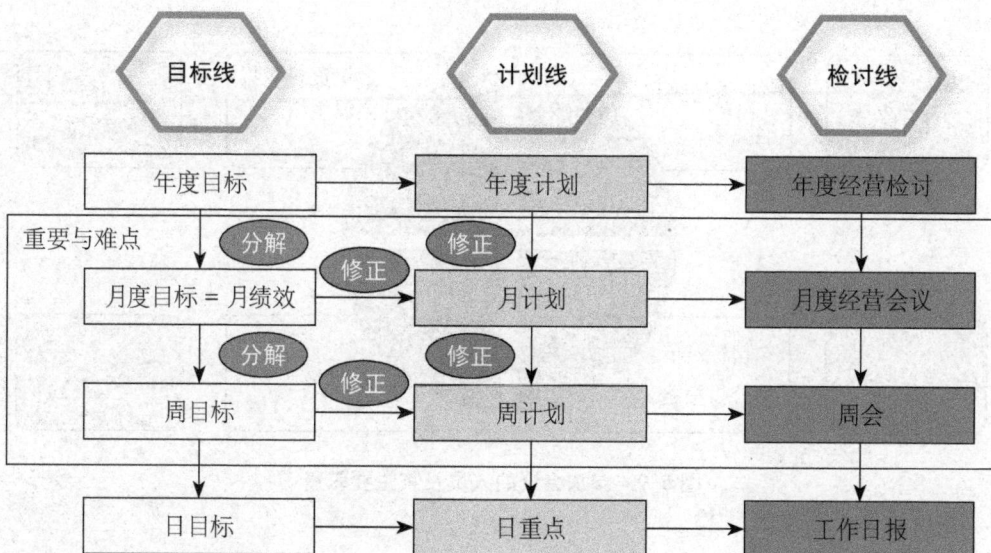

图 5-6 目标计划落地闭环

1. 为什么要召开月度经营会议

我们先来看一下总经理的日常工作状况，如图 5-7 所示。

258 •

总经理日常工作困局　　造成困局的原因

☐ 自己很忙下属不太忙　　☐ 总目标不知道如何分解

☐ 月度经营目标达不成　　☐ 有目标无计划

☐ 缺乏执行力　　☐ 有计划不执行

☐ 部门之间互相推诿　　☐ 有执行无数据分析

图 5-7　总经理的日常工作状况

而召开月度经营会议则有助于总经理达成图 5-8 所示的目标。

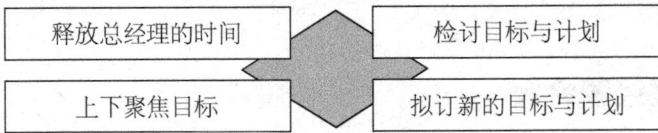

图 5-8　月度经营会议的目标

2. 哪些人参加月度经营会议

参加会议的人员及其主要职责如图 5-9 所示。

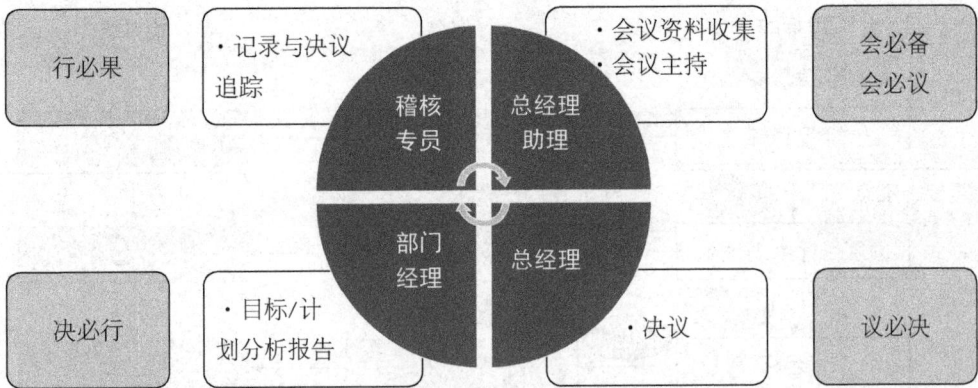

图 5-9　参加会议的人员及其主要职责

3. 会前准备什么

（1）会议通知。

会前要准备好会议通知，将会议时间、参与人员、会议内容及准备、会议议程等详细列出，并且做好准备工作，以便开一场高效的会议。会议通知模板如下所示。

会议通知

1. 会议时间：每月 8 日前（具体以通知为准）下午 15:00~16:30
2. 会务安排准备：总经理助理
3. 主持人：总经理
4. 会议记录人员：稽核专员及总经理助理
5. 参会人员：总经理、各部门负责人、稽核专员、总经理助理、其他参会人员
6. 会议主要内容及准备：
   □ 分析上月目标与计划完成情况（准备各部门"月完成情况分析表"及相关资料）
   □ 拟定本月目标与计划（准备各部门"月计划表"及相关资料）
   □ 决议／讨论问题点
7. 会议议程：
   □ 稽核组做上月稽核总结和本月稽核计划汇报（限时 10 分钟）
   □ 各部门依次做月度工作总结和计划报告（限时 10 分钟／人，顺序：销售部、工程部、PMC 部、采购部、生产部、品质部、行政部、财务部）
   □ 各部门重点问题讨论（限时 3 分钟／人）
   □ 总经理发言（限时 10 分钟）

（2）月度经营会议准备工作。

参与月度经营会议的人员应做的准备工作如图 5-10 所示。

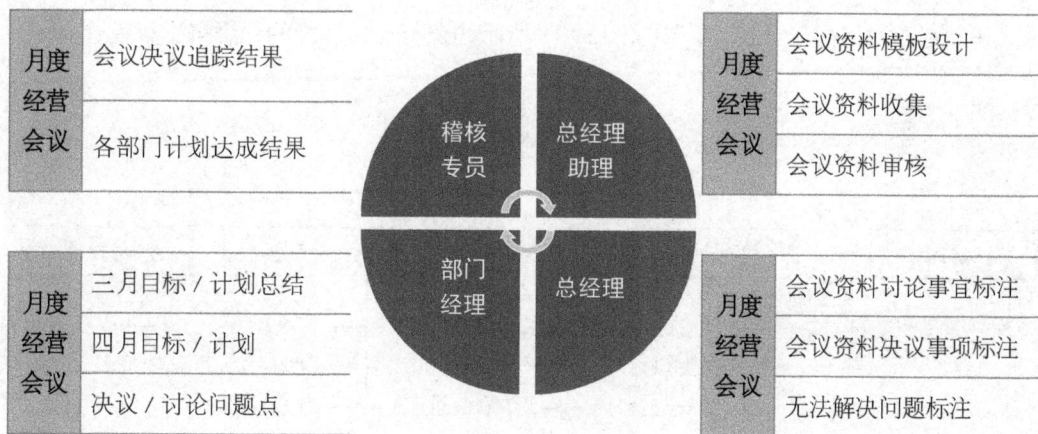

图 5-10　月度经营会议人员的准备工作

（3）会议资料模板设计。

下面以三月的月度经营会议为例来说明需要准备的资料。

① 三月目标／计划总结的会议资料如图 5-11 所示。

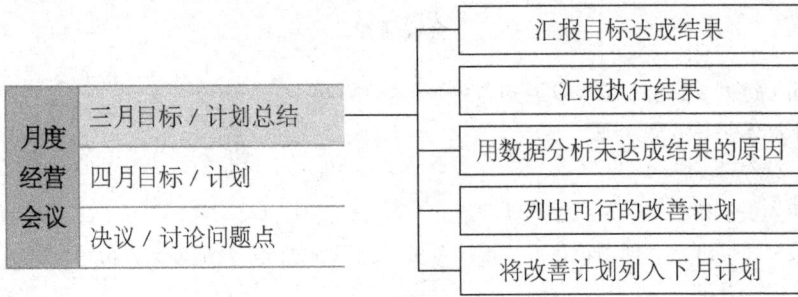

图 5-11　三月目标／计划总结的资料

② 四月目标／计划。

当三月的目标／计划没有达成，那么我们就要根据前述的分析，列出来四月的目标／计划，如图 5-12 所示。

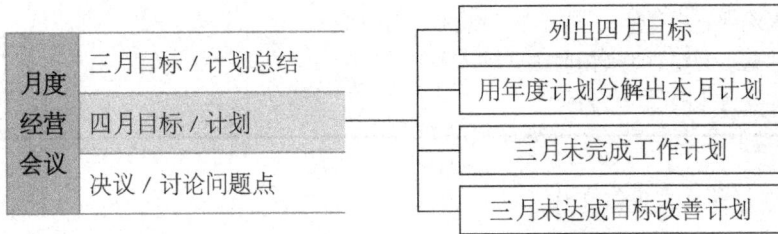

图 5-12　制定四月份目标／计划应预备的资料

在制定四月目标与计划时，要以图 5-13 所示的执行计划展开的思维来进行设计。

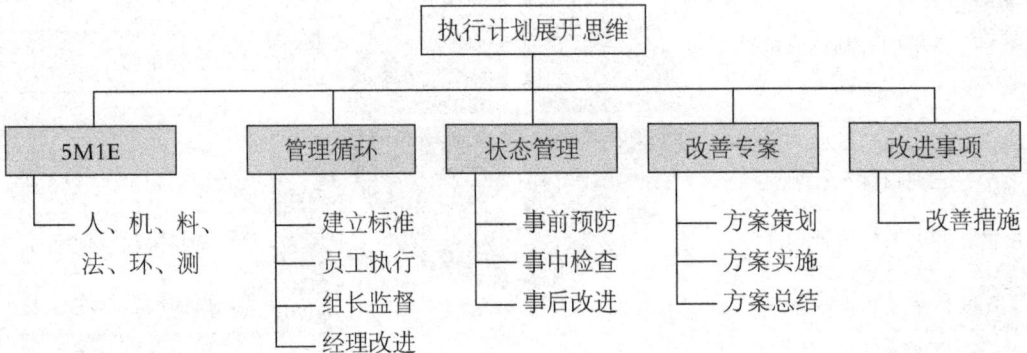

图 5-13　目标达成计划构成的思维

③ 决议／讨论问题点。

有关决议／讨论问题点的资料如表 5-2 所示。

表 5-2　决议／讨论问题点列表

序号	讨论事宜与所需支援／资源	责任人	完成时间	即时	标准
1				√	
2					√
3					√
4					√
5				√	
6					√
7				√	√

4. 会中讨论／决策什么

（1）会中讨论／决策的内容。

会中讨论／决策的内容如图 5-14 所示。

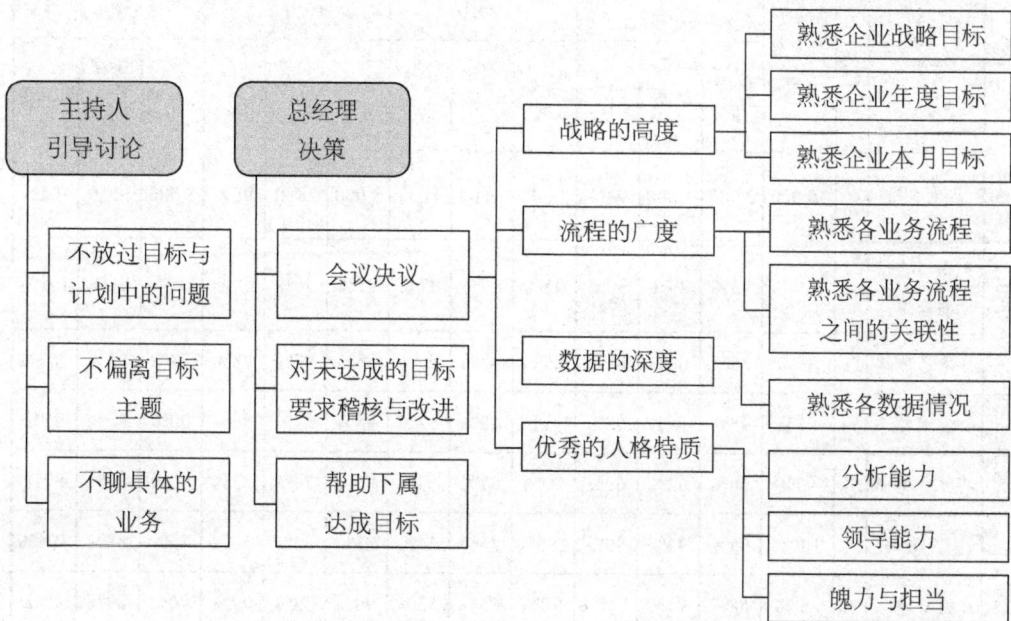

图 5-14　会中讨论／决策的内容

（2）会议资料与内容稽核。

会议资料与内容稽核主要由总经理助理和总经理来完成，如表 5-3 所示。

表 5-3　会议资料与内容稽核重点

总经理助理重点稽核资料	总经理重点稽核内容
1. 报告文件命名是否符合要求 2. 报告要素、内容是否齐全 3. 报告字体、排版能否正常演示 4. 报告附件能否打开	1. 部门上月经营目标达成情况 2. 未达成的原因分析与对策是否正确 3. 下属本月经营目标是否变更，是否需要变更 4. 本月部门执行计划能否支持目标达成 5. 用于支持的资源如何协调

实例

月度经营会议——结果稽核

以下以某公司的稽核表格为例进行说明。

结果稽核表——企业数据化经营管理控制

部门	目标	单位	年度目标值	1月			2月			3月			4月		
				目标值	实际达成值	达成率	目标值	实际达成值	达成率	目标值	实际达成值	达成率	目标值	实际达成值	达成率
营销部	销售业绩	万元	30 000	2 000	1 800	90%	2 000	1 600	80%	3 000	2850	95%	3 000	3150	105%
PMC部	仓库账物卡准确率	%	95%	95%	29%	30%	95%	45%	47%	95%	96%	101%	95%	96%	101%
	订单达成率	%	85%	85%	69%	81%	85%	42%	50%	85%	67%	78%	78%	83%	107%
采购部	物料准交率	%	95%	95%	54%	57%	95%	40%	42%	95%	81%	86%	90%	85%	95%
	物料合格率	%	90%	90%	62%	69%	90%	57%	63%	90%	74%	83%	90%	87%	97%
生产部	生产效率	%	100%	95%	94%	99%	100%	54%	54%	95%	55%	58%	85%	88%	104%
	成品合格率	%	90%	88%	91%	105%	90%	75%	83%	90%	73%	77%	90%	89%	99%
人力资源	招聘达成率	%	80%	80%	40%	50%	80%	50%	62.5%	80%	60%	75%	80%	60%	75%
	培训达成率	%	100%	100%	80%	80%	100%	85%	85%	100%	88%	88%	100%	92%	92%
财务部	报表准确率	%	100%	100%	95%	95%	100%	97%	97%	100%	99%	99%	100%	100%	100%
	预算控制率	%	98%	98%	82%	83.7%	98%	87%	88.8%	98%	92%	93.9%	98%	96%	97.8%

结果稽核——部门目标达成

部门	×月			
	目标数	达成数	达成率	未达成目标
营销部	5	5	100%	
研发部	6	6	100%	
PMC 部	7	7	100%	
采购部	5	5	100%	
生产部	7	6	85.71%	生产计划达成率目标为 95%，实际达成 92%
人力资源部	5	5	100%	
财务部	4	4	100%	

过程稽核——年度经营计划执行总表 × 月份执行情况

年度经营计划执行总表 × 月执行情况								
部门	总项数	未达成项	达成比例	部门总目标	执行计划的内容	稽核完成状况	差异分析原因	目标完成日期
行政部	26	5	80.76%	伙食满意度	前一天下午制作第二天的菜单	未完成		
				预算控制	每次对发生的费用进行分类统计	未完成		
技术中心	30	5	83.33%	样品及时率达到 100%	模具标准件、非标件、模具材料经品质部检验合格入库，领用并及时填写发放记录表	有特殊要求的经品质检测，但大部分没有；有入库，但无发放记录		
				图纸、技术资料的及时率达到 98%	制定标准工时	未完成		
营销部	20	20	100%					
采购部	25	25	100%					
生产部	40	40	100%					
PMC 部	35	35	100%					

5. 会后如何追踪

会后追踪的内容包括形成会议决议、月度经营计划完善、经营计划追踪。会议决议与追踪表如表 5-4 所示。

表 5-4　会议决议与追踪表

会议记录表					
会议名称	×月月度经营管理例会			主持人	
会议时间		会议地点	分公司会议室	记录人	
缺席人员			列席人		
出席人员					
会议决议					
序号	决议内容	完成日期	责任人	跟进人	跟进结果
1	采购部于×月15日前完成外购成品管理办法初稿的编制	×月30日	×××		
2	总经办在×月20日前编制方案，并指导人事助理学会核对3E卡	×月30日	××		
3					

总而言之，开展月度经营会议的终极目的是要达成企业目标（业绩、利润、资金），如图 5-15 所示。

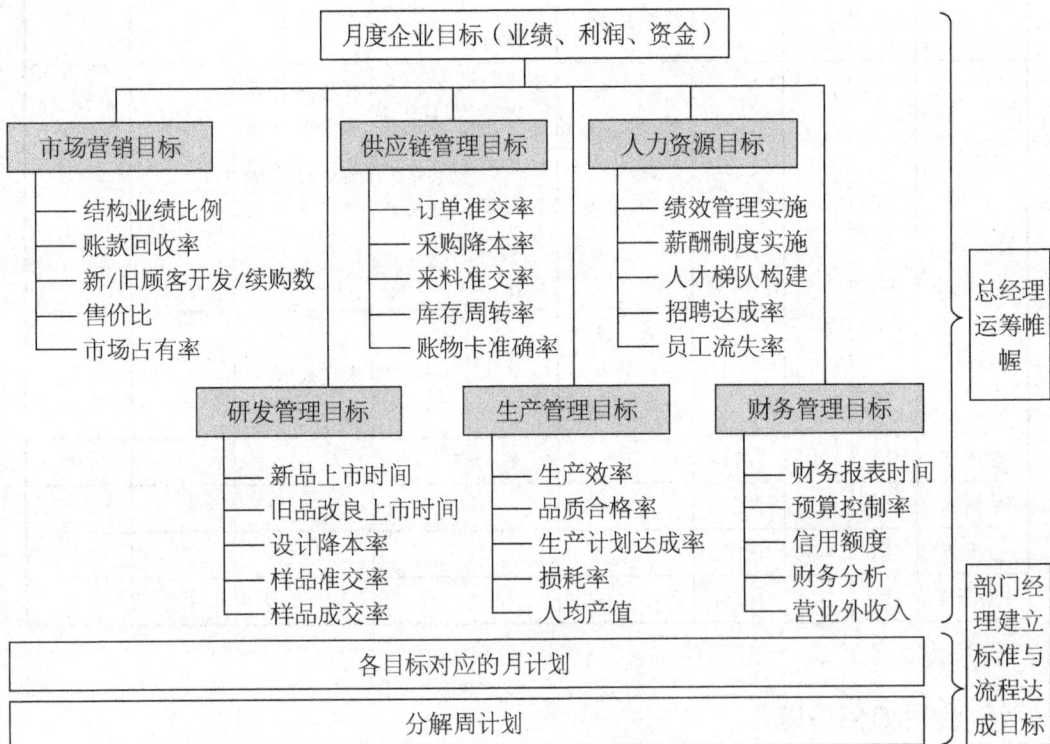

图 5-15　月度经营会议的终极目的

5.3.3　月度财务分析会议

1. 为什么要召开此会

要了解为什么召开月度财务分析会议，首先我们要了解企业的经营困局及造成困局的原因，如图 5-16 所示。

企业经营困局	造成困局的原因
☐ 分不清客户：大小客户不分	☐ 财务数据不清晰，无法进行客户贡献分析
☐ 没有突出产品：什么产品都做	☐ 财务数据不清晰，无法进行产品贡献分析
☐ 对费用控制不严	☐ 财务制度不完善或没有预算机制
☐ 预算超标准	☐ 预算机制或预算不合理
☐ 成本算不清、控不住	☐ 流程不清晰、财务数据不清晰，成本不可控
☐ 回款不可控：资金有风险	☐ 流程不清晰、财务数据不清晰，成本不可控
☐ 库存呆料多：资金有风险	☐ 呆料不可控，库存积压严重

图 5-16　企业的经营困局及其产生原因

财务分析会的价值如图 5-17 所示。

会议价值		
	教会总经理：通过数据分析，决定开发哪些客户	聚焦核心客户，快速提升业绩或利润
	教会总经理：决策哪些产品该做，哪些产品不该做	聚焦核心产品，快速提升业绩或利润
	教会总经理：费用超标如何控制	提高净利
	教会总经理：设计成本、样品成本、实际成本如何对比分析	提高毛利
	教会部门主管：呆料如何预防管控	减少不良资产
	教会部门主管：库存如何预防管控	降低库存
	教会部门主管：回款率如何管控	提高资金周转

图 5-17　财务分析会的价值

2. 哪些人参加此会

财务分析会参与人员如图 5-18 所示。

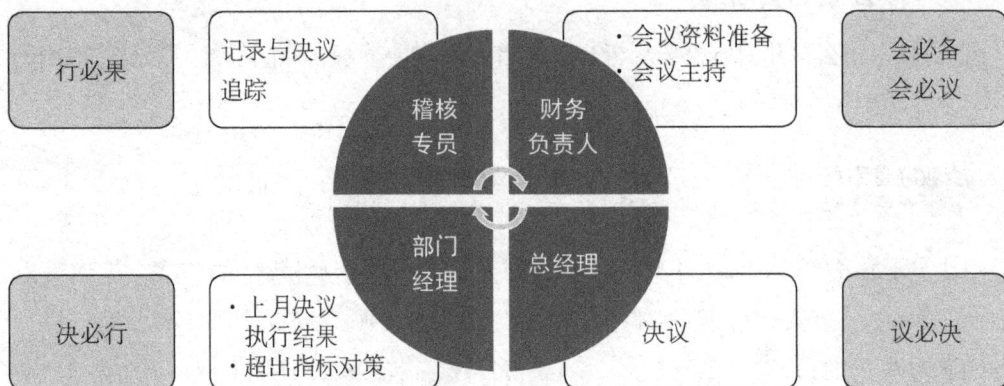

图 5-18　财务分析会参与人员

3. 会前准备什么

（1）会议通知。

与月度营会议一样，召开财务分析会也需要发出会议通知，模板如下。

会议通知

1. 会议时间：每月第二周星期 ×15:00-16：30

2. 会务安排准备：财务部经理

3. 会议记录人员：财务部文员、稽核专员

4. 参会人员：总经理、各部门负责人

5. 会议准备：

　　5.1 稽核会议决议追踪结果

　　5.2 财务部提前制作以下财务报表：

　　　　□ 利润表

　　　　□ 资金表

　　　　□ 资产负债表

　　　　□ 产品毛利分析表

　　　　□ 客户毛利分析表

　　　　□ 预算检讨表

　　　　□ 成本、费用明细

　　5.3 各部门准备：

　　　　对超出标准费用的科目进行管理改善

（2）参与人员的准备工作。

参与人员的准备工作如图 5-19 所示。

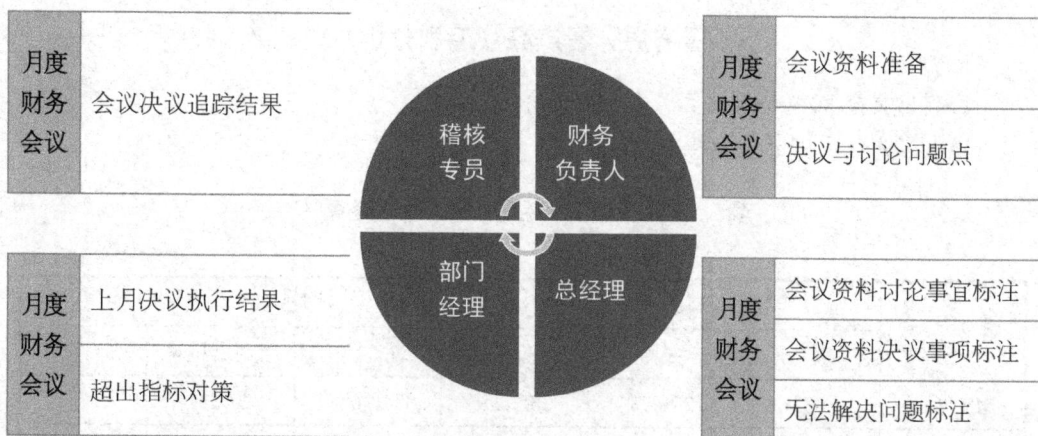

图 5-19　参与人员的准备工作

要了解月度财务会议的准备资料有哪些，就要知道这个会议上究竟要讨论哪些内容，然后根据这些内容来准备相应的资料，具体如表 5-5 所示。

表 5-5　月度财务会议的实操项目

序号	实操项目	序号	实操项目
1	看成绩（利润表分析）	2	看家底（资产负债表分析）
1.1	看产品（产品毛利润分析）	2.1	看风险（应收款账龄分析）
1.2	看客户（客户毛利润分析）	2.2	看缺陷（不良资产及负债分析）
1.3	看成本	3	看发展（现金流量表分析）
1.4	看费用	4	看价值（股东价值 ROE[①] 分析）
1.5	看预算		

（3）看客户 / 看产品（毛利分析）。

有关于毛利的企业现象与管理本质如图 5-20 所示。

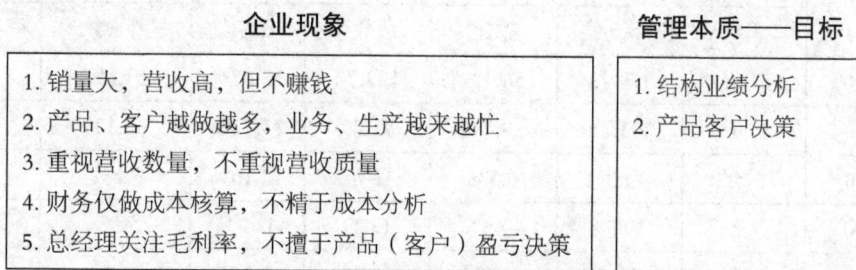

企业现象　　　　　　　　　　　　　**管理本质——目标**

1. 销量大，营收高，但不赚钱　　　　　　　1. 结构业绩分析
2. 产品、客户越做越多，业务、生产越来越忙　2. 产品客户决策
3. 重视营收数量，不重视营收质量
4. 财务仅做成本核算，不精于成本分析
5. 总经理关注毛利率，不擅于产品（客户）盈亏决策

图 5-20　有关于毛利的企业现象与管理本质

---

① ROE 的英文全称是 Return on Equity，意思为净资产收益率。

实例

看客户 / 看产品（毛利分析）

1. 列出贡献 80% 毛利的客户与产品清单

（1）客户毛利率清单如表 1 所示。

表 1　列出贡献 80% 毛利的客户——看客户

金额单位：万元

客户名称	销售收入		毛利贡献度			
	收入	占比	毛利额	毛利率	毛利贡献率	毛利排名
MS 电子	633	27.4%	202.31	31.96%	27.5%	
AQ 集团	428.56	18.6%	140.29	32.74%	19.1%	
EL 电子	377.2	16.3%	120.6	31.97%	16.4%	
ZC 电子	189.8	8.2%	66.81	35.20%	9.1%	
AY 集团	157.5	6.8%	32.16	20.42%	4.4%	
YY 电子	104.4	4.5%	23.45	22.46%	3.2%	
CZ 电子	121.65	5.3%	42.41	34.86%	5.8%	
HX 电子	78.54	3.4%	29.21	37.19%	4.0%	
XSM	160.5	7.0%	65.7	40.93%	8.9%	
SX 电子	58	2.5%	12.4	21.38%	1.7%	
汇总	2 309.15		735.34	31.84%		

（2）产品毛利率清单如表 2 所示。

表 2　列出贡献 80% 毛利的产品——看产品

金额单位：万元

产品型号	销售收入			毛利贡献度			
	出机数量	收入	占比	毛利额	毛利率	毛利贡献率	毛利排名
Y100	36 台	379.43	56.1%	123.78	32.62%	51.8%	1
Z180	19 台	201.28	29.7%	71.89	35.72%	30.1%	2
1500	3 台	44.31	6.5%	18.65	42.10%	7.8%	3
T300	3 台	30.34	4.48%	13.11	43.2%	5.5%	4
5600	1 台	21.5	3.17%	11.39	61.96%	4.8%	5
合计	62 台	676.86		238.82	34.24%		

综上所述，对于贡献 80% 毛利的客户与产品的建议与决议如图 1 所示。

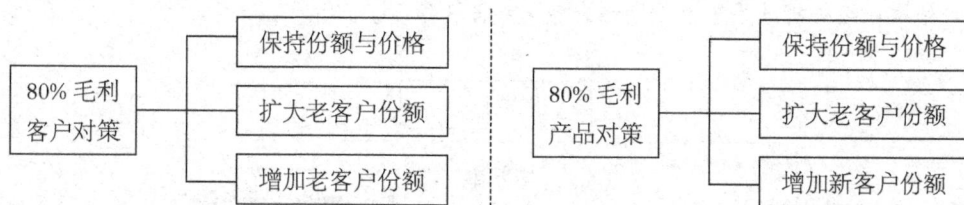

图 1　对于贡献 80% 毛利的客户与产品的建议与决议

2. 列出毛利率为负或小于平均毛利率的产品或客户

毛利率为负或小于平均毛利率的产品或客户如表 3 所示。

表 3　列出毛利率为负或小于平均毛利率的产品或客户——看客户看产品

序号	客户	款号	品名	数量	销售收入	销售价	销售总成本	毛利额	毛利率
1	F	BP116296		1 000					-9.13%
2	F	SH115383		20					-9.99%
3	N	BP116960		14					-10.06%
4	F	BP117472		200					-14.14%
5	C	BP117195		84					-16.59%
6	F	BP117244		1 000					-19.40%
7	F	AS111246		999					-28.23%

经过分析，得出以下建议与决议，如图 2 所示。

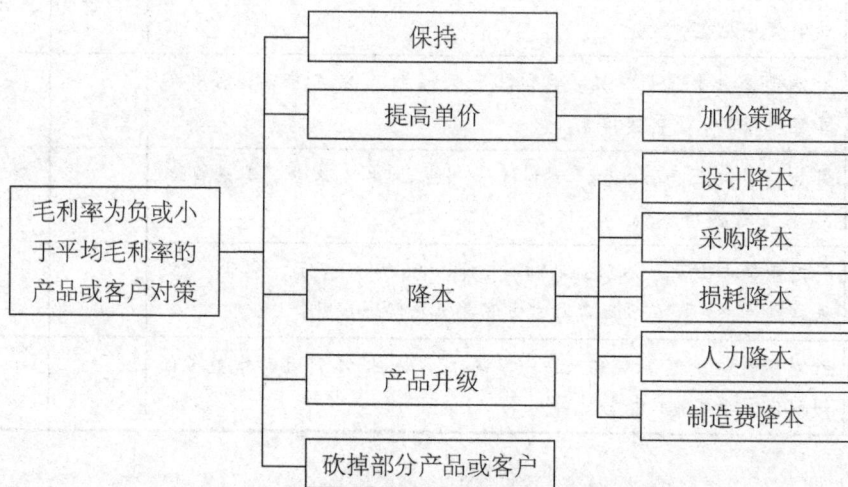

图 2　对于毛利率为负或小于平均毛利率的客户与产品的建议和决议

3. 结构业绩分析结果应用（战略选择）

结构业绩分析结果应用（战略选择）如图3所示。

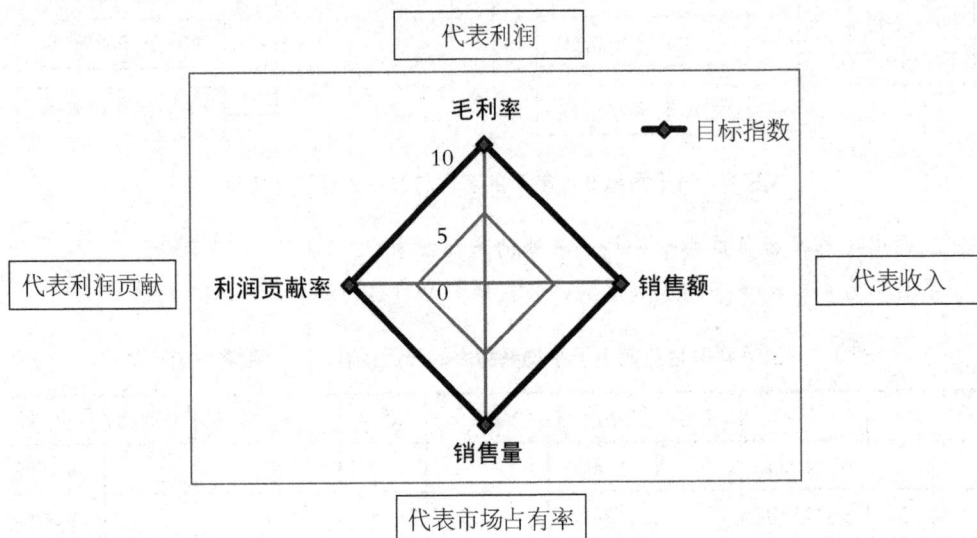

图3　结构业绩分析结果应用

4. 可能形成的会议决议

可能形成的会议决议如表4所示。

表4　会议决议

序号	会议决议	责任人	完成时间
1	针对销量占比低于×%、毛利低于×%的××款产品，由PMC部核实库存及在制数量	××	××
2	针对销量占比低于×%、毛利低于×%的××款产品，消化完库存及在制后不再接单	××	××
3	针对销量占比低于×%、毛利低于×%的××客户，要求自×月×日起涨价×%	××	××
4	针对销量占比高于×%、毛利率低于×%的×产品，由研发部、采购部于×月×日确定降本方案并报总经理审批	××	××
5	针对销量占比低于×%、毛利率高于×%的×产品，由业务部门确定促销或推广措施	××	××

（4）看成本。

关于成本的企业现象与管理本质如图 5-21 所示。

企业现象	管理本质——区分
1. 生产成本逐年上涨 2. 产品做出来赚不到钱 3. "降低生产成本"成了企业总经理的口头禅，如何控制成本成了永恒的话题	1. 材料成本占比 2. 人工成本占比 3. 制造费用占比

图 5-21　关于成本的企业现象与管理本质

（5）看费用。

关于费用方面的分析我们以实例来进行说明。

实例

月度财务分析会——看销售费用

第一步，列举销售费用清单，如表 1 所示。

表 1　销售费用清单

金额单位：元

销售费用 / 科目	2021 年 10 月	2020 年 10 月	增减额	增减幅度	备注
招待费	83 673	4 107	79 566	1937%	客户招待费及送礼费用
宣传费	14 303	2 151	12 152	565%	参展费用
工资	24 549.5	13 357	11 192.5	84%	业务员工资（新增业务员）
采购佣金	180 454	101 597	78 857	78%	客户佣金
折让给对方	100 349.95	97 775.5	2 574.45	3%	客户异常折让
车辆费	36 481	37 085	-604	-2%	汽车油费及业务油费等
快递费	16 917	19 442	-2 525	-13%	
房租	2 380	3 840	-1 460	-38%	
差旅费	8 965.5	14 694	-5 728.5	-39%	
运输费	22 207.5	41 160.5	-18 953	-46%	客户发货运费及搬运费
伙食费	1 494	3 203	-1 709	-53%	
配件款	4 878	23 263.4	-18 385.4	-79%	

（续表）

销售费用/科目	2021年10月	2020年10月	增减额	增减幅度	备注
对方折让给我们	-4 079.37	-21 164.37	17 085	-81%	供应商折让给我们
业务提成	0	117 801	-117 801	-100%	
工资	0	60 878.6	-60 878.6	-100%	
合计	492 573.08	519 190.63	-26 617.55	-5%	

第二步，对销售费用进行分析并提出改进建议。

（1）对比去年同期，销售费用下降 5%，业绩同比增长 71.8 万元。

（2）折让费、招待费、宣传费、采购佣金分别增加 X%、Y%、Z%。其中，折让最多的是 ×× 客户。

实例

月度财务分析会——看管理费用

第一步，列出管理费用清单，如表 1 所示。

表 1 管理费用清单

金额单位：元

管理费用/科目	2021年10月	2020年10月	增减金额	增减幅度	备注
医药费	23 134.5	476	22 658.5	4760%	
住房补贴	7 487	1 530	5 957	389%	
培训费	60 000	0	60 000	100%	
招待费	8 888	0	8 888	100%	
车费	960	0	960	100%	
折旧费	3 103.48	1 625.41	1 478.07	91%	
社保费	77 124.47	41 243.34	35 881.13	87%	
工资	59 480	38 149	21 331	56%	
卫生费	15 300	11 550	3 750	32%	
厂房租金	271 959	206 066	65 893	32%	

（续表）

管理费用／科目	2021 年 10 月	2020 年 10 月	增减金额	增减幅度	备注
运费	74 993	56 670	18 323	32%	
房租	192 000	147 000	45 000	31%	增加了二厂的房租
伙食费	78 810	68 132	10 678	16%	
招待费	5 129	4 482	647	14%	
工资	202 434	178 113	24 321	14%	办公人员及高层人员工资
福利费	27058	25 316	1 742	7%	优秀员工奖，每周评比奖，中秋福利等
水电费	80 380.65	78 830.21	1 550.44	2%	
机器租赁费	40 000	40 000	0	0%	
办公费	20 344.4	23 191	-2 846.6	-12%	记账费、办公费、饮水费等
电话费	10 493.13	13 108.42	-2 615.29	-20%	
税金	233 768.04	325 957.05	-92 189.01	-28%	
差旅费	5 040	8 302.5	-3 262.5	-39%	
其他	18 649	30 889.67	-12 240.67	-40%	
保安服务费	17 800	32 440	-14 640	-45%	
房租补助费	4 350	10 120	-5 770	-57%	超纤部及染色厂房租
工资	121 562	322 793	-201 231	-62%	染厂员工工资及康经理工资
配件款	8 574	26 088.1	-17 514.1	-67%	
电费	20 391	147 765.77	-127 374.77	-86%	
合计	1 694 571.71	1 881 369.45	-186 797.74	-10%	

第二步，对管理费用进行分析并提出改进建议。

（1）对比去年同期，管理费用下降 10%，业绩同比增长 71.8 万元。

（2）住房补贴、培训费、招待费、车费分别增加 X%、Y%、Z%。其中，折让最多的是 ×× 客户。

（6）看预算。

月度预估损益表构成如图 5-22 所示。

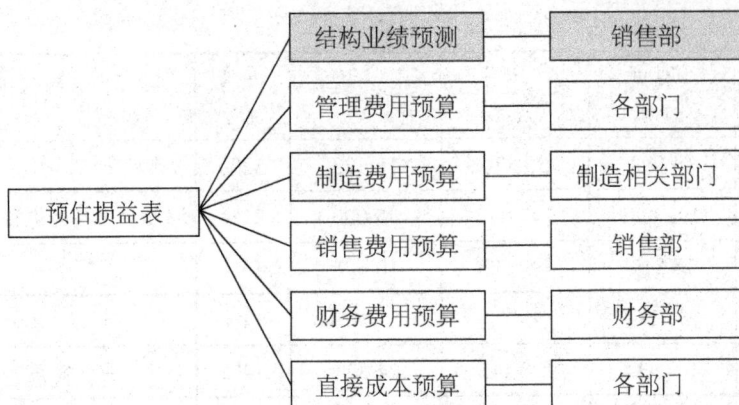

图 5-22 月度预估损益表构成

① 结构业绩预测。

在进行结构业绩预测时可以运用以下三个表格，如表 5-6、表 5-7 和表 5-8 所示。

表 5-6 产品结构业绩预测表

产品种类		1 月	
		数量	金额
A 系列产品	A1		
	A2		
	A3		
	小计		
B 系列产品	B1		
	B2		
	B3		
	小计		
C 系列产品	C1		
	C2		
	C3		
	C4		
合计			

表 5-7　客户结构业绩预测表

客户名称	产品种类	1 月			
		数量	金额	毛利率	毛利贡献率
A 客户	M				
	X				
	Y				
	小计				
B 客户	M				
	X				
	Y				
	小计				
C 客户	M				
	X				
	Y				
合计					

表 5-8　客户 + 产品结构业绩预测表

客户名称	产品种类	1 月	
		数量	金额
A 客户	M		
	X		
	Y		
	小计		
B 客户	M		
	X		
	Y		
	小计		
C 客户	M		
	X		
	Y		
合计			

276 ·

实例

月度财务分析会——营收预测（目标结构业绩）

20××年××公司营收预测（目标结构业绩）

单位：万元

业务负责人	客户	1月	2月	3月	4月	5月	6月	7月	8月	9月	10月	11月	12月	合计
张××	E（外销）	20	10	20	20	20	20	15	15	20	23	23	23	229
王××	X（内销）	98	39	59	90	50	68	78	90	138	170	170	150	1200
李××	T（内销）	20	10	20	20	20	20	15	15	20	23	23	23	229
赵××	（外销）	20	10	20	20	20	20	15	15	20	23	23	23	229
刘××	新客户				5	9	11	10	10	20	20	23	21	129
合计		158	69	119	155	119	139	133	145	218	259	262	240	2016
备注		其中，内销占比为60%，外销占比为40%											

② 管理费用预算。

管理费用预算如表5-9所示。

表5-9 20××年××月管理费用预算分析表

管理费用/科目	生产部	质量部	工程技术部	市场部	PMC部	人力资源部	财务部	总经办/稽核办	分厂	物控部	合计
工资											
办公费											
快递费											
电话费											
差旅费											
社保费											
汽车费											
其他											
招待费											
维修费											

（续表）

管理费用 /科目	生产部	质量部	工程技术部	市场部	PMC部	人力资源部	财务部	总经办 /稽核办	分厂	物控部	合计
住房公积金											
用品费											
福利费											
服务费											
税费											
培训费											
报告费											
专利费											
个人所得税											
消防费											
合计											

注：标阴影的为必填项。

通过对表 5-9 的分析，可得出如表 5-10 所示的结论。

表 5-10 20×× 年 ×× 月预算分析的结论

超出预算的部门与项目：

××部_____费用预算超出_____元，建议：_____

××部_____费用预算超出_____元，建议：_____

××部_____费用预算超出_____元，建议：_____。

③ 制造费用预算如表 5-11 所示。

表 5-11 20×× 年 ×× 月制造费用预算分析表

制造费用 /科目	生产部	质量部	工程技术部	市场部	PMC部	人力资源部	财务部	总经办/稽核办	分厂	物控部	合计
工资											
医疗费											
维修费											
低值易耗品费											
模具费											

（续表）

制造费用/科目	生产部	质量部	工程技术部	市场部	PMC部	人力资源部	财务部	总经办/稽核办	分厂	物控部	合计
装卸费											
手板费			▨								
修模费			▨								
运费					▨				▨		
电费						▨					
水费						▨					
厂租						▨					
餐费						▨					
折旧费								▨	▨		
劳务费											
装修款摊销费								▨			
工装						▨					
其他											
税金（厂租、伙食）								▨			
合计											

注：标阴影的为必填项。

④ 销售费用预算如表5-12所示。

表5-12　20××年××月销售费用预算分析表

管理费用/科目	生产部	质量部	工程技术部	市场部	PMC部	人力资源部	财务部	总经办/稽核办	分厂	物控部	合计
招待费				▨				▨	▨		
业务提成				▨							
参展费/广告费				▨				▨			
差旅费				▨							
快递费	▨	▨		▨					▨		
破损费（供应商）											
挑选费	▨	▨									
开发样办费			▨								

（续表）

管理费用/科目	生产部	质量部	工程技术部	市场部	PMC部	人力资源部	财务部	总经办/稽核办	分厂	物控部	合计
业务费											
破损费（销售）											
检测费											
运费（汽运）											
运费（航空）											
其他（用品费）											
合计											

注：标阴影的为必填项。

⑤ 财务费用预算如表 5-13 所示。

表 5-13　20××年××月财务费用预算分析表

财务费用/科目	生产部	质量部	工程技术部	市场部	PMC部	人力资源部	财务部	总经办/稽核办	分厂	物控部	合计
手续费											
利息支出											
利息收入											
合计											

注：标阴影的为必填项。

⑥ 直接成本预算如表 5-14 所示。

表 5-14　20××年××月直接成本预算分析表

直接成本/科目	生产部	质量部	工程技术部	市场部	PMC部	人力资源部	财务部	总经办/稽核办	分厂	物控部	合计
主要原材料/辅助材料/包装物											
直接人工											
合计											

注：标阴影的为必填项。

（7）看家底（应收账款账龄分析、不良资产及负债分析），如图5-23所示。

企业现象	管理本质——目标
1. 呆账、坏账多 2. 有业绩没有资金 3. 营收业绩增幅低于应收账款增幅	1. 应收账款回款率 2. 应收账款周转率 3. 逾期账款金额

图5-23 企业现象和管理本质

① 应收账款分析。

以下以实例来说明应收账款周转率的分析。

实例

月度财务分析会——应收账款周转率分析

应收账款周转率分析

项目	1月	2月	3月	4月	5月	6月	7月	8月	9月	10月
营业收入（元）	3 952	949	2 854	1 997	2 123	1 994	2 190	2 423	2 517	2 312
应收账款平均余额（元）	1 025	836	920	764	896	843	1 078	1 280	992	1 214
应收账款周转率（次）	3.9	1.1	3.1	2.6	2.4	2.4	2.0	1.9	2.5	1.9
应收账款周转天数（天）	93.4	317.1	116.0	137.7	151.9	152.2	177.2	190.2	141.9	189.0

1. 分析：

应收账款周转率理想值为3次。

2. 建议：

由财务部主导，总经理及营销中心各业务经理参与确认应收账款周转率改善措施。

② 应收账款/逾期账款分析。

应收账款/逾期账款分析如表5-15所示。

表 5-15　应收账款 / 逾期账款分析

序号 / 项目	客户名称	订单	应收金额	本月回收金额	本月未收金额	是否逾期	逾期金额	逾期率	原因	对策	完成时间	责任人
1												
2												
3												
4												
5												
6												
7												
8												
9												
10												

③ 不良资产及负债分析。

实例

月度财务分析会——存货周转分析

存货周转分析

项目	1月	2月	3月	4月	5月	6月	7月	8月	9月	10月	11月	12月
月份天数（天）	31	28	31	30	31	30	31	31	30	31	30	31
销货成本（元）	1 224.16	781.31	1 205.28	1 285.59	1 289.40	1 254.00	1 387.00	1 420.00				
平均存货（元）	4 637.49	4 566.03	4 403.97	4 513.89	4 463.00	4 485.00	4 334.00	4 268.00				
存货周转率（次）	0.26	0.17	0.27	0.28	0.29	0.28	0.32	0.33	–	–	–	–
存货周转天数（天）	117	164	113	105	107	107	97	93	–	–	–	–
年周转次数（次）	3.11	2.23	3.22	3.47	3.40	3.40	3.77	3.92	–	–	–	–

（续表）

1. 分析：

8月存货周转率为0.33次/月，周转天数为93天/次，达20××年最好水平。

2. 建议：

因公司以外贸为主业务，订单生产完毕即发货，故主要库存为原料及半成品，需继续降低库存。

存货周转天数分析

原材料	单位	期初数量	期末数量	量差	月均用量	库存可用月数	周转天数	上月周转天数	降幅
铜	千克	47.39	50.19	2.80	20.81	2.34	70	69	1
银带	千克	3.80	2.91	-0.89	1.48	2.26	68	84	（16）
铁片	千克	71.70	85.39	13.69	39.78	1.97	59	47	12
锌铁片	千克	43.55	30.67	-12.88	9.67	3.84	115	165	（50）
不锈钢片	千克	31.94	32.33	0.39	10.81	2.97	89	101	（12）
PA66	千克	49.26	41.75	-7.51	7.47	6.09	183	159	24
PC	千克	59.18	55.18	-4.00	42.69	1.34	40	46	（6）
PP	千克	44.20	44.90	0.70	11.69	3.81	114	111	3
ABS	千克	16.46	16.59	0.13	0.55	29.92	898	1115	（217）
压机粉	千克	10.63	47.70	37.07	77.39	0.38	11	10	1
触头	件	4 433.78	6 797.59	2 363.81	3 479.08	1.61	48	39	9

1. 分析：

（1）塑胶原料PA66、PP、ABS存货周转天数严重偏高，长达90天以上。

（2）铜、银带、铁片、锌铁片库存还存在下降的空间。

2. 建议：

针对主要材料库存由PMC部于×日前组织分析存货消化及管控方案。

呆滞库存分析

物料编码	物料名称	库存数量	单位	金额	备注
	毛料—原装光面防	108.5	平方米	××	7月进料
	毛料—原装磨砂	510.89	平方米	××	7月进料
	毛料—高粘粗网	6 684	平方米	××	之前库存

（续表）

物料编码	物料名称	库存数量	单位	金额	备注
	毛料—不防刮保护膜	6 200	平方米	××	之前库存但没用，7月又进2 000平方米
	毛料—S30PT-1040mm	155.4	平方米	××	之前库存
	毛料—其他—光学胶	869.531 2	平方米	××	之前库存，7月卖出124平方米
	ONEXT 通用 UNIVERSAL	13 475	张	××	7月没有用过
	ONTXT 通用	13 001	张	××	7月没有用过
	ONTXT 通用 7 寸	8 120	张	××	5月用过，6、7月没有用

1. 分析：

库存呆滞3个月以上的××款，价值××元；呆滞6个月以上的××款，价值××元。

2. 建议：

针对呆滞库存金额建议由PMC部于×日组织评审，确认呆滞库存处置建议。

会议决议

序号	会议决议	责任人	完成时间
1	针对库存周转率低，由PMC部组织检讨、分析，并于×日前拟定库存周转率提升专案	××	××
2	针对呆滞库存，由PMC部于×日前组织研发部、业务部、采购部及生产部进行评审，提出处理措施	××	××

（8）看发展（现金流量表）。

我们可运用表5-16对现金流量表进行分析。

表5-16　现金流量表

月份		1月	2月	3月	4月	5月	6月	7月	8月	9月	10月	11月	12月
上期结转		X12	X1	X2	X3	X4	X5	X6	X7	X8	X9	X10	X11
收入	当期现金												
	应收账款												
	应收票据												
	其他												
	小计 A	A1											

（续表）

月份		1月	2月	3月	4月	5月	6月	7月	8月	9月	10月	11月	12月
支出	应付账款												
	应付费用	永远确保资金安全											
	应付票据												
	小计 B	B1											
余额 C=A-B		C1											
对策	还款（-）												
	转存（-）												
	借款（+）												
	融资（+）												
本期结转													

5.3.4 月度营销会

1. 为什么要召开此会

通过图 5-24 我们得知总经理在营销目标的达成方面有许多困局。而每月召开营销会议则有于助总经理从以上的困局中走出，完成年度销售目标。

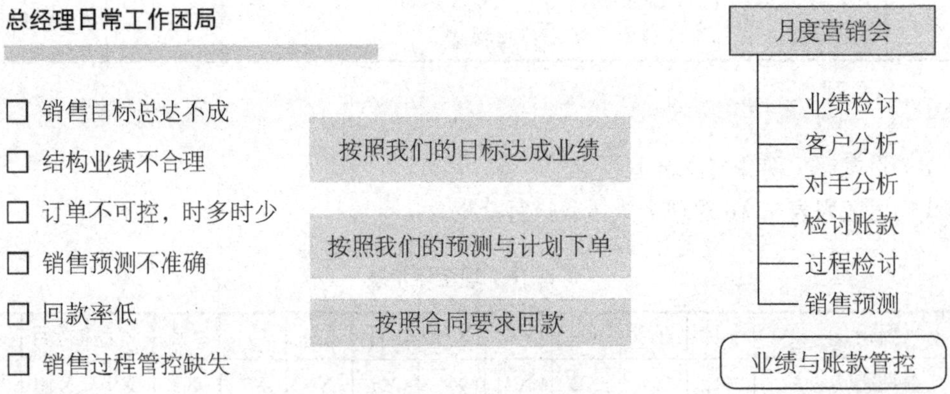

总经理日常工作困局

☐ 销售目标总达不成
☐ 结构业绩不合理
☐ 订单不可控，时多时少
☐ 销售预测不准确
☐ 回款率低
☐ 销售过程管控缺失

按照我们的目标达成业绩

按照我们的预测与计划下单

按照合同要求回款

月度营销会
— 业绩检讨
— 客户分析
— 对手分析
— 检讨账款
— 过程检讨
— 销售预测

业绩与账款管控

图 5-24　总经理的日常工作困局与解决方案

2. 哪些人参加此会

图 5-25 为参加月度营销会议的人员及其主要工作。

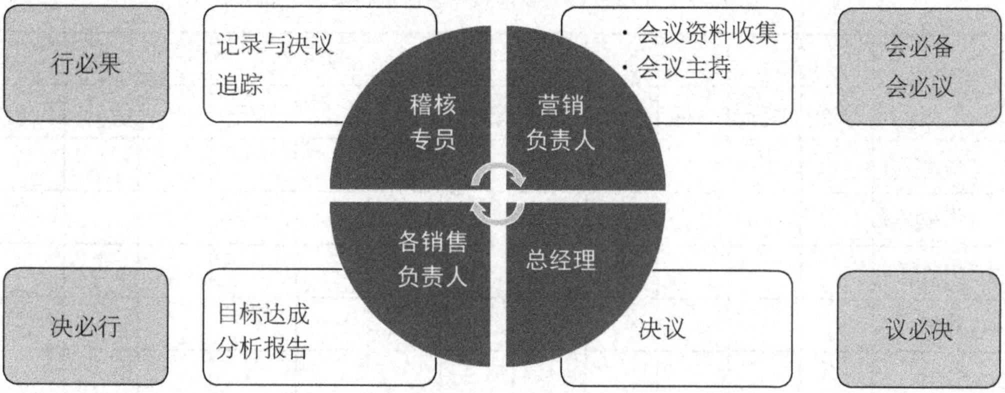

图 5-25　月度营销会议的参与人员

3. 业绩检讨

业绩检讨包括两个方面：销售业绩达成检讨、销售业绩合理性检讨。

（1）销售业绩达成检讨。

第一步，将销售业绩按结构分类，分为商品类、区域类、渠道类、客户类，并分类进行统计，如表 5-17、表 5-18、表 5-19 和表 5-20 所示。

表 5-17　业绩检讨（按产品进行数据统计）

产品类别	× 月		× 月		× 月		当月			累计		
	目标	实际	目标	实际	目标	实际	目标	实际	达成率	目标	实际	达成率
A												
B												
C												
D												
合计												

表 5-18　业绩检讨（按客户进行数据统计）

客户类别	× 月		× 月		× 月		当月			累计		
	目标	实际	目标	实际	目标	实际	目标	实际	达成率	目标	实际	达成率
A 客户												
B 客户												
C 客户												
D 客户												
合计												

表 5-19　业绩检讨（按人员或区域进行数据分析）

人员或区域	× 月		× 月		× 月		当月			累计		
	目标	实际	目标	实际	目标	实际	目标	实际	达成率	目标	实际	达成率
张（华南区）												
王（华东区）												
李（华北区）												
唐（外贸区）												
合计												

表 5-20　业绩检讨（按通道进行数据分析）

销售渠道	× 月		× 月		× 月		当月			累计		
	目标	实际	目标	实际	目标	实际	目标	实际	达成率	目标	实际	达成率
经销商渠道												
B2B[①]												
B2C[②]												
直营店渠道												
合计												

第二步，进行业绩检讨、分析，如表 5-21 所示。

表 5-21　业绩检讨、分析

产品类别	结果（达成值）	原因（重数据统计）	改善对策
A			
B			
C			
D			

第三步，对销售业绩达成的原因进行分析。

销售业绩未达成的原因有许多，如图 5-26 所示。

---

① B2B 是 Business to Business 的缩写，是指商家对商家进行交易。
② B2C 是 Business to Customer 的缩写，是指商家对个人进行交易。

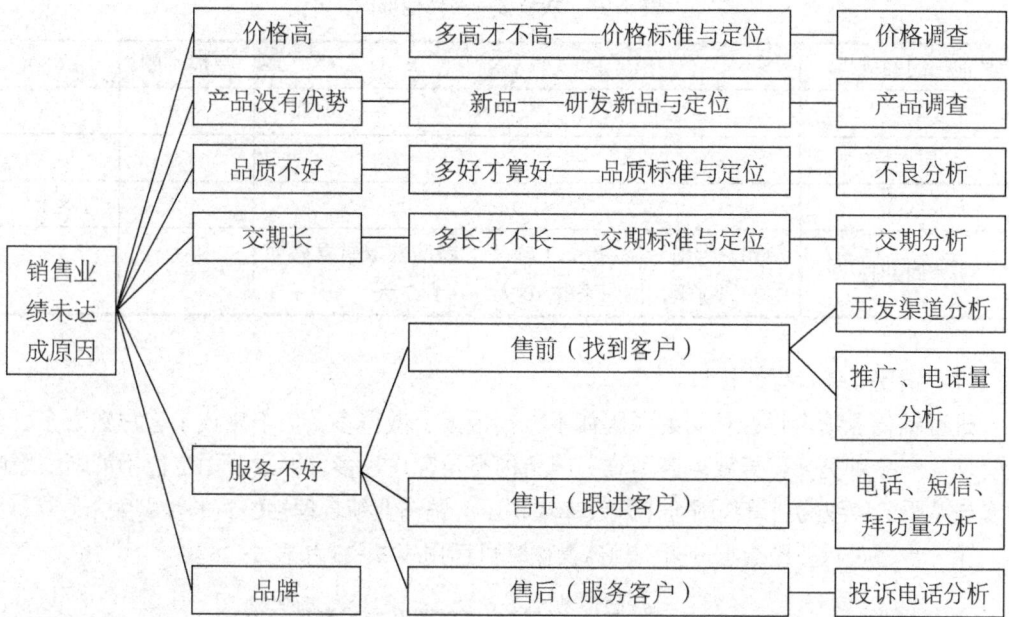

图 5-26 销售业绩达成的原因示例

第四步，对以上分析形成决议，如表 5-22、表 5-23 和表 5-24 所示。

表 5-22 决议 1——营销部门

4P	调整策略	完成时间	责任人
产品	例如，针对 ×× 客户采取重新开发新产品的对策	××	××
价格	例如，针对 ×× 产品采取降价 ×%（加价 ×%）的对策 例如，针对 ×× 产品采取同行价格调查，并形成价格调查表的对策	××	××
渠道			
促销			

表 5-23 决议 2——营销部门

4C	调整策略	完成时间	责任人
客户价值		××	××
成本		××	××
服务	例如，针对 ×× 客户采取重新约见对方采购总监来我司参观洽谈的对策 例如，针对 ×× 客户采取邀请我司总经理协同项目经理去其上海总部再次商务洽谈的对策	××	××

表 5-24　决议 3——其他部门

其他部门问题点	调整策略	完成时间	责任人
交期长		××	××
品质不好		××	××
成本高		××	××
研发周期长	例如，针对 ×× 新品（样品）周期采取研发周期缩短的对策，由原来的 10 天缩短到 7 天		

（2）销售业绩合理性检讨。

进行销售业绩合理性检讨的原因如下：销量大、做得多，但不赚钱；客户数量多，难以管理；产品种类多，导致生产困难；产品种类与客户过多，导致公司定位不清晰；影响效率与品质；导致物料管控困难；导致库存积压。销售业绩合理性检讨的步骤如下。

第一步，进行业绩数据分析，具体操作时可运用表 5-25 和表 5-26。

表 5-25　×× 年销售统计表（按照客户 + 产品分析）

客户名称	产品种类	1 月				……	12 月				合计			
		数量	金额	毛利率	毛利贡献率	……	数量	金额	毛利率	毛利贡献率	数量	金额	毛利率	毛利贡献率
A客户	M													
	X													
	Y													
	小计													
B客户	M													
	X													
	Y													
	小计													
C客户	M													
	X													
	Y													
合计														

表 5-26　×× 年销售统计表（按照区域 + 产品分析）

区域名称	产品种类	1 月				……	×× 月				合计			
		数量	金额	毛利率	毛利贡献率	……	数量	金额	毛利率	毛利贡献率	数量	金额	毛利率	毛利贡献率
华南区	M													

（续表）

区域名称	产品种类	1月				……	××月				合计			
		数量	金额	毛利率	毛利贡献率	……	数量	金额	毛利率	毛利贡献率	数量	金额	毛利率	毛利贡献率
华南区	X													
	Y													
	小计													
华北区	M													
	X													
	Y													
	小计													
海外区	M													
	X													
	Y													
合计														

第二步，形成业绩数据分析结论，如表 5-27 所示。

表 5-27　业绩数据分析结论

毛利排行（利润高的产品）：＿＿＿＿＿＿＿＿＿＿＿＿＿＿＿＿＿＿＿＿＿

金额排行（销售金额最多的产品）：＿＿＿＿＿＿＿＿＿＿＿＿＿＿＿＿＿

数量排行（销售数量最多的产品）：＿＿＿＿＿＿＿＿＿＿＿＿＿＿＿＿＿

毛利贡献率排行（销售利润总额最多的产品）：＿＿＿＿＿＿＿＿＿＿＿

第三步，制成结构业绩雷达图，如图 5-27 所示。

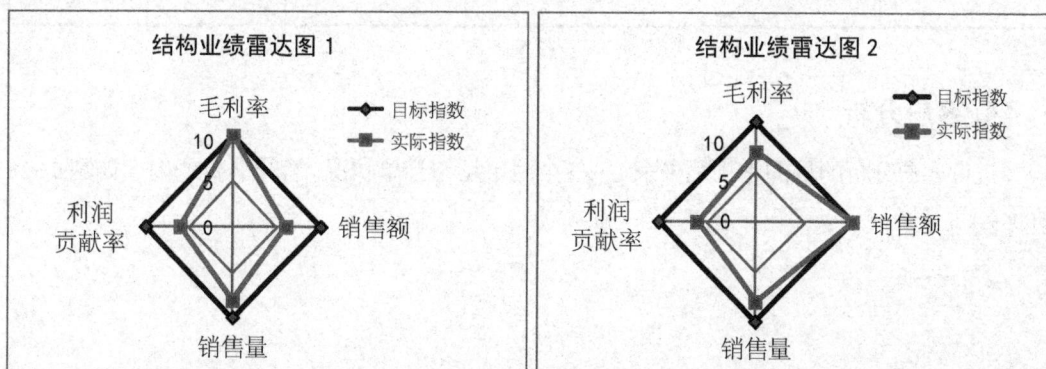

图 5-27　结构业绩雷达图

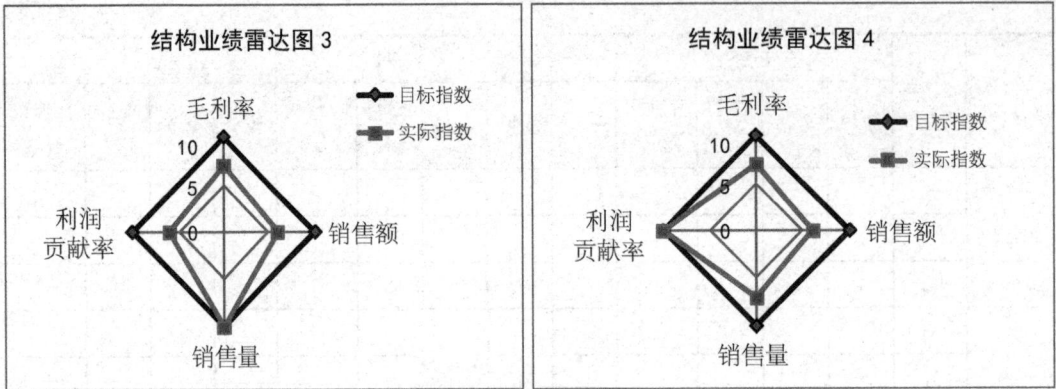

图 5-27　结构业绩雷达图（续）

第四步，形成决议，如表 5-28 所示。

表 5-28　结构业绩分析决议

调整方向	调整策略	完成时间	责任人
价格调整	×× 产品（客户）价格上调（下降）5%		
结构业绩调整	1. ×× 产品（客户）的销售业绩从 ×× 月起调整到总业绩的 30% 2. ×× 产品（客户）的销售业绩从 ×× 月起控制在总业绩的 20% 以内		
结构业绩调整	3. ×× 产品（客户）在华南地区的价格下降 3%，从 ×× 月起销售数量提高 15%，抢占华南市场 10% 的市场份额 4. ×× 产品（客户）的价格下降 3%		
推广调整	×× 新品（新客户）重点在 ×× 推广，推广费用调整为 20 000 元 / 月		

4. 客户分析

进行客户分析的目的是预测未来 1 ~ 3 个月市场与订单状况。客户分析的内容如图 5-28 所示。

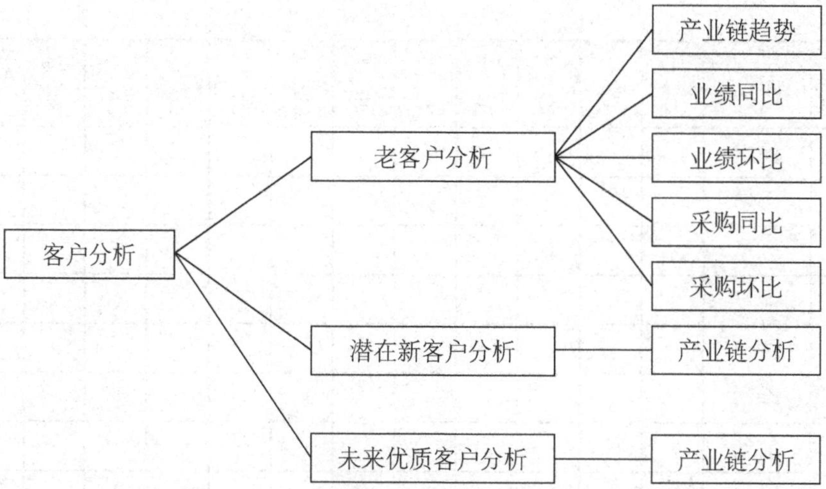

图 5-28　客户分析的内容

第一步，对产业链趋势进行分析。

产业链趋势分析模型如图 5-29 所示。

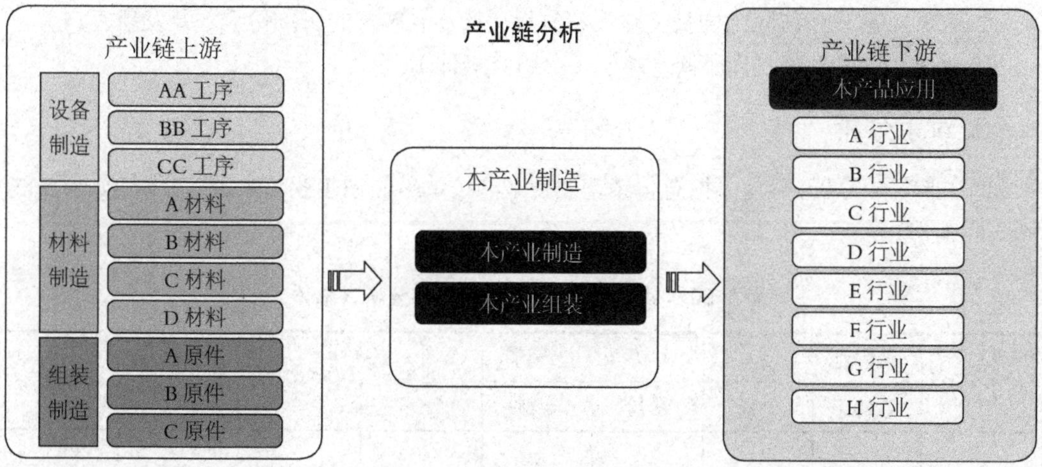

图 5-29　产业链趋势分析模型

第二步，进行业绩同比、环比分析，如表 5-29 所示。

表 5-29　客户三年的业绩分析表

客户名称	年份	1月	2月	3月	4月	5月	6月	7月	8月	9月	10月	11月	12月	合计
客户1	前年													
	去年													
	今年													

（续表）

客户名称	年份	1月	2月	3月	4月	5月	6月	7月	8月	9月	10月	11月	12月	合计
客户2	前年													
	去年													
	今年													
客户3	前年													
	去年													
	今年													
客户4	前年													
	去年													
	今年													

第三步，形成分析结论与对策。

（1）××客户业绩同比下降（对策：开发新客户、增加老客户的采购份额）。

（2）××客户业绩同比增长（对策：备货、增加老客户的采购份额、开发新客户）。

（3）××客户业绩环比下降/增长（分析其规律）。

5. 对手分析

（1）按客户分析，具体可按总体销售业绩来和按单品的销售业绩来进行分析，如表5-30和表5-31所示。

表5-30　××客户×月竞争对手分析（总体）

对手名称	销售业绩（万元）		占该客户业绩比		对手优势	对手劣势	近期市场动态	我司策略
	数量	金额	数量	金额				
AA								产品 价格 渠道 促销 服务 品质 交期
BB								
CC								
DD								

表 5-31　××客户×月份竞争对手分析（单品）

对手名称	单品名称	销售业绩（万元）		占该客户业绩比		对手优势	对手劣势	近期市场动态	我司策略
		数量	金额	数量	金额				
AA	××单品								产品价格渠道促销服务品质交期
BB									
CC									
DD									

（2）丢单分析。丢单分析就是对被竞争对手抢去的订单的金额、数量、原因等的分析。以下以实例的形式来说明具体操作步骤。

实例

月度财务分析会——丢单分析

第一步：进行数据统计，如表 1 所示。

表 1　丢单分析（数据统计表）

金额单位：元

业务员	产品型号	丢单数据统计					
		品质	跟进与服务	产品价格	产品交期	付款方式	小计
张三	A001			80 000			80 000
李四	B002				100 000		100 000
合计							180 000

第二步：对丢单的原因进行分析，如表 2 所示。

表2　丢单的原因分析

金额单位：元

业务员	产品型号	丢单数据统计						丢单原因描述
		品质	跟进与服务	产品价格	产品交期	付款方式	小计	
张三	A001			80 000			80 000	本月5日，我司报价为400元，对手报价为350元，因对手报价低于我司成本价，导致订单丢失
李四	B002				100 000		100 000	本月3日，客户要求签订合同后7天交货，若推迟则按照每天1 000元予以罚款，我司总经理评估最早在25日前交货，导致订单丢失
合计							180 000	

第三步：根据丢单原因提出改进对策。

（1）针对××类型订单报告，报总经理处协调，业务经理连同技术经理与总经理一同进行业务洽谈。

（2）针对××类型订单，公司根据每月市场销售预测进行××的备料。

6. 检讨账款

检讨账款时可运用表5-32来进行。

表5-32　客户应收账款分析表

序号	客户名称	应收金额	逾期金额（元）	逾期占比（%）	应对措施	逾期结果	完成日期	到期时间	业务员
1									
2									
3									
4									
合计									

对于逾期账款可采取图5-30所示的一些对策。

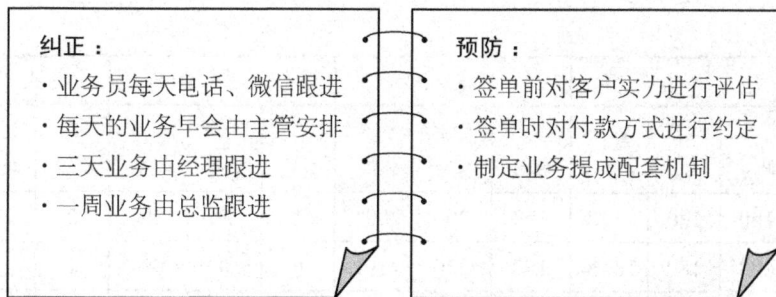

纠正：
· 业务员每天电话、微信跟进
· 每天的业务早会由主管安排
· 三天业务由经理跟进
· 一周业务由总监跟进

预防：
· 签单前对客户实力进行评估
· 签单时对付款方式进行约定
· 制定业务提成配套机制

图 5-30　逾期账款的对策

7. 过程检讨

销售过程管控分析的原理如图 5-31 所示。

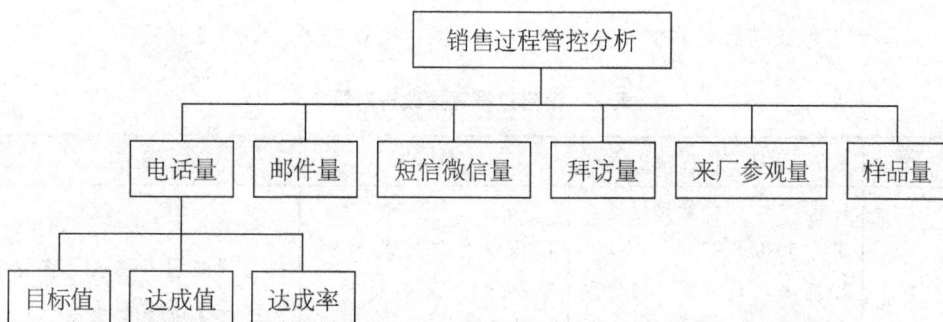

图 5-31　销售过程管控分析的原理

下面以实例的形式来描述销售过程管控分析的步骤。

实例

月度财务分析会——销售过程管控分析

第一步：进行数据统计与分析，如表 1 所示。

表 1　销售过程管控数据统计与分析

业务员	电话			电邮			拜访客户			来厂参观		
	计划数量	达成数量	达成率	计划数量	达成数量	达成率	计划数量	达成数量	达成率	计划数量	达成数量	达成率
张××	50	60	120%	100	50	50%	1	1	100%	2	2	100%

（续表）

业务员	电话			电邮			拜访客户			来厂参观		
	计划数量	达成数量	达成率	计划数量	达成数量	达成率	计划数量	达成数量	达成率	计划数量	达成数量	达成率
孙××	100	120	120%	100	200	200%	1	0	0%	2	3	150%
张××	100	180	180%	100	220	220%	0	0	0%	1	1	100%
黎××	100	120	120%		80	80%	1	0	0%	2	2	100%
黄××	60	70	117%	100	60	60%	1	0	0%	2	4	200%
吴××	60	80	133%	100	80	80%	2	2	100%	2	2	100%
合计	470	630	–	600	690	–	6	3	–	11	14	–

第二步：形成销售过程管控分析结果，并提出改进对策，如表2所示。

表2　销售过程管控改进对策

指标	结果（达成值）	原因	对策
邮件量分析结果	1. 张××邮件量目标达成率为50% 2. 黎××邮件量目标达成率为80% 3. 黄××邮件量目标达成率为60% 4. 吴××邮件量目标达成率为80%	1. 其中业务员张××、黎××开发的新客户数量不够 2. 业务员黎××、黄××、吴××工作不勤奋	1. 每周二召开周会，将业务员邮件量分解到每周进行周总结 2. 每天召开早会，业务员每天早会汇报邮件达成情况
拜访量分析结果	业务员孙××、张××、黎××、黄××拜访客户达成率为0 业务员孙××、张××、黎××、黄××拜访客户达成率为0	1. 业务员孙××、张××因客户出差，没有约到客户 2. 业务员黎××没有约到新客户 3. 业务员黄××勤奋度不够	1. 本月×日前业务经理协助各区主管在××网站查找客户资料 2. 每周二周会中检讨客户拜访情况，业务经理协助拜访 3. 口头警告业务员黄××

8. 销售预测

销售预测的目的是为生产做铺垫。在进行销售预测时可运用表5-33分析。

表 5-33　××年销售统计表（按照客户＋产品分析）

客户名称	产品种类	1 月			……	12 月			合计		
		预估数量	实际数量	预估准确率	……	预估数量	实际数量	预估准确率	预估数量	实际数量	预估准确率
A客户	M										
	X										
	Y										
	小计										
B客户	M										
	X										
	Y										
	小计										
C客户	M										
	X										
	Y										
合计											

5.3.5　月度产销会

1. 为什么要召开此会

在产销方面，总经理面临着一些日常工作困局，而月度产销会议则有助于其解决这一困局，如图 5-32 所示。

总经理日常工作困局

- □ 有订单交不了货
- □ 有产能没订单
- □ 物料不齐套
- □ 效率产能低
- □ 生产异常多

月度产销会议

── 销售预估检讨
── 订单达成检讨
── 产能与人效分析
── 物料分析
── 生产异常检讨
── 商讨下月生产计划

图 5-32　总经理的日常工作困局与解决方案

2. 哪些人参加此会

参加产销会的人员及工作 如图 5-33 所示。

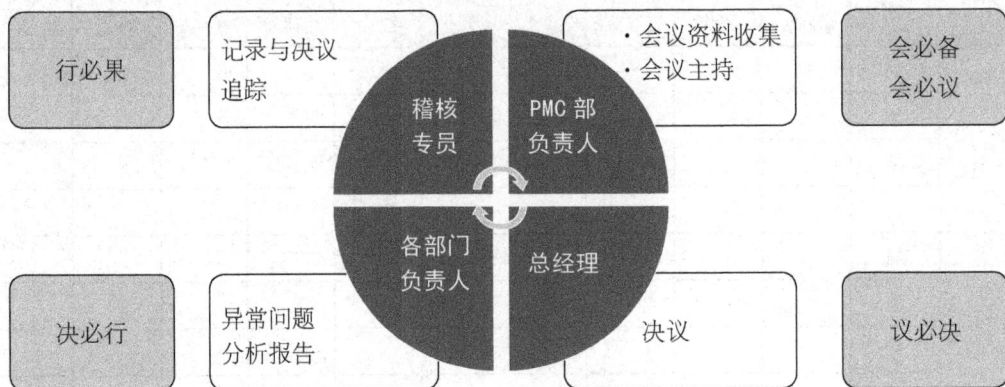

图 5-33　参加产销会的人员

3. 会前准备什么

下达月度产销会议（总经理会议）通知，具体模板如下所示。

月度产销会议（总经理会议）通知

1. 会议时间：每月 18 日前（具体以通知为准）下午 15:00—17:00

2. 会务安排准备：PMC 部经理

3. 主持人：总经理

4. 会议记录：稽核专员及总经理助理

5. 参会人员：总经理、PC 负责人、MC 负责人、稽核专员、生产部、品质部、研发部、工程部、采购部、人力资源部负责人

6. 会议主要内容及准备：

（1）PMC 部负责人依照项目准备会议资料

（2）在会议召开前 2 天将 PMC 部的会议资料发给对应的负责人

（3）各部门负责人在收到会议资料后，就本部门未达成的目标进行原因分析与检讨，并列出具体改善计划

7. 会议议程：

（1）上月决议事项完成情况

（2）上月销售预估准确率分析

（3）上月订单准交率分析

（4）上月产能达成率与效率分析

（5）上月物料状况分析

（6）上月异常分析

（7）下月产能计划分析与安排

（续）

（8）下月物料计划安排

（9）各部门重点问题讨论（限时 3 分钟 / 人）

（10）总经理发言（限时 10 分钟）

4. 销售预估检讨

销售预估的现象及思路如图 5-34 所示。

企业现象

1. 上月没订单，本月订单突然暴增
2. 淡季没事做，旺季加班、加点生产
3. 库存管理和市场营销不稳定

思路

1. 所有问题都是客户（业务）带来的
2. 销售预估是为生产做铺垫
3. 销售预估检讨是为了促进销售，加强对客户的管理

图 5-34　销售预估的现象及思路

下面以实例来说明销售预估检讨的步骤。

实例

月度产销会——销售预估检讨

第一步，统计销售预估数据，如表 1 所示。

表 1　销售预估数据统计（案例）

业务员	客户	款号	预估数量	实际下单数量	预估准确率
张 ××	客户 A	AS110595	10 000	10 000	100%
		BP115161	7 000	7 000	100%
		BP115161	3 000	1 000	33.3%
		AS110616	20 000	20 000	100%
	客户 B	AS110656	110	110	100%
		AS110672	80	80	100%
	客户 C	AS110661	336	336	100%
李 ××	客户 D	BP115171	−	1 437	无预估
	客户 E	CP110177	820	820	100%

（续表）

业务员	客户	款号	预估数量	实际下单数量	预估准确率
王××	客户F	8个款	4 516	8 516	189%
赵××	客户G	EB-0001/2/3	—	938	无预估
合计			45 862	50 237	91%

第二步，对销售预估数据进行分析并得出结论，如表2所示。

表2 销售预估数据分析与结论（案例）

业务员	客户	款号/塔式	预估数量	实际下单数量	预估准确率	产生结果	原因分析
张××	客户A	BP115161	3 000	1 000	33.3%	多预估2 000件， 产生呆料____元 影响库存周转____天	1. 对客户的产业链未分析 2. 对对手未分析 3. 对客户的历史订单未分析
李××	客户D	BP115171	0	1 437	无预估	订单插单或延迟____天 影响生产换型与效率____时 紧急物料采购或挪用____件	
王××	客户F	8个款	4 516	8516	189%	订单插单或延迟____天 影响生产换型与效率____时 紧急物料采购或挪用____件	
赵××	客户G	EB-0001/2/3	0	938	无预估	订单插单或延迟____天 影响生产换型与效率____时 紧急物料采购或挪用____件	

第三步，针对销售预估的结论提出改进对策，具体内容略。

5. 订单达成检讨

对订单达成进行检讨的会议要点如下。

（1）责任部门上台分析原因。

（2）责任部门上台讲解对策或建议。

（3）总经理决议。

实例

月度产销会——月销售订单达成率统计表

序号	客户代码	销售订单号	数量	物料是否齐全套	下单日期	PMC回复交期	跟单业务	订单完工日期	实际出货日期	产品周期	订单达成状况	未达成原因	责任部门	备注
1		8-0106	250件	是	8月30日	8月31日		8月31日	8月31日	1	100%			8月31日发250件
2		8-0095	300件	是	8月27日	8月29日		8月29日	8月29日	2	100%			8月29日发300件
3		9-0002	280件	是	9月3日	9月5日		9月5日	9月5日	2	100%			9月5日发280件
4		9-0080	400件	否	9月23日	9月25日								

6. 产能与人效分析

产能与人效分析的思路与理论如图 5-35 所示。

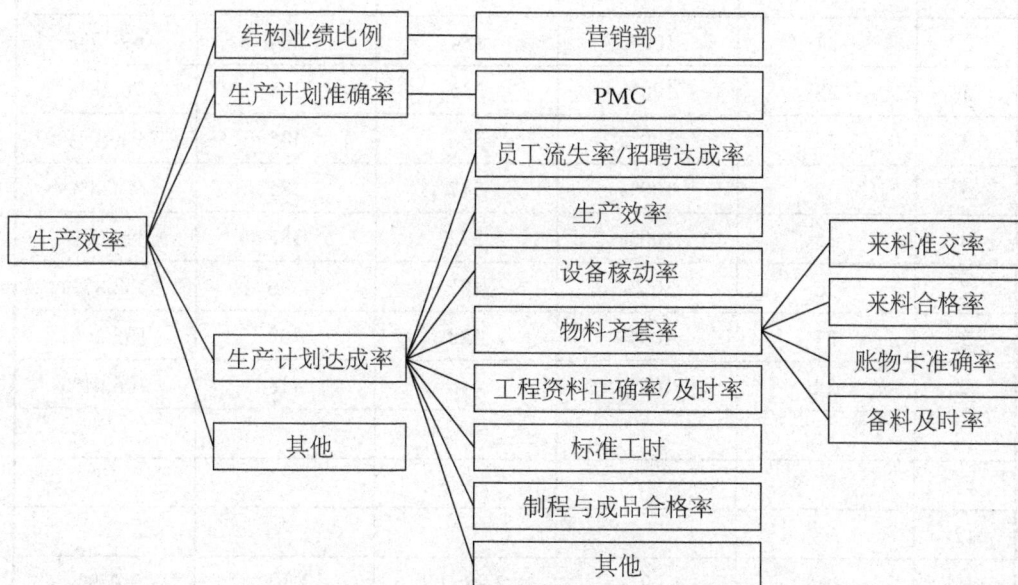

图 5-35 产能与人效分析的思路与理论

下面以实例的形式来说明月销售订单达成率分析的步骤。

实例

月度产销会——月销售订单达成率分析

第一步，进行统计分析，如表1和表2所示。

表1 产能与人效分析表

时间单位：小时

日期	生产车间	标准工时（完工工时）	出勤工时（员工）	外调工时	生产效率
8/26—9/23	包装车间	3 464	5 050	687	79.39%
	组装车间	2 013	2 310.5	171	94.08%
	腹膜车间	100	820.5	0	12.18%
合计		5 577	8 181	858	76.15%

表2 某车间月度生产效率统计

月份	直接员工数量（人）	效率目标值	成品入库工时（小时）	员工出勤工时（小时）	生产效率
1	32	100%	217	352	61.70%
2	24	100%	184	264	69.57%
3	28	100%	235	308	76.23%
4	35	100%	360	385	93.40%
5	35	100%	347	385	90.24%
6	35	100%	372	385	96.72%
7	36	100%	407	396	102.85%
8	37	100%	428	407	105.20%
9	38	100%	446	418	106.61%
10					
11					
12					
合计	300	9	2 996.09	3 300	90.79%

第二步，形成决议。产能与人效分析检讨的可能产生的决议如下。

（1）对 ×× 标准工时进行分析检讨。

（2）对效率低的 ×× 班组（或员工）进行技能培训……

（3）淘汰效率低的 ×× 员工。

7. 物料分析

物料分析的内容包括图 5-36 所示的几个方面。

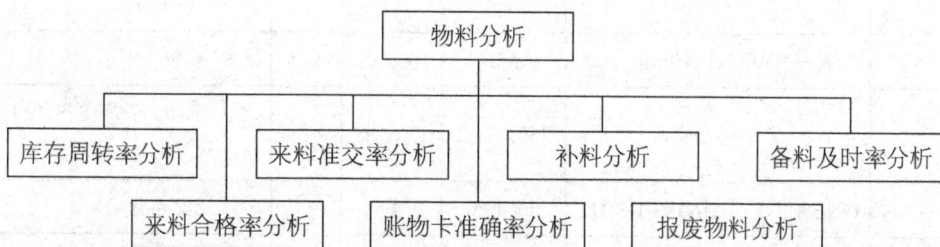

图 5-36　物料分析

下面以实例的形式来说明库存周转率分析的步骤。

实例

月度产销会——原材料库存过高案例分析

第一步，列出库存总金额，如表 1 所示。

表 1　库存总金额

金额单位：万元

月份	1月	2月	3月	4月	5月	6月	7月	8月	9月	10月	11月	12月	合计
产品销售成本	1 021	821	1 521	1 221	1 321	1 203	751	828					
原料与半品库存金额	890	1 200	1 210	920	830	740	450	360					
成品库存金额	120	110	130	123	145	112	90	110					
库存金额	1 010	1 310	1 340	1 043	975	852	540	470					
库存周转率	1.01	0.63	1.14	1.17	1.35	1.41	1.39	1.76					

第二步，列出占库存总金额80%的物料或呆料清单，如表2所示。

表2 占库存总金额80%的物料或呆料清单

物料编码	物料名称	库存数量	单位	金额	备注
	毛料—原装光面防	108.5	平方米	××	7月进料
	毛料—原装磨砂	510.89	平方米	××	7月进料
	毛料—高粘粗网	6 684	平方米	××	之前库存
	毛料—不防刮保护膜	6 200	平方米	××	之前库存没用，7月又进2 000平方米
	毛料—S30PT-1040mm	155.4	平方米	××	之前库存
	毛料—其他—光学胶	869.531 2	平方米	××	之前库存，7月卖出124平方米
	ONEXT 通用 UNIVERSAL	13 475	张	××	7月没有用过
	ONTXT 通用	13 001	张	××	7月没有用过
	ONTXT 通用 7 寸	8 120	张	××	5月用过，6、7月没有用过

第三步，召开呆料处理专案会议，参与人员和讨论内容如图1所示。

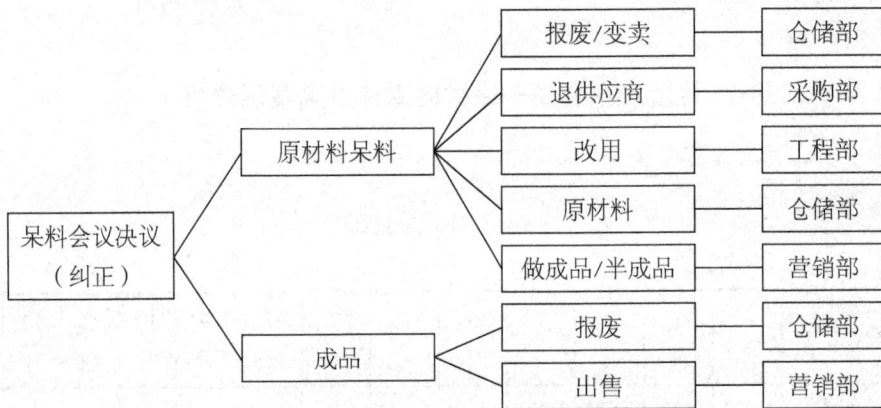

图1 呆料处理专案会议的参与部门及探讨内容

第四步，形成会议决议，如表3所示。

表 3　会议决议

序号	会议决议	责任人	完成时间
1	××原材料报废处理		
2	××原材料退供应商处理		
3	××原材料改××订单重新利用		
4	××原材料加工成成品或半成品		
5	××成品报废处理		
6	××成品降价___%进行促销		

8. 生产异常检讨

异常工时占比分析，即效率影响分析，该目标的检讨难点在于每天即时统计异常，具体可运用表 5-34 来进行分析。

表 5-34　异常工时汇总分析表

月份	异常工时	目标值	达成率	责任部门					
				销售部	工程部	PMC 部	采购部	生产部	品质部
1									
2									
3									
4									
5									
……									

实例

本月生产异常停产工时统计表

序号	订单号	客户	预计停工工时间	人数	停工工时	停工说明	原因分析	责任部门	签收时间
1	05-028		16:30-17:30	1	1	S4400AFP 玻璃复50PET，复时上下容易偏位	50PET 吸力太大	工程部	

（续表）

序号	订单号	客户	预计停工时间	人数	停工工时	停工说明	原因分析	责任部门	签收时间
2	06-012		13:40-14:40	1	1	标签印刷不良	IQC漏检	品质部	
3	06-012		19:30-20:30	1	1	iphone4G 标签模切偏位，印刷不良	IQC漏检	品质部	
4	05-028		9:20-16:20	3	16.5	中途出现毛丝	新机器网版真空吸取空气中游离的毛丝等	工程部	

最终形成会议决议，决议的内容如下。

（1）异常工时纳入××部门负责人KPI，××月实施。

（2）异常工时最多的一个部门××，会前做分析并提交对策。

（3）其他决议。

9. 布局下月生产任务

布局下月生产任务主要包括下月产能分析、下月外部物料分析、下月内部物料分析等。以下重点讲述产能分析。产能分析的内容及资料提供部门如图5-37所示。

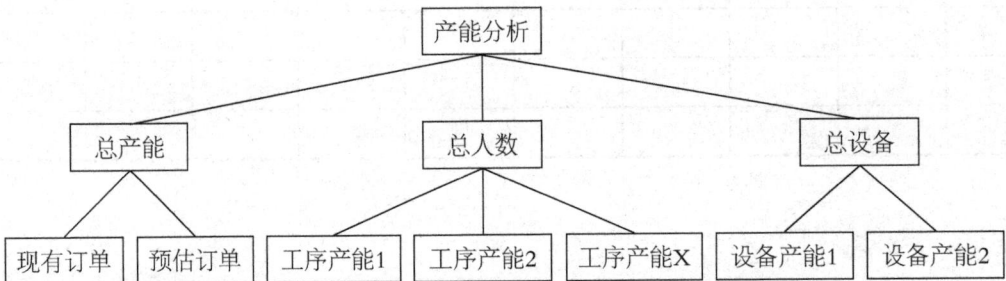

销售部提供下月预售订单，工程部提供标准工时，生产部提供现有人数。

图5-37　产能分析的内容及资料提供部门

产能分析的主要步骤如下。

第一步，进行订单汇总，如表5-35所示。

表 5-35 订单汇总表

订单号	客户	产品工序			备注
		订单数量	工序工时 1	工序工时 2	
合 计					

第二步，对订单进行分析，如表 5-36 所示。

表 5-36 订单分析

项目	数量	1 工序车间					2 工序车间				
		总工时	效率	实际完工工时	现有人数	完工天数（每天工时）	总工时	效率	实际完工工时	现有人数	完工天数（每天工时）
现有订单											
预估订单											
合计											

第三步，形成下月的生产计划，如表 5-37 所示。

表 5-37 下月的生产计划

订单总数	车间	订单数量	总工时	效率	完工总工时	现有人数	24天（6天制）（11小时/天）	24天（6天制）（12小时/天）	人均产值	总产值

5.4 进行持续改善

5.4.1 建立配套的管理体系

1. 组织架构

很多企业的常规组织架构与年度经营计划不配套，主要原因是它们只是将其他企业的组织架构照搬过来，缺乏正确的指导思想，又没有考虑自身特点。

面对这样的问题，企业应当考虑重新调整组织架构，使其真正成为一套有逻辑的、与企业发展相适应的组织架构。

（1）设计的指导思想

组织架构的设计应基于营销价值链和专业分工进行。由于所处行业不同，每个企业的组织架构都存在差异，但在某些方面却存在高度的一致性。

（2）设置一级部门

一级部门就是企业中最大的专业职能部门。一般来说，一家实体企业（非集团公司）的一级部门有七个，分别是市场部、销售部、研发部、产品供应部、财务部、人力资源部和行政部，它们构成了一个专业协作体，每个部门都有自己的专业职能。之所以要这样设置一级部门是因为在价值链里没有出现其他部门。

（3）将一级部门与二级部门分开

有的企业有信息部、采购部、投资部等二十多个部门，此时可以将一级部门与二级部门分开，将组织架构调整成一个更有效的价值链。例如，可将采购部作为产品供应部下属的二级部门，这样的组织架构就配合了营销价值链，而且每一个核心职能都有唯一的负责人。

2. 薪酬体系

薪酬体系的内容庞杂，包括员工现在的薪酬状况、将来如何提升、年底如何评价、奖金如何分配等一整套管理方案。与年度经营计划配套的薪酬体系能够促进年度经营计划的顺利落实。

（1）奖金的设置

企业应建立一套以项目为单位的奖金体系，奖励那些为企业完成更多项目和任务的员工。一般来说，项目奖金可以分为三类，具体如图5-38所示。

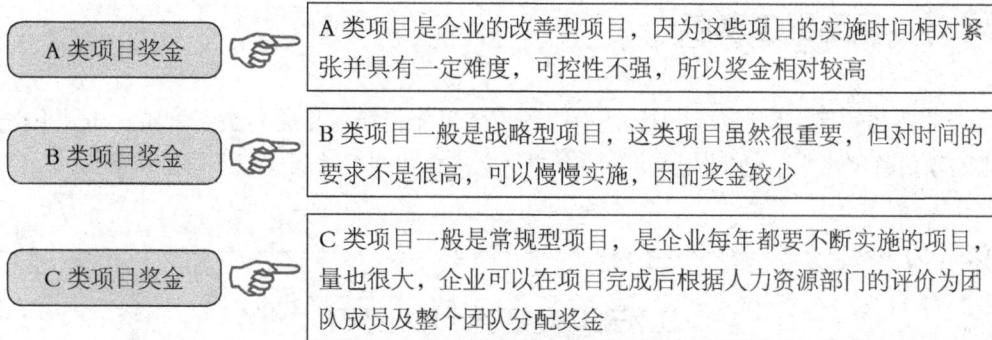

图 5-38　项目奖金的分类

（2）奖金设置问题的解决方法

① 减少原有体系中奖金的数量，或者将所有奖金变成项目奖金。

② 设立月度全勤奖，把其他奖项全部变成项目奖金，奖给所有参与的同事。

当然，企业也可以实行双轨制，既有原来的奖金体系，也有项目奖金。企业可以根据自己的实际情况选择奖金体系。

（3）如何评价项目

对项目的评价直接决定了奖金分配，因而企业需要建立一个项目评价体系。

5.4.2　建立常态监控机制

为了保证年度经营计划的落实，企业需要建立常态监控机制，即与年度经营计划相关的监控体系。

1. 确定机制负责人

常态监控机制的负责人不能是部门负责人，因为他是计划的参与者，这就好比运动员不能同时做裁判员一样。以设有总经办的企业为例，在整个组织架构中，总经办既可以行使监督职能，监督每个部门是否按照计划落实项目，并对项目完成的质量进行评估，又要负责检验部门上报情况的真实性和准确性。

2. 主要监控手段

总经办监督年度经营计划落实情况的最重要手段就是定期组织召开年度经营计划监控会（也称总经理办公室）。

一般来说，会议于每月 10 日召开，只讨论与年度经营计划有关的问题。各部门负责人要汇报本部门的情况，以便有针对性地讨论相关问题。例如，针对业绩没有按预期增长的问题，讨论要不要追加项目或者缩减项目预算。如果会议召开得不及时，整个计划就可能出现偏差。

5.4.3 提高员工素质

企业要想实现年度经营计划，还有一项重要工作，那就是提高员工素质。如果不提升员工的项目管理水平，仍然按照传统的方式行事，企业的整体效率就不可能得到提高。

【范本 01】▶▶▶--

工程部年度经营计划执行表

编制：　　　　　审核：　　　　日期：　年　月　日

部门目标及分目标（必要时分解）	执行计划的内容	执行时间（月）												KPI值	负责人
		1	2	3	4	5	6	7	8	9	10	11	12		
1.预算控制率（100%）	（1）根据公司的目标实施人员聘用	√												100%	部门经理
	（2）管控部门日常费用	√	√	√	√	√	√	√	√	√	√	√	√	100%	部门经理
	（3）制订每月培训计划	√	√	√	√	√	√	√	√	√	√	√	√	100%	部门经理
	（4）每月检验预算较大的费用	√	√	√	√	√	√	√	√	√	√	√	√	95%	部门经理
2.样品完成及时率（95%）	（1）为实现××年目标，再招聘2名台面工人、2名车位工人，3月1日前到位			√										95%	部门经理
	（2）3月1日前完善部门流程及打样周期			√										95%	部门经理
	（3）接到业务员办单后召开评审会议，确定目标单价，选择物料，确定计划完成周期	√	√	√	√	√	√	√	√	√	√	√	√	90%	部门经理
	（4）每月计划需落实到每周计划，通过表单跟进每天的工作	√	√	√	√	√	√	√	√	√	√	√	√	95%	部门经理
	（5）申购员接到办单后开出申购单，交给采购部申购物料	√	√	√	√	√	√	√	√	√	√	√	√	90%	××××××
	（6）申购员每天早上与采购员核对物料，如有异常及时汇报部门主管处理	√	√	√	√	√	√	√	√	√	√	√	√	95%	×××
	（7）主管每天下班前确定明天的工作计划，并落实到位	√	√	√	√	√	√	√	√	√	√	√	√		部门经理
	（8）制板管理员接到任务后检查物料是否齐全，并确定人手调配，以保证完成当天的任务	√	√	√	√	√	√	√	√	√	√	√	√	95%	制板管理员

（续表）

部门目标及分目标（必要时分解）	执行计划的内容	执行时间（月）												KPI值	负责人
		1	2	3	4	5	6	7	8	9	10	11	12		
2. 样品完成及时率（95%）	（9）样品完成的当天，在一个班内核算人工成本及用量	√	√	√	√	√	√	√	√	√	√	√	√	95%	工程师/师傅/组长
	（10）在包装完成一天内再次对样品工艺进行核对和检查	√	√	√	√	√	√	√	√	√	√	√	√	100%	打样组长
	（11）样品进度各环节纳入责任人绩效管理	√	√	√	√	√	√	√	√	√	√	√	√	100%	师傅/组长/部门经理
3. 完成全系列新产品工艺作业指导书（100%）	（1）汇总公司常规产品，再完善标准工艺模板（3月1日前完成）			√										95%	工程师
	（2）产品上线前一周内完成工艺标准作业程序和封装	√	√	√	√	√	√	√	√	√	√	√	√	95%	IE员
	（3）产品上线前提供生产量	√	√	√	√	√	√	√	√	√	√	√	√	95%	工程师/IE员
	（4）生产排期完成一周内提供标准工序、工时和工价	√	√	√	√	√	√	√	√	√	√	√	√	95%	工程师/IE员
	（5）每周组织IE人员检查并讨论生产线当前工艺问题和难题	√	√	√	√	√	√	√	√	√	√	√	√	95%	工程师
	（6）每月组织生产人员讨论一次生产工艺，完善一次标准作业程序	√	√	√	√	√	√	√	√	√	√	√	√	95%	工程师
	（7）对生产提出或自行发现的重大生产工艺问题要在4小时内组织专人解决	√	√	√	√	√	√	√	√	√	√	√	√	95%	工程师
	（8）新产品在工艺试用期内指定技术人员跟进指导、核查和纠正	√	√	√	√	√	√	√	√	√	√	√	√	98%	工程师
	（9）标准作业程序和封装工艺纳入IE技术员绩效考核	√	√	√	√	√	√	√	√	√	√	√	√	100%	工程师/部门经理
4. 工艺改进（3项/月）	（1）IE员每周收集车间工艺难度大的工序，向工程师汇报	√	√	√	√	√	√	√	√	√	√	√	√	98%	IE员
	（2）工程师每周组织召开工艺检查讨论会议，并提出改善方案	√	√	√	√	√	√	√	√	√	√	√	√	95%	工程师
	（3）工程师每月汇总车间工艺存在的问题，结合本厂设备情况和机修创新专业知识，提出三项工艺改善方案（由生产经理复核）	√	√	√	√	√	√	√	√	√	√	√	√	95%	工程师

（续表）

部门目标及分目标（必要时分解）	执行计划的内容	执行时间（月）												KPI值	负责人
		1	2	3	4	5	6	7	8	9	10	11	12		
4. 工艺改进（3项／月）	（4）模具制作前与车间主任沟通，完善模具制作	√	√	√	√	√	√	√	√	√	√	√	√	95%	部门经理
	（5）在每次观展结束后的一周内做出总结报告			√			√			√				100%	工程师
	（6）工程师在每次观展结束后三周内拟定两套工艺改良方案并进行评审			√			√			√				100%	工程师
	（7）将工艺改善方案纳入工程师绩效考核	√	√	√	√	√	√	√	√	√	√	√		100%	部门经理
5. 新产品开发工艺与材料成本满足客户要求（90%）	（1）××年以新产品研发和设计为主，并推出最新设计的产品	√	√	√	√	√	√	√	√	√	√	√		90%	部门经理
	（2）建立物料单价库并在3月30日前完成			√										100%	部门经理
	（3）建立真皮袋、尼龙袋内托补强的用法（4月15日前完成）				√									100%	部门经理
	（4）确定常用配件标准单价				√									100%	工程师
	（5）建立标准工艺作业手法和指导操作（5月15日前完成）					√								100%	工程师
	（6）评估后选用低价物料代替高端物料来开发产品	√	√	√	√	√	√	√	√	√	√	√		100%	部门经理
6. 建立并完善技术部管理体系（电子版材料数据库、工艺数据库）	（1）编制工程部内部申购表单，并于3月15日前完成			√										100%	部门经理
	（2）建立工程部电子材料数据库，并于4月30日前完成				√									100%	部门经理
	（3）建立工程部电子工艺数据库，并于5月30日前完成					√								100%	部门经理
7. 培训计划达成率（100%）	（1）根据年度培训计划，每月提前拟订下月培训计划	√	√	√	√	√	√	√	√	√	√	√		100%	部门经理
	（2）当月培训内容要结合上一个月工作中出现的问题进行拟定	√	√	√	√	√	√	√	√	√	√	√		100%	部门经理
	（3）按照培训计划准时安排培训	√	√	√	√	√	√	√	√	√	√	√		100%	部门经理
	（4）培训后，要对培训结果进行跟进与考核	√	√	√	√	√	√	√	√	√	√	√		100%	部门经理
	（5）培训后，要对培训记录进行整理和归档	√	√	√	√	√	√	√	√	√	√	√		100%	部门经理

[范本 02] »»»

编制：　　　　审核：　　　　日期：　年　月　日　　　　表格编号：

PMC 部年度经营计划执行总表

部门目标及分目标（必要时分解）	执行计划的内容	重点	1月	2月	3月	4月	5月	6月	7月	8月	9月	10月	11月	12月	量化时间	责任岗位	所需支援事项	备注
1. 财务方面 库存周转率		☆	5	5	5	6	6	7	7	8	8	9	9	9	—	部门负责人		
	（1）对每月的库存周转率进行分析		√	√	√	√	√	√	√	√	√	√	√	√	每月5日	PMC部主管		
	（2）每周六进行下周生产计划的物料排查（合理控制采购件交期）		√	√	√	√	√	√	√	√	√	√	√	√	每周六	物控员		
	（3）月底清理滞销产品	☆	√	√	√	√	√	√	√	√	√	√	√	√	每月27日	仓库组长		
	（4）清理呆滞不良品	☆	√	√	√	√	√	√	√	√	√	√	√	√	每周四	仓库组长		
库存周转率	（5）月末盘点		√	√	√	√	√	√	√	√	√	√	√	√	每月29日	仓库组长		
	（6）循环式盘点		√	√	√	√	√	√	√	√	√	√	√	√	每天	仓管员		
	（7）每天对仓库的货物进行归纳，并做好台账系统账		√	√	√	√	√	√	√	√	√	√	√	√	每天	仓管员		
	（8）物料分类与库存管理		√	√	√	√	√	√	√	√	√	√	√	√	每天	仓管员		
	（9）完工清单		√	√	√	√	√	√	√	√	√	√	√	√	—	物控员		
	（10）月度产销会分析		√	√	√	√	√	√	√	√	√	√	√	√	每月	PMC部主管		
2. 客户方面 订单准交率			80%	85%	90%	95%	95%	96%	96%	98%	98%	98%	98%	98%	—	部门负责人		
订单准交率	（1）对每月的订单准交率进行统计、分析	☆	√	√	√	√	√	√	√	√	√	√	√	√	每月5日	PMC部主管		

（续表）

部门目标及分目标（必要时分解）	执行计划的内容	重点	执行日期												量化时间	责任岗位	所需支援事项	备注
			1月	2月	3月	4月	5月	6月	7月	8月	9月	10月	11月	12月				
	(2) 召开月产销总结会	☆	√	√	√	√	√	√	√	√	√	√	√	√	每月5日	PMC部主管		
	(3) 每周五制订并下发下周生产计划（评估生产产能、物料状况、人力状况，制订周计划，识别影响近期交付的重要因素和环节）	☆	√	√	√	√	√	√	√	√	√	√	√	√	每周五	PMC部主管		
	(4) 每周六进行下周生产计划的物料排查		√	√	√	√	√	√	√	√	√	√	√	√	每周六	物控员		
	(5) 月末28日制订下个月生产计划及进行产能负荷分析（识别系统性的交付风险点，制订相应的行动计划，包括生产策略、人力策略、产能提升计划、外发计划等）	☆	√	√	√	√	√	√	√	√	√	√	√	√	每月28日	PMC部主管		
订单准交率	(6) 月末召开月产销计划会议	☆	√	√	√	√	√	√	√	√	√	√	√	√	每月28日	PMC部主管		
	(7) 每天下午2:00制定并下发1+2冷冻滚动计划		√	√	√	√	√	√	√	√	√	√	√	√	每天下午2点	计划员		
	(8) 根据日生产计划进行实物备料		√	√	√	√	√	√	√	√	√	√	√	√	每天下午3点	仓库组长		
	(9) 每天召开生产协调会、采购对单会议		√	√	√	√	√	√	√	√	√	√	√	√	每天上午10点	PMC部主管		
	(10) 统计现有订单的生产周期		√	√	√	√	√	√	√	√	√	√	√	√	每周五	计划员		
	(11) 制作工作点检表，每日检查一次系统订单最新状况		√	√	√	√	√	√	√	√	√	√	√	√	3月15日	PMC部主管		
	(12) 每天召开生产协调会		√	√	√	√	√	√	√	√	√	√	√	√	每天上午10点	PMC部主管		

（续表）

部门目标及分目标（必要时分解）	执行计划的内容	重点	1月	2月	3月	4月	5月	6月	7月	8月	9月	10月	11月	12月	量化时间	责任岗位	所需支援事项	备注
	（13）每天 8 点 20 分现场检查是否执行成型生产计划		✓	✓	✓	✓	✓	✓	✓	✓	✓	✓	✓	✓	每天	计划员		
	（14）每天 8 点现场检查组装是否按计划生产		✓	✓	✓	✓	✓	✓	✓	✓	✓	✓	✓	✓	每天	计划员		
	（15）采购对单会议		✓	✓	✓	✓	✓	✓	✓	✓	✓	✓	✓	✓	每天	物控员		
	（16）制定采购每日应到物料表	☆	✓	✓	✓	✓	✓	✓	✓	✓	✓	✓	✓	✓	每天	物控员		
	（17）统计每天应到物料和实到物料	☆	✓	✓	✓	✓	✓	✓	✓	✓	✓	✓	✓	✓	每天	物控员		
	（18）每天统计成型车间计划达成率		✓	✓	✓	✓	✓	✓	✓	✓	✓	✓	✓	✓	每天	计划员		
	（19）每周统计成型车间计划达成率		✓	✓	✓	✓	✓	✓	✓	✓	✓	✓	✓	✓	每周星期一	计划员		
	（20）每月统计成型车间计划达成率		✓	✓	✓	✓	✓	✓	✓	✓	✓	✓	✓	✓	每月 5 日	计划员		
订单准交率	（21）每天统计组装、烫金车间计划达成率		✓	✓	✓	✓	✓	✓	✓	✓	✓	✓	✓	✓	每天	计划员		
	（22）每周统计组装、烫金车间计划达成率		✓	✓	✓	✓	✓	✓	✓	✓	✓	✓	✓	✓	每周星期一	计划员		
	（23）每月统计组装、烫金车间计划达成率		✓	✓	✓	✓	✓	✓	✓	✓	✓	✓	✓	✓	每月 5 日	计划员		
	（24）制订订单评审计划		✓	✓	✓	✓	✓	✓	✓	✓	✓	✓	✓	✓	新产品	PMC部主管		
	（25）每周同业务员确认出货计划		✓	✓	✓	✓	✓	✓	✓	✓	✓	✓	✓	✓	新产品	PMC部主管		
	（26）制定交期分解表		✓	✓	✓	✓	✓	✓	✓	✓	✓	✓	✓	✓	每天	计划员		
	（27）制订每日备料计划		✓	✓	✓	✓	✓	✓	✓	✓	✓	✓	✓	✓	每天	物控员		
	（28）制订周物料需求计划		✓	✓	✓	✓	✓	✓	✓	✓	✓	✓	✓	✓	每周星期五	物控员		
	（29）制订月物料需求计划		✓	✓	✓	✓	✓	✓	✓	✓	✓	✓	✓	✓	每月 28 日	物控员		

（续表）

部门目标及分目标（必要时分解）	执行计划的内容	重点	执行日期												量化时间	责任岗位	所需支援事项	备注
			1月	2月	3月	4月	5月	6月	7月	8月	9月	10月	11月	12月				
	（30）每天早上 9 点参加成型车间生产会，并对异常做出调整		√	√	√	√	√	√	√	√	√	√	√	√	每天	计划员		
	（31）制定资料准确率统计表		√	√	√	√	√	√	√	√	√	√	√	√	每天	物控员		
	（32）制定每日 4 小时生产情况（群里）汇报（包括良品跟不良品汇报）计划		√	√	√	√	√	√	√	√	√	√	√	√	每天			
	（33）制订跟踪计划 20 天以上的物料在交货期前 10 天，跟采购确认一次，提前 3 天跟催一次，交货前一天再确认一次		√	√	√	√	√	√	√	√	√	√	√	√	每天	物控员		
订单准交率	（34）制作 PMC 作业标准操作程序并培训					√									4月15日	PMC部主管		
	（35）编制 PMC 工作手册											√			10月30日前	PMC部主管		
	（36）制定标准化生产数据管理流程，明确各个环节数据统计和报告时间				√										3月15日	PMC部主管		
	（37）监督成型车间按工单发料／领料，避免超领、杜绝超量生产				√										3月1日	PMC部主管		
	（38）数据收集，统计分析整个订单生产各个环节占用时间				√										3月31日	PMC部主管		
	（39）统计库龄，并进行分析，制订相应采购与存量计划					√									5月25日	PMC部主管		
	（40）建立并常提报问题数据统计		√	√	√	√	√	√	√	√	√	√	√	√	每天	PMC部主管		

（续表）

部门目标及分目标（必要时分解）	执行计划的内容	重点	1月	2月	3月	4月	5月	6月	7月	8月	9月	10月	11月	12月	量化时间	责任岗位	所需支援事项	备注
订单准交率	（41）生产交期关键节点纳入会议决议，稽核监督，提高执行力		✓	✓	✓		✓	✓	✓	✓	✓	✓	✓	✓	每天	PMC部主管		
	（42）规定物料在各个环节停留时长，减少不必要的时间浪费					✓									4月30日	PMC部主管		
3. 内部流程	物料齐套率			90%	90%	95%	95%	96%	96%	98%	98%	100%	100%	100%	—	部门负责人		
	（1）对上月的物料齐套率进行统计、分析	☆	✓	✓	✓	✓	✓	✓	✓	✓	✓	✓	✓	✓	每月5日	PMC部主管		
	（2）依据周生产计划制订周物料计划，并做需求预测分析		✓	✓	✓	✓	✓	✓	✓	✓	✓	✓	✓	✓	每周六	物控员		
	（3）依据1+2冷冻滚动计划的滚动计划进行物料排查		✓	✓	✓	✓	✓	✓	✓	✓	✓	✓	✓	✓	每天下午3点	物控员		
	（4）协助解决物料供应慢、跟不上生产的问题	☆	✓	✓	✓	✓	✓	✓	✓	✓	✓	✓	✓	✓	每天	PMC部主管		
物料齐套率	（5）实物备料	☆	✓	✓	✓	✓	✓	✓	✓	✓	✓	✓	✓	✓	每天	物控员		
	（6）周物料排查		✓	✓	✓	✓	✓	✓	✓	✓	✓	✓	✓	✓	每周六	物控员		
	（7）3天物料排查		✓	✓	✓	✓	✓	✓	✓	✓	✓	✓	✓	✓	每天	物控员		
	（8）每天了解车间损耗情况		✓	✓	✓	✓	✓	✓	✓	✓	✓	✓	✓	✓	每天	物控员		
	（9）每天了解材料进料挑选损耗情况	☆	✓	✓	✓	✓	✓	✓	✓	✓	✓	✓	✓	✓	每天	物控员		
	（10）明确各个环节单据流转和时间					✓									4月10日	PMC部主管		
	（11）严格执行订单交期变更流程制度，PMC需坚持做到无单据，不调整					✓	✓	✓	✓	✓	✓	✓	✓	✓	4月1日起	PMC部主管		

（续表）

部门目标及分目标（必要时分解）	执行计划的内容	重点	1月	2月	3月	4月	5月	6月	7月	8月	9月	10月	11月	12月	量化时间	责任岗位	所需支援事项	备注
物料齐套率	(12) 每周对常用物料进行抽盘		√	√	√	√	√	√	√	√	√	√	√	√	每周一次	物控员		
	(13) 每月盘点总结，并制订改善计划		√	√	√	√	√	√	√	√	√	√	√	√	每月8日	PMC部主管		
账物卡准确率			60%	60%	70%	80%	90%	95%	96%	97%	98%	99%	99%	99%	–	部门负责人		
	(1) 对上月的账物卡准确率进行统计、分析		√	√	√	√	√	√	√	√	√	√	√	√	每月5日	仓库组长		
	(2) 建立台账手工账		√	√	√	√	√	√	√	√	√	√	√	√	每天20点	仓管员		
	(3) 按单发料，做到先进先出		√	√	√	√	√	√	√	√	√	√	√	√	每天	仓库组长		
	(4) 月末盘点	☆	√	√	√	√	√	√	√	√	√	√	√	√	每月29日	仓库组长		
账物卡准确率	(5) 每天对仓库的货物进行归纳，并做好台账系统账		√	√	√	√	√	√	√	√	√	√	√	√	每天	仓管员		
	(6) 对书写规范进行培训		√	√	√	√	√	√	√	√	√	√	√	√	每月29日	仓库组长		
	(7) 对仓库管理制度进行培训		√	√	√	√	√	√	√	√	√	√	√	√	每月26日	仓库组长		
	(8) 每日12点交一次单据，4点交一次单据		√	√	√	√	√	√	√	√	√	√	√	√	每天	仓管员		
	(9) 每日10点更新报表		√	√	√	√	√	√	√	√	√	√	√	√	每天	仓库支员		
4. 学习与成长	培训考核合格率		90%	90%	90%	90%	90%	90%	90%	90%	90%	90%	90%	90%	–	部门负责人		
培训考核合格率	(1) 对每月的培训考核率进行统计、分析		√	√	√	√	√	√	√	√	√	√	√	√	每月5日	PMC部主管		
	(2) 针对不足项进行培训	☆	√	√	√	√	√	√	√	√	√	√	√	√	每周三	PMC部主管		
	(3) 每周与物控员、计划员、仓库组长沟通培训情况	☆	√	√	√	√	√	√	√	√	√	√	√	√	每周六	PMC部主管		

[范本 03] ▸▸

编制：　　　　审核：　　　　　　　　　　　　　　　　表格编号：

日期：　　年　　月　　日

品质部年度经营计划执行总表

部门目标及分解（必要时分解）	执行计划的内容	重点	1	2	3	4	5	6	7	8	9	10	11	12	量化时间	责任岗位	所需支援事项	备注
财务方面	品质异常金额占比		0.2%	0.2%	0.2%	0.2%	0.2%	0.2%	0.2%	0.2%	0.2%	0.2%	0.2%	0.2%	—	部门负责人		
	1. 建立基础登记表单		√												1月31日	文员		
	1.1 收集基础数据		√	√	√	√	√	√	√	√	√	√	√	√	每天	文员		
	1.2 对收集到的数据进行整理和分类		√	√	√	√	√	√	√	√	√	√	√	√	每月10日	文员		
	1.3 对收集到的品质异常情况进行分析与总结		√	√	√	√	√	√	√	√	√	√	√	√	每月10日	品质主管		
	1.4 召开品质分析例会		√	√	√	√	√	√	√	√	√	√	√	√	每月10日	品质主管		
	1.5 对改善措施进行效果验证		√	√	√	√	√	√	√	√	√	√	√	√	每月10日	品质部所有人		
	1.6 效果验证失败后，重新制定新的改善措施		√	√	√	√	√	√	√	√	√	√	√	√	每月10日	品质主管		
	1.7 对新的改善措施重新验证，形成PDCA模式	*	√	√	√	√	√	√	√	√	√	√	√	√	每月10日	品质主管		
品质异常金额占比	2. 控制成品批量不良生产	*	√	√	√	√	√	√	√	√	√	√	√	√	0批/月	IPQC员/IPQC组长		
	2.1 控制产品批量颜色不良		√	√	√	√	√	√	√	√	√	√	√	√	0批/月	IPQC组长		
	2.1.1 规定每小时核对一次颜色并贴板留样		√	√	√	√	√	√	√	√	√	√	√	√	每天	IPQC员		
	2.1.2 制作产品颜色易变（敏感）清单		√	√	√	√	√	√	√	√	√	√	√	√	每天	IPQC组长		

执行日期（月）

（续表）

部门目标及分目标（必要时分解）	执行计划的内容	重点	1	2	3	4	5	6	7	8	9	10	11	12	量化时间	责任岗位	所需支援事项	备注
	2.1.3 品质控制员对颜色敏感的产品做相应的记录		√	√	√	√	√	√	√	√	√	√	√	√	每天	IPQC员		
	2.1.4 对于颜色敏感的产品，组长每天要核查一次		√	√	√	√	√	√	√	√	√	√	√	√	每天	IPQC组长		
	2.1.5 做首件时必须经组长或主管确认后方可生产		√	√	√	√	√	√	√	√	√	√	√	√	每天	IPQC组长		
	2.1.6 抽检拌料员的报表是否按配比样料		√	√	√	√	√	√	√	√	√	√	√	√	每天	IPQC组长		
	2.1.7 出现颜色偏差，生产部处理不了时要及时叫停		√	√	√	√	√	√	√	√	√	√	√	√	每天	IPQC员		
	2.1.8 再次调整颜色时，要核对首件颜色		√	√	√	√	√	√	√	√	√	√	√	√	每天	IPQC员		
	2.1.9 建立产品档案表		√	√	√	√	√	√	√	√	√	√	√	√	每天	文员		
	2.1.10 建立产品关键尺寸数据		√	√	√	√	√	√	√	√	√	√	√	√	每天	品质主管		
品质异常金额占比	2.2 控制产品批量功能不良	★	√	√	√	√	√	√	√	√	√	√	√	√	0批/月	IPQC组长		
	2.2.1 收集需要做量具的产品		√	√	√	√	√	√	√	√	√	√	√	√	每天	IPQC组长		
	2.2.2 把所需量具的清单交到模房，采购协助制作或购买		√	√	√	√	√	√	√	√	√	√	√	√	每周三	品质主管		
	2.2.3 做首件时，所做功能需经组长或主管确认后才可生产		√	√	√	√	√	√	√	√	√	√	√	√	每天	IPQC员		
	2.2.4 生产过程中调机时，品质控制员需重新做功能测试		√	√	√	√	√	√	√	√	√	√	√	√	每天	IPQC员		

（续表）

部门目标及分目标（必要时分解）	执行计划的内容	重点	1	2	3	4	5	6	7	8	9	10	11	12	量化时间	责任岗位	所需支援	备注事项
	2.2.5 巡线过程中，简易功能需装配以及用量具测量		√	√	√	√	√	√	√	√	√	√	√	√	每天	IPQC员		
	2.2.6 每天做的功能测试，主管确认后才可分解		√	√	√	√	√	√	√	√	√	√	√	√	每天	品质主管		
	2.2.7 建立产品点监控功能档案		√	√	√	√	√	√	√	√	√	√	√	√	每周三	IPQC组长		
	2.2.8 出现功能问题且技术员解决不了时要及时停工停产	★	√	√	√	√	√	√	√	√	√	√	√	√	每天	IPQC员		
	2.3 管控产品批量缩水		√	√	√	√	√	√	√	√	√	√	√	√	0批/月	IPQC组长		
	2.3.1 建立产品异常档案表		√	√	√	√	√	√	√	√	√	√	√	√	每天	IPQC员/IPQC组长		
	2.3.2 生产时先查看产品异常档案、制定重点管控的关键点		√	√	√	√	√	√	√	√	√	√	√	√	每周三	IPQC组长		
品质异常金额占比	3. 管控产品印刷批量不良		√	√	√	√	√	√	√	√	√	√	√	√	每天	OQC员		
	3.1 建立产品印刷异常档案表		√	√	√	√	√	√	√	√	√	√	√	√	每周三	OQC组长		
	3.2 做首件时，对印刷版面、颜色等要核对清楚，并经组长级以上人员签字才可生产		√	√	√	√	√	√	√	√	√	√	√	√	每天	OQC员		
	3.3 巡线过程中，每隔一个小时测一次附着度		√	√	√	√	√	√	√	√	√	√	√	√	每天	OQC员		
	3.4 出现附着度脱落时，处理不了的要及时停工	★	√	√	√	√	√	√	√	√	√	√	√	√	每天	OQC员		

（续表）

部门目标及分目标（必要时分解）	执行计划的内容	重点	1	2	3	4	5	6	7	8	9	10	11	12	量化时间	责任岗位	所需支援事项	备注
	3.5 巡检时需要与首件核对印刷颜色		√	√	√	√	√	√	√	√	√	√	√	√	每天	OQC员		
	4. 管控产品印烫金批量不良		√	√	√	√	√	√	√	√	√	√	√	√	每周三	OQC组长		
	4.1 建立产品烫金异常档案表		√	√	√	√	√	√	√	√	√	√	√	√	每周三	OQC组长		
品质异常金额占比	4.2 做首件时，对烫金版面、颜色等要核对清楚，并经组长级以上人员签字才可生产		√	√	√	√	√	√	√	√	√	√	√	√	每天	OQC员		
	4.3 出现附着度脱落时，处理不了的要及时停工		√	√	√	√	√	√	√	√	√	√	√	√	每天	OQC员		
	5. 查找问题点并加以解决		√	√	√	√	√	√	√	√	√	√	√	√	每周三	IPQC组长		
	5.1 对收集到的问题点进行分类		√	√	√	√	√	√	√	√	√	√	√	√	每周三	IPQC组长		
	5.2 根据问题点，制订相应的培训计划		√	√	√	√	√	√	√	√	√	√	√	√	每周三	品质主管		
	5.3 培训后进行考核		√	√	√	√	√	√	√	√	√	√	√	√	每周三	品质主管		
	5.4 对考核不及格的人员再次制定培训方案		√	√	√	√	√	√	√	√	√	√	√	√	每周三	品质主管		
客户验货合格率	客户验货合格率	98%	98%	98%	98%	98%	98%	98%	98%	98%	98%	98%	98%	98%	—	OQC组长		
	1. 收集OQC人员技能的不足之处		√	√	√	√	√	√	√	√	√	√	√	√	每周五	OQC组长		
	1.1 每月对OQC人员进行技能培训		√	√	√	√	√	√	√	√	√	√	√	√	每周五	OQC组长		
	1.2 品质人员应知应会知识培训		√	√	√	√	√	√	√	√	√	√	√	√	每周五	品质主管		
	1.3 抽检技能及分析问题培训		√	√	√	√	√	√	√	√	√	√	√	√	每周五	OQC组长		
	1.4 培训后进行考试，以巩固所学知识		√	√	√	√	√	√	√	√	√	√	√	√	每周五	OQC组长		

（续表）

部门目标及分目标（必要时分解）	执行计划的内容	重点	执行日期（月）												量化时间	责任岗位	所需支援事项	备注
			1	2	3	4	5	6	7	8	9	10	11	12				
	2. 抽检前了解该款产品以往出现过的问题点		√	√	√	√	√	√	√	√	√	√	√	√	每周五	OQC组长		
	2.1 建立产品档案，方便了解产品情况		√	√	√	√	√	√	√	√	√	√	√	√	每天	OQC组长		
	2.2 对客诉问题进行汇总分析		√	√	√	√	√	√	√	√	√	√	√	√	每周二	OQC组长		
	2.3 回顾本次生产时有没有出现新的问题		√	√	√	√	√	√	√	√	√	√	√	√	每周二	OQC组长		
	2.4 将以往和现在存在的问题进行汇总		√	√	√	√	√	√	√	√	√	√	√	√	每周二	OQC组长		
	3. 对客退的产品进行分析		√	√	√	√	√	√	√	√	√	√	√	√	每周二	品质主管		
	3.1 针对客退的产品及时召开相关部门品质检讨会	*	√	√	√	√	√	√	√	√	√	√	√	√	每周二	品质主管		
客户验货合格率	3.2 内部召开检讨会		√	√	√	√	√	√	√	√	√	√	√	√	每周五	OQC组长		
	4. 抽检时，将不良品进行汇总分析		√	√	√	√	√	√	√	√	√	√	√	√	每周五	OQC员		
	5. 生产完单时要与组长对接清楚生产中存在的问题		√	√	√	√	√	√	√	√	√	√	√	√	每天	OQC组长		
	6. 每款产品完单时要对该款产品的问题进行汇总及分析		√	√	√	√	√	√	√	√	√	√	√	√	每天	OQC组长		
	7. 客户验货时要安排专人陪同		√	√	√	√	√	√	√	√	√	√	√	√	每天	品质主管		
	8. 客户未验货时，陪同人员要无确认产品位置及清点产品数量		√	√	√	√	√	√	√	√	√	√	√	√	每天	OQC组长		
	9. 客户验货过程中，陪同人员要全程陪同并提供客户所需的资料		√	√	√	√	√	√	√	√	√	√	√	√	每天	OQC组长		

（续表）

部门目标及分目标分解（必要时分解）	执行计划的内容	重点	1	2	3	4	5	6	7	8	9	10	11	12	量化时间	责任岗位	所需支援事项	备注
客户验货合格率98%	10. 组长每天总结前一天的工作及安排当天的工作	★	√	√	√	√	√	√	√	√	√	√	√	√	每天	OQC组长		
上线合格率（供应商）	上线合格率（供应商）		98%	98%	98%	98%	98%	98%	98%	98%	98%	98%	98%	—	98%	部门负责人		
	1. 每周对供应商进行排名		√	√	√	√	√	√	√	√	√	√	√	√	每周二	品质主管		
	1.1 每天对未料状况汇总		√	√	√	√	√	√	√	√	√	√	√	√	每天	IQC组长		
	1.2 每天未料检验时对该产品问题点进行回顾		√	√	√	√	√	√	√	√	√	√	√	√	每天	IQC组长		
	1.3 对连续未料有问题的产品要及时反映处理		√	√	√	√	√	√	√	√	√	√	√	√	每周二	IQC组长		
	1.4 对未料连续有品质问题的供应商下整改通知书		√	√	√	√	√	√	√	√	√	√	√	√	每周二	IQC组长		
	2. 对合格率低的供应商，进行现场辅导或要求重新开发新供应商		√	√	√	√	√	√	√	√	√	√	√	√	每周二	品质主管		
	2.1 对来料合格率低的供应商，采取前移验货		√	√	√	√	√	√	√	√	√	√	√	√	每周二	品质主管		
	2.2 对合格率低的供应商要求回复改善措施及改善时间		√	√	√	√	√	√	√	√	√	√	√	√	每周二	品质主管		
	3. 对于验货不合格的产品要及时告知采购人员进行处理		√	√	√	√	√	√	√	√	√	√	√	√	每天	IQC组长		
	3.1 对于退货的产品，要监督并跟进是否退回返工		√	√	√	√	√	√	√	√	√	√	√	√	每天	IQC组长		

（续表）

部门目标及分目标（必要时分解）	执行计划的内容	重点	1	2	3	4	5	6	7	8	9	10	11	12	量化时间	责任岗位	所需支援事项	备注
									执行日期（月）									
	3.2 退货的产品要求供应商再次送货时标识清楚并附上返工报告		√	√	√	√	√	√	√	√	√	√	√	√	每天	IQC组长		
	3.3 来料产品出现批量不良，要求采购人员及时通知供应商来表公司解决处理		√	√	√	√	√	√	√	√	√	√	√	√	每周四	IQC组长		
	3.4 对于供应商的处理措施要做好相关记录，并存档		√	√	√	√	√	√	√	√	√	√	√	√	每天	文员		
	3.5 每天对生产线了解产品的品质状况并做好记录与汇总		√	√	√	√	√	√	√	√	√	√	√	√	每天	IQC组长		
	3.6 对于生产线反映的问题点，要及时通知供应商改善		√	√	√	√	√	√	√	√	√	√	√	√	每天	IQC组长		
上线合格率（供应商）	4. 喷涂件要求供应商每次都送首件		√	√	√	√	√	√	√	√	√	√	√	√	每月	品质主管		
	4.1 首件确认要核对标准品、限度版		√	√	√	√	√	√	√	√	√	√	√	√	每周	IQC组长		
	4.2 供应商做首件时要先确认产品版面是否正确		√	√	√	√	√	√	√	√	√	√	√	√	每周	IQC组长		
	4.3 确认书要一式两份		√	√	√	√	√	√	√	√	√	√	√	√	每周	IQC组长		
	5. 对供应商提供的改善方案进行效果验证		√	√	√	√	√	√	√	√	√	√	√	√	每周	IQC组长		
	5.1 要求供应商对改善后的产品进行标识		√	√	√	√	√	√	√	√	√	√	√	√	每天	IQC组长		
	5.2 改善后的产品要进行首批试产并记录汇总		√	√	√	√	√	√	√	√	√	√	√	√	每天	IQC组长		
	6. 组长每天对前一天的来料状况进行总结		√	√	√	√	√	√	√	√	√	√	√	√	每天	IQC组长		
	6.1 组长每天根据生产需要安排工作		√	√	√	√	√	√	√	√	√	√	√	√	每天	IQC组长		

（续表）

部门目标及分目标（必要时分解）	执行计划的内容	重点	执行日期（月）												量化时间	责任岗位	所需支援事项	备注
			1	2	3	4	5	6	7	8	9	10	11	12				
上线合格率（供应商）	6.2 组长每天根据生产状况，优先处理急单		√	√	√	√	√	√	√	√	√	√	√	√	每天	IQC组长		
	7. 每月对供应商来料进行总结及分析	*	√	√	√	√	√	√	√	√	√	√	√	√	每月	品质主管		
	8. 不定期到供应商处走访并进行现场培训		√	√	√	√	√	√	√	√	√	√	√	√	每月	品质主管		
	9. 不定期到供应商处抽检品质日报表		√	√	√	√	√	√	√	√	√	√	√	√	每月	品质主管		
上线合格率（成型）	上线合格率（成型）		98%	98%	98%	98%	98%	98%	98%	98%	98%	98%	98%	98%	—	部门负责人		
	1. 控制批量不良流出		√	√	√	√	√	√	√	√	√	√	√	√	0批	IPQC组长		
	1.1 控制颜色批量不良流出		√	√	√	√	√	√	√	√	√	√	√	√	0批	IPQC组长		
	1.1.1 QC员每隔一个小时核对一次颜色并签字留样，组长不定期抽核查		√	√	√	√	√	√	√	√	√	√	√	√	1小时/次	IPQC员		
	1.1.2 发现颜色出现偏差时要及时隔离并标识好		√	√	√	√	√	√	√	√	√	√	√	√	每天	IPQC员		
	1.2 控制产品功能批量不良流出		√	√	√	√	√	√	√	√	√	√	√	√	0批	IPQC员		
	1.2.1 组长要对每个班测试功能的产品进行检查		√	√	√	√	√	√	√	√	√	√	√	√	每天	IPQC组长		
	1.2.2 巡检时简易功能要试装，组长每天要监督到位		√	√	√	√	√	√	√	√	√	√	√	√	每天	IPQC员		
	1.3 产品灌点批量不良		√	√	√	√	√	√	√	√	√	√	√	√	0批	IPQC组长		

（续表）

部门目标及分目标分解（必要时分解）	执行计划的内容	重点	1	2	3	4	5	6	7	8	9	10	11	12	量化时间	责任岗位	所需支援事项	备注
上线合格率（成型）	巡检时要注意员工操作手法，抽检时发现灌点没压平要及时隔离并贴单告知返工		√	√	√	√	√	√	√	√	√	√	√	√	每天	IPQC员		
	1.4 产品披锋/削伤批量不良		√	√	√	√	√	√	√	√	√	√	√	√	0批	IPQC组长		
	1.4.1 抽检时要关注削伤处是否削伤		√	√	√	√	√	√	√	√	√	√	√	√	每天	IPQC员		
	1.4.2 巡检时要关注员工操作手法是否正确，若不正确，要及时对其纠正		√	√	√	√	√	√	√	√	√	√	√	√	每天	IPQC员		
	1.5 产品缩水批量不良		√	√	√	√	√	√	√	√	√	√	√	√	0批	IPQC员		
	巡检时，特别要关注产品表面是否缩水		√	√	√	√	√	√	√	√	√	√	√	√	每天	IPQC员		
	1.6 产品黑点批量不良		√	√	√	√	√	√	√	√	√	√	√	√	0批	IPQC组长		
	抽检时发现产品黑点比例超标，要及时隔离并贴单返工，杜绝黑点.批量大批量流出		√	√	√	√	√	√	√	√	√	√	√	√	每天	IPQC员		
	1.7 产品刮花批量不良		√	√	√	√	√	√	√	√	√	√	√	√	0批	IPQC组长		
	巡检时，要关注员工是否有堆积产品的违规动作，抽检时要留意包装是否会将产品刮花		√	√	√	√	√	√	√	√	√	√	√	√	每天	IPQC组长		
	2. 建立产品档案		√	√	√	√	√	√	√	√	√	√	√	√	每天	IPQC组长		
	3. 每天对当天产品状况进行汇总并分析原因		√	√	√	√	√	√	√	√	√	√	√	√	每天	IPQC组长		
	4. 每周对重大品质异常事件召开品质异常分析会	*	√	√	√	√	√	√	√	√	√	√	√	√	每周二	IPQC组长		

（续表）

部门目标及分目标（必要时分解）	执行计划的内容	重点	执行日期（月）1	2	3	4	5	6	7	8	9	10	11	12	量化时间	责任岗位	所需支援事项	备注
上线合格率（成型）	5. 建立内部品质异常统计表		✓	✓	✓	✓	✓	✓	✓	✓	✓	✓	✓	✓	每天	文员		
	5.1 超过2小时没发现的品质异常记一次品质失误		✓	✓	✓	✓	✓	✓	✓	✓	✓	✓	✓	✓	每天	IPQC组长		
	5.2 每天组长要收集品质失误并提交到文员处		✓	✓	✓	✓	✓	✓	✓	✓	✓	✓	✓	✓	每天	IPQC组长		
	6. 检查成型机台生产时是否有标准作业指导书		✓	✓	✓	✓	✓	✓	✓	✓	✓	✓	✓	✓	每天	IPQC员		
	7. 检查成型烤料是否有标准，是否按照标准执行		✓	✓	✓	✓	✓	✓	✓	✓	✓	✓	✓	✓	每天	IPQC员		
	8. 检查成型机台参数表是否和实际开机参数一样		✓	✓	✓	✓	✓	✓	✓	✓	✓	✓	✓	✓	每天	IPQC员		
培训合格率	培训合格率		100%	100%	100%	100%	100%	100%	100%	100%	100%	100%	100%	100%	—	品质主管		
	1. 收集大家薄弱的环节点		✓	✓	✓	✓	✓	✓	✓	✓	✓	✓	✓	✓	每周三	品质部负责人		
	2. 制订相应的培训计划		✓	✓	✓	✓	✓	✓	✓	✓	✓	✓	✓	✓	每周三	品质部负责人		
	3. 规定时间通知大家按时参加培训		✓	✓	✓	✓	✓	✓	✓	✓	✓	✓	✓	✓	每周三	品质部负责人		
	4. 培训后通知进行考试，以巩固所学知识	*	✓	✓	✓	✓	✓	✓	✓	✓	✓	✓	✓	✓	每周三	品质部负责人		
	5. 对考核不合格的人员，重新定时间再次培训		✓	✓	✓	✓	✓	✓	✓	✓	✓	✓	✓	✓	每周三	品质部负责人		
	6. 对考核不合格的人员再次收集其薄弱点		✓	✓	✓	✓	✓	✓	✓	✓	✓	✓	✓	✓	每周三	品质部负责人		

【范本 04】▶▶▶ --

财务部年度经营计划执行表

编制： 审核： 日期： 年 月 日 表格编号：

部门目标及分目标（必要时分解）	执行计划的内容	执行日期（月）												量化时间	负责人
		1	2	3	4	5	6	7	8	9	10	11	12		
1.财务报表及时率（100%）	（1）每月3日前完成现金对账和银行对账	√	√	√	√	√	√	√	√	√	√	√	√	每月3日	出纳，总账会计
	（2）每月3日前审核并登记上月所有部门报销的各项费用	√	√	√	√	√	√	√	√	√	√	√	√	每月3日	成本会计（主管兼）
	（3）每月6日前核对销售对账单	√	√	√	√	√	√	√	√	√	√	√	√	每月6日	成本会计（主管兼）
	（4）每月7日前完成上月所有计提、折旧、摊销费用的分配	√	√	√	√	√	√	√	√	√	√	√	√	每月7日	成本会计（主管兼）
	（5）每月8日前核对供应商应付账款	√	√	√	√	√	√	√	√	√	√	√	√	每月8日	材料应付会计
	（6）每月10日前做好并审核上个月工资表	√	√	√	√	√	√	√	√	√	√	√	√	每月10日	总账会计（主管兼）
	（7）每月11日前做好上月的成本表	√	√	√	√	√	√	√	√	√	√	√	√	每月11日	总账会计（主管兼）
	（8）每月12日报送现金流量表	√	√	√	√	√	√	√	√	√	√	√	√	每月12日	总账会计（主管兼）
	（9）每月12日报送资产负债表和损益表	√	√	√	√	√	√	√	√	√	√	√	√	每月12日	总账会计（主管兼）
	（10）每月12日完成上月结账工作	√	√	√	√	√	√	√	√	√	√	√	√	每月12日	总账会计（主管兼）
2.财务报表数据准确性（100%）	（1）每日复核各部门提交单据的准确性、完整性，并编制记账凭证	√	√	√	√	√	√	√	√	√	√	√	√	每日	主管
	（2）每日根据审核无误的会计凭证进行账务处理	√	√	√	√	√	√	√	√	√	√	√	√	每日	出纳
	（3）每日根据审核无误的会计凭证登记银行存款日记账	√	√	√	√	√	√	√	√	√	√	√	√	每日	出纳
	（4）每日根据材料出/入仓单准确无误地将相关数据输入财务系统	√	√	√	√	√	√	√	√	√	√	√	√	每日	材料会计
	（5）每周及时开具并复核各类凭证，保证所有凭证的准确性	√	√	√	√	√	√	√	√	√	√	√	√	每周	总账会计（主管兼）

（续表）

部门目标及分目标（必要时分解）	执行计划的内容	执行日期（月）												量化时间	负责人
		1	2	3	4	5	6	7	8	9	10	11	12		
2. 财务报表数据准确性（100%）	（6）每周将成品出/入仓数据输入财务系统中	√	√	√	√	√	√	√	√	√	√	√	√	每周	主管
	（7）每月提供准确无误的现金日记账和银行日记账	√	√	√	√	√	√	√	√	√	√	√	√	每月	出纳
	（8）每月对应收、应付账款的数据进行复核，检查各报表之间的对应关系	√	√	√	√	√	√	√	√	√	√	√	√	每月	主管
	（9）每月准确无误地核对各类明细科目与总账科目的一致性	√	√	√	√	√	√	√	√	√	√	√	√	每月	主管
	（10）每月核对各类科目余额表与真实余额的一致性	√	√	√	√	√	√	√	√	√	√	√	√	每月	总账会计（主管兼）
3. 每月上报每单损益情况	（1）每天11：00前收集前一天出货的产品明细	√	√	√	√	√	√	√	√	√	√	√	√	每日	财务主管
	（2）每天17：00前核算前一天出货的产品物料明细	√	√	√	√	√	√	√	√	√	√	√	√	每日	财务主管
	（3）每周五17：00前统计本周出货产品的物料明细	√	√	√	√	√	√	√	√	√	√	√	√	每周	财务主管
	（4）每周根据标准工时统计一次本周出货产品的工时和人工明细	√	√	√	√	√	√	√	√	√	√	√	√	每周	
	（5）每月根据每款产品核算制造费用	√	√	√	√	√	√	√	√	√	√	√	√	每月	
	（6）每月中旬上报上月每单的损益情况	√	√	√	√	√	√	√	√	√	√	√	√	每月	
4. 每月OEM事业部损益检查并预警	（1）每月收入按内外销、最大客户占比、客户毛利率情况进行损益分析与预警	√	√	√	√	√	√	√	√	√	√	√	√	每月	总账会计（主管兼）
	（2）每月成本按直接材料、直接人工与制造费用占比进行损益分析和预警	√	√	√	√	√	√	√	√	√	√	√	√	每月	成本会计（主管兼）
	（3）每月费用按管销财三大明细费用进行损益分析与预警	√	√	√	√	√	√	√	√	√	√	√	√	每月	成本会计（主管兼）
	（4）每月税金与上月的销售占比进行损益分析和预警	√	√	√	√	√	√	√	√	√	√	√	√	每月	总账会计（主管兼）
	（5）每月异常费用占比与上月销售额进行损益分析和预警	√	√	√	√	√	√	√	√	√	√	√	√	每月	总账会计（主管兼）

（续表）

部门目标及分目标（必要时分解）	执行计划的内容	执行日期（月）												量化时间	负责人
		1	2	3	4	5	6	7	8	9	10	11	12		
5. 预算检查	（1）根据各部门审核的预算费用，核实实际发生费用，并形成各部门月度预算费用与实际费用明细表	√	√	√	√	√	√	√	√	√	√	√	√	每月4日	成本会计（主管兼）
	（2）每月20日之前对各部门费用预算进行整理，分析差异原因并形成各部门月度预算费用与实际费用差异明细表	√	√	√	√	√	√	√	√	√	√	√	√	每月20日	材料会计
	（3）每月22日组织召开预算会议，各部门经理对预算差异进行分析，并提出改善对策，形成预算费用改善与分析表	√	√	√	√	√	√	√	√	√	√	√	√	每月22日	财务主管
6. 预算控制率（100%）	（1）水电节约：做到人走灯灭，有自然风或者温度在30度以下时不开空调	√	√	√	√	√	√	√	√	√	√	√	√	每日	全体人员
	（2）纸张节约：不对外的资料用再生纸打印	√	√	√	√	√	√	√	√	√	√	√	√	每日	全体人员
	（3）文具节约：每月统计文具用品，做费用超标管控	√	√	√	√	√	√	√	√	√	√	√	√	每月	全体人员
	（4）运费节约：付款金额在1 000元以上的产品采取转账汇款，节约用车次数	√	√	√	√	√	√	√	√	√	√	√	√	每月	全体人员
	（5）每月做一份日常费用与预算费细监控表	√	√	√	√	√	√	√	√	√	√	√	√	每月	全体人员
7. 培训计划达成率（100%）	（1）6月制订下半年的培训计划						√						√	每月30日	总账会计（主管兼）
	（2）每月30日前依照年度培训计划拟订下月培训计划	√	√	√	√	√	√	√	√	√	√	√	√	每月30日	成本会计（主管兼）
	（3）将每月培训计划列入部门周工作计划	√	√	√	√	√	√	√	√	√	√	√	√	每月15日	总账会计（主管兼）
	（4）培训结束后，对培训效果进行评估分析，并保存相关记录	√	√	√	√	√	√	√	√	√	√	√	√	每月30日	财务主管

参 考 文 献

1. 水藏玺，吴平新. 年度经营计划管理实务［M］. 北京：中国经济出版社，2015.

2. 王磊. 有效制订年度经营计划［M］. 北京：中国机械出版社，2014.

3. 李煜萍. 年度经营计划管理实务［M］. 北京：中国经济出版社，2015.

4. 王忠宗. 经营计划与预算管理［M］. 厦门：厦门大学出版社，2004.

5. 平松阳一. 中小企业制订经营计划的程序［M］. 刁鹂鹏，译. 沈阳：辽宁科学技术出版社，2010.

6. 温兆文. 全面预算管理：让企业全员奔跑［M］. 北京：机械工业出版社，2015.

7. 魏明. 全面预算管理（管理者终身学习）［M］. 北京：机械工业出版社，2012.

8. 邹志英. 玩转全面预算魔方（实例+图解版）［M］. 北京：机械工业出版社，2014.

9. 龚巧莉. 全面预算管理：案例与实务指引［M］. 北京：机械工业出版社，2012.